山田孝男全集

Ⅳ

第1部　瞑想法で心を強くする
第2部　実践瞑想法講座

ナチュラルスピリット

目次

第1部　瞑想法で心を強くする

第2章　これが願望実現のメカニズムだ

第3章　リラックスしてマインドの扉を開く

第4章　イメージを使ってマインドを集中する

第5章

この瞑想法で願望が実現できる

第2部　実践瞑想法講座

連載1　実践瞑想法講座

連載2　実践瞑想法講座

第1部　瞑想法で心を強くする

まえがき

欲望（願望）をもつことは、人間にとって自然なことである。しかし、欲望をかなえる能力をもたない人は不幸であり、また欲望のままに生きることも人を不幸にする。したがって多くの宗教は、欲望をもつことを強くいましめてきた。そして清貧に甘んじることを良しとしてきたのである。

しかし時代は変わった。すべての人が愉しみを求めており、愉しく人生を味わうことは悪ではなく自然なことであると認識し始めている。本書のテーマである瞑想も、本来愉しいから行うのであって、それが苦行であるとすれば、本当の瞑想とはいえない。

瞑想は、心の使い方を学ぶことであって、それは喜びへと導くものであり、心をもった人間としての義務教育にあたるものであると著者は考えている。

著者は、三〇年前に瞑想の世界に足を踏み入れ、瞑想を基本にすえて人生を歩んできた。その間、人々の意識の移り変わりをつぶさに見てきた。二〇年くらい前は、瞑想に関心をもつ人は非常に少なく、瞑想を「迷想」と書く取材記者もいたほどだった。しかしわたしは、大衆が瞑想などの精神世界に関心をもつ時代が急速にやってくるだろうと確信をもって予想していた。そして、この予想は今、現実になっている。

次に来る時代は、精神世界に関心をもっているかどうかではなく、それによって現実生活をどれだけクリエイティブに生きられるかを問われるようになるだろう。九〇年代は、多くの人にとって、「生きざまを問われる」時代になるはずである。そのような状況のもとでは、瞑想を現実逃避の手段としたり、自己満足の手段としたりすることは許されないだろう。

このような認識から、本書のテーマは、不思議な世界を知りたいという単なる物好きを満足させることを避け、瞑想を現実生活に応用したいという人たちに的をしぼって書いた。

本書に紹介された瞑想を楽しみながら学んでいくことによって、読者は願望実現の心の法則を理解すると同時に、何を望んだらよいかという知恵を磨くことになるだろう。

一九九〇年　著者

こころの取扱説明書

この本の七つの特徴

〈その1〉楽しみながら、スピーディに願望が実現する

願望を達成したり、人生の目的を実現するには、たいへんな努力が必要だと考えてはいないだろうか。しかし、本書を熟読すれば、さまざまな願望や人生の目的は、楽しみながら、しかもスピーディに実現できることが理解できる。

〈その2〉こころの構造を平易に解説する

願望を実現するには、こころの構造を理解することが必要。マジカルな伝統的理論と現代の心理学、脳科学を平易に解説。広大なこころの世界を探検しよう。

〈その3〉願望を実現するプラスのプログラミングの実例が豊富

現代人の願望実現を妨げているマイナスのプログラムを摘出して、それを消去。願望実現を速めるプラスのプログラムをこころの中に再プログラミングする。多様な例に基づきつつ、本書を読むこと自体がプラスの再プログラミングになる。

〈その4〉ストレスを解消するリラックス法も満載

瞑想の基本はリラックスすること。日頃のストレスを解消する、こころとからだのリラクセーション・テクニックを満載した。

〈その5〉伝統的瞑想法のエッセンスを引き出して紹介

とかく瞑想修業というと苦行のイメージがある。しかし、本書ではヨーガや仏教を初め、伝統的な瞑想法から、楽しめる瞑想法のエッセンスを引き出し、解説する。

〈その6〉現代の最先端の瞑想法を紹介する

脳科学や心理学の発達によって、瞑想状態に導入するさまざまな新しいテクニックが登場している。それらの最新の瞑想テクニックをできるかぎり紹介する。

〈その7〉願望を実現し、マインドをコントロールするマシンも登場

マイクロ・コンピュータなどのテクノロジーの進歩と、古代のさまざまな精神テクノロジーの研究によって、サイコマシンやマインドマシンと呼ばれる、瞑想支援装置が多数登場している。「ヒランヤ」や「クリスタルセブン」などの開発者である筆者がこれを紹介する。

第１章　願望を実現する力は〝マインド〟にある

マインドの世界を知れば願望は実現する

願望を実現する力は、マインドの中にある。ただし、わたしがマインドと呼ぶものは、ふつう、〝精神〟や〝こころ〟と呼ばれているものとはちょっと違う。それは、〝マインド〟の世界のほんの一部分の領域にしかすぎないからである。

狭いこころの世界で、「ああしよう、こうしよう」と、いくら力んでみても、なかなか願望は実現できないのだ。だが、〝マインド〟の世界をよく理解し、〝マインド〟と上手につき合うことができれば、ほとんどすべての願望が実現できるといっても過言ではないのである。

では、ここでいうマインドとは何か。後ほどより詳しく説明するが、ここでは心理学の用語を使って簡単にご説明しよう。

心理学では、こころを大きく「意識」と「無意識」の二つの世界に分けている。意識とは、ふだん目覚めているこころの働きで、「わたしはわたし」と思っている部分である。これに対して無意識は、自分では気づいていないこころの働きで、自覚化されていない「もう一人の自分」をいう。

コンピュータやワードプロセッサにたとえてみると、意識はちょうどディスプレイ上に呼び出している画面メモリーのようなものだ。これに対して、無意識はマシンを動かしているオペレーション・システムやプログラムのようなものである。

ディスプレイ上の情報は、蓄積されている情報のほんの一部分のものにすぎない。一方、機能を支えるオペレーション・システムや蓄積されているデータ・ベースの情報は膨大なものである。同じように自覚化された〝意識〟は、「マインド」の表面的な部分でしかない。

コンピュータで、データ・ベースにアクセスしたり、プログラムを組み換えたりすれば、無限ともいえる可能性を広げることができる。同様に、マインドの世界も、無意識の世界にアクセスし、プログラムを自由に扱うことができるならば、信じられないことさえ実現できるのだ。

瞑想は、このマインドの無意識の部分にアクセスする方法である。そして、この本は、マインドに秘められた不可思議なパワーを使って、あなたの願望を実現する方法を紹介することをテーマにしている。

さて、願望を実現するためにはまず〝マインド〟について知る必要がある。そこで本章では奥行きの深いマインドの世界へ踏み込んでいくことにしよう。

シルバ・マインド・コントロールとの出会い

「宗教的な修行法の代表である瞑想によって、願望が実現するだって。とんでもない！　願望とは、言い換えてみれば〝欲望〟のことではないか。そもそも瞑想は、〝欲望〟をこころから追い払い、〝悟りの境地〟を目指すためのものだ。〝願望実現〟に瞑想を使うなどというのは、欲望をあおり、あたら迷いの世界に人をおとしいれる邪道だ」

〝瞑想による願望実現法〟などというと、すぐさまそんな批判の声が聞こえてくるような気がする。実際、わたしも瞑想を教え始めた頃だったら、やはり同じように考えただろう。

インドでヨーガ道場などに通い、ネパールで瞑想中にある体験をして、日本に帰国してから、わたしは瞑想を教えるようになった。実際、その頃は一切、金品による報酬を受けとらなかった。欲望を断ち、超越的な境地に到達しようとする瞑想を教えるのだから、当然、そういう行為からお金をもらうというのは、大きな矛盾だと感じたからだ。

ところが、わたしがたまたまシルバ・マインド・コントロール（ＳＭＣ）というアメリカ生まれの潜在能力開発法の講師を頼まれたことがきっかけで、瞑想に対するこれまでの考え方が一変した。

今では、わたしは次のように教えている。

「欲望は悪ではない。むしろ、欲望をコントロール（管理）する知恵をもたないことが問題なのだ」

ＳＭＣでは、「潜在能力開発」や「願望実現」が明確にうたわれていた。その具体的なメソッドに関しては後ほど詳しくふれるが、そこには、アメリカナイズされた実利的な瞑想テクニックが無数におり込まれていたのだ。

わたしが初めてこのメソッドに触れたときは、やはりちょっとショックだった。というのも、わたし自身、インドから日本に帰るにあたって考えていたことがあったからだ。それは次のようなことである。

「瞑想を使って、現実生活をより効率的にすることはできないか」

「そのための方法として瞑想を役立ててみたい」

そういったアイデアを実現する上でぴったりだったのが、シルバ・マインド・コントロールだったのである。

シルバ・マインド・コントロールとは

シルバ・マインド・コントロールは、受講者を瞑想状態に導入して、こころとからだの健康を保ち、日常生活に役立つさまざまな瞑想テクニックを教えるセミナー形式の能力開発プログラム。アメリカ人のホセ・シルバが開発したもので、本家のアメリカでは絶大な信頼を集めている。能力開発プログラムの老舗的な存在だ。

実際、そのベーシックセミナーの受講者は、現在、世界七二か国で六〇〇万人を超えている。この数字を見ただけでも、いかにこのプログラムが多くの人に受け入れられ、理解されているかがおわかりになるだろう。

脳作用展開図

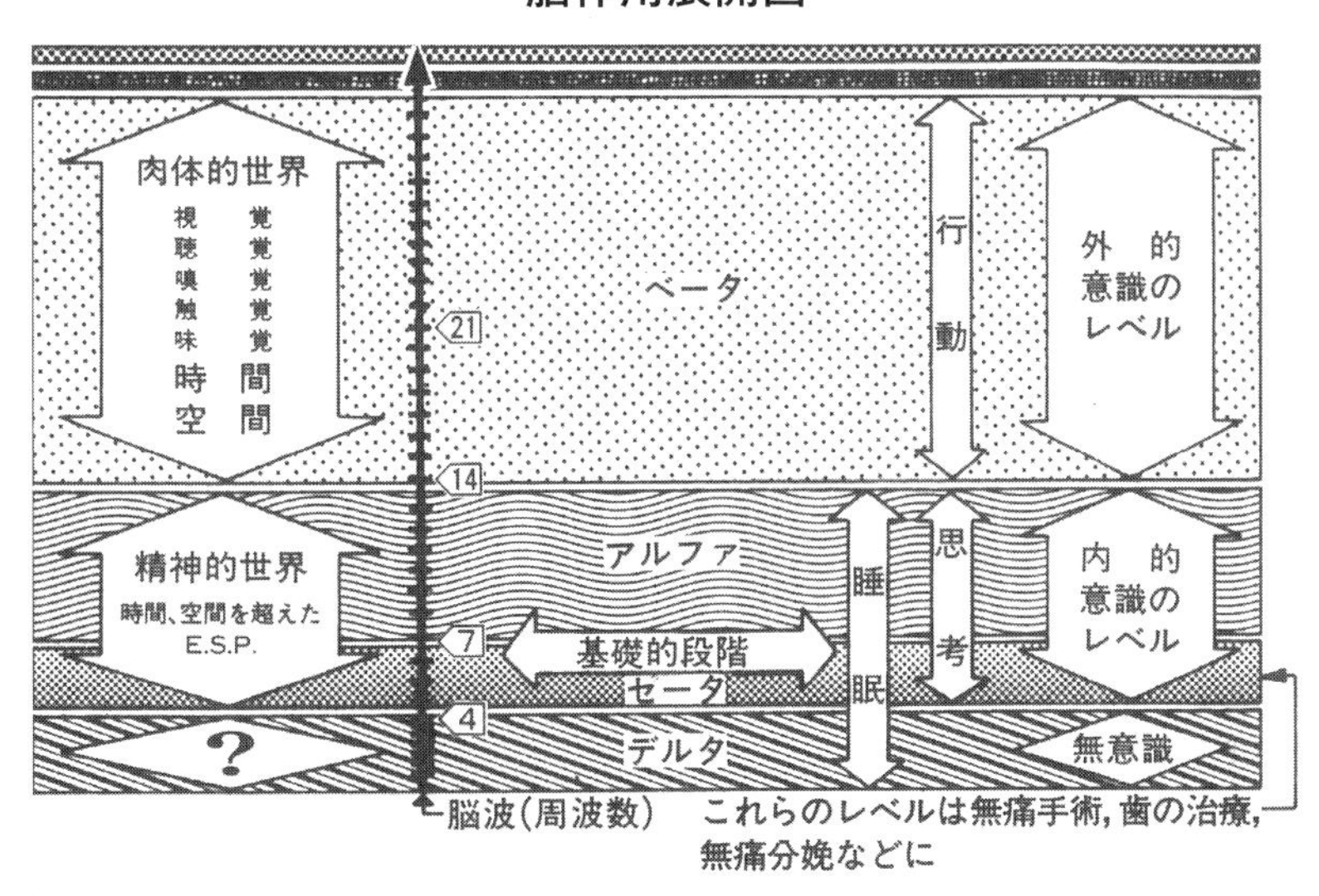

最近、何かと話題のアルファ脳波にいち早く注目して、脳波をアルファ状態にコントロールするためのテクニックを数々開発してきた。この状態に入ると、心身のリラックスが得られることはよく知られている。ストレス社会に住む現代人のニーズを満たすシステムなのである。

　加えて、潜在能力を開発し、さまざまな願望実現にも応えてきた。アルファの他にも、イメージの力を重視するなど、多くの特徴をもっている。なかでも願望を瞑想状態でイメージすれば、知らず知らずのうちに実現してしまうというテクニックは、あまりにも常識を超えているが、実際に無数の成功報告が寄せられている。

　アメリカの大手企業ＲＣＡの経営幹部が受講したことは有名な話。他にも大手企業や教育機関からも注目されている。日本でも企業からの問合せが急増中である。

筆者は、ＳＭＣが日本に紹介導入された一九七〇年代末から講師をしてきた。そして、このシステムによって多くの人が、実際に願望を実現するなど、さまざまな効果を上げる姿をこの目で見てきた。特に瞑想や能力開発の入門コースとしては絶好。

セミナーは土・日曜などの休日を使ったのべ四日間からなるベーシックコースが中心。一度受講すればＩＤカードが発行され、その後は何度でも無料で再受講できる。

欲求を満たし、自己実現を達成する

詳しく調べてみると、合理主義の国アメリカで生まれたＳＭＣだけあって、瞑想やサイコ・セラピー（心理療法）を、現実生活に役立てるためにさまざまな工夫をした上でそのシステムの中に取り入れていた。そして、実際に何百万人もの人がこれを受講して、かなりの成果を上げているのだった。しかも、アメリカでは、瞑想やサイコ・テクノロジー（精神技術）が、一九六〇年代あたりから急速に研究されるようになり、新しい動きとして大きな潮流を作り出していたのだ。

ＳＭＣ以外にも、心理学者アルフレッド・マズローが提唱した人間性心理学や、やはり心理学者のカール・ロジャースが中心になった、ヒューマンポテンシャル・ムーブメント（人間の潜在能力開発運動）などに代表される、人間の潜在能力や創造性を開発する動きが出現していた。そして、瞑想の技法を取り入れ、具体的に現実生活で役立てていたのである。これらの動きは、**ニューエイジ運動**とのちに総称されるようになった。

こういった動きを知ると、わたしは、インドで考えたアイデアに自信を得ることができた。そして、願望実現というテーマと瞑想のかかわりについて本格的に考え、また研究するようになったのだ。そこには、東洋的な清貧主義とは違った形の瞑想の世界があった。

このような考え方や方法論は、自己啓発や能力開発のメソッドとしてすでに日本にもかなり紹介されている。中でも、**マズローの「欲求の階層理論」**などは、願望実現と瞑想を考える上では忘れることができない。

その理論を簡単に説明すると、次ページの図に示してあるように、生命の基本となる環境や食物などの「生理的な欲求」を満たすと、次に「安全や安定の欲求」を求めるようになる。それが満たされると「愛・集団所属」といった社会的な欲求が生まれるというもの。

このように階層化した欲求を段階的に下位のものから満たしていくと、人間は最後に**真善美**（しんぜんび）といった高度な価値観を求めるようになる。そして、欲求をすべて満たすことが、「自己実現」を達成することだというのだ。

わたしならば、この「真善美」の上に**「悟り」**や**「覚醒」**を置く。なぜなら、人間の欲求のうちで最も究極のものは「悟り」だからである。ともかく、人間のふつうの成長過程を欲求の充足という視点から捉えることで、願望実現が個人の成長プロセスとしてはっきりと位置づけられたのだ。しかも、その方法として瞑想が大きな役割を認められていた。

瞑想というと現実とは遊離したものというイメージがあった。実際、過去の瞑想修行では、現実の生活を無視して超越的な世界を目指す傾向があったことも事実だ。

マズローの「欲求の階層理論」

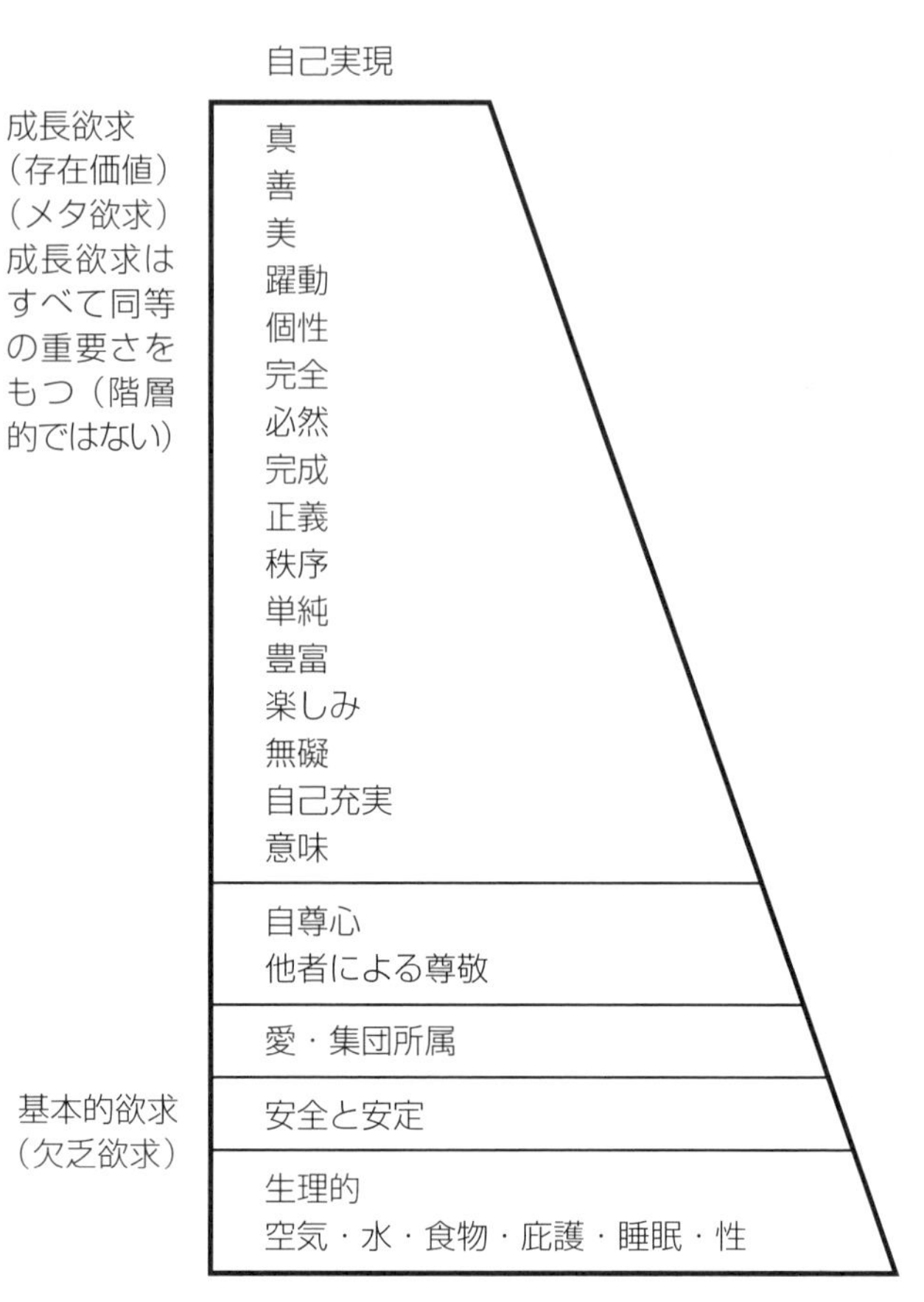

だが、この新しい考え方では、下位の欲求を健全に満たしながら、段階的に成長のプロセスをおし進めていこうとする。

このように、現実と密着した欲求を重視しながらマインドの成長を進めることは、最終ゴールの悟りのレベルでもより健全なものになると考えるようになったのである。

清貧主義、精神主義は特殊な社会背景が生んだ

東洋的な清貧主義や精神主義は、やはり物質的・経済的な貧しさや変動の激しい社会背景のもとに生まれた特殊なものではないだろうか。厳しい条件の中で、なおかつ精神的に高いものを求めるならば、どうしても物質的な欲求は切り捨てなければならなかった。

だが、これはふつうの生活者にはなかなかできないことだ。それで「出家」という特殊な生活形態をとる瞑想修行の形態も生まれた。もちろん、強い信念をもった人の場合はそれでいいだろう。また、瞑想修行が中心にあるならば、ある段階では、そういった態度が今も必要なことには変わりない。だが、それだけでは、どうしてもある種の歪みを残すし、一般の人間とはどんどん疎遠なものになってしまう。

インドの教えの中には、たとえば**四住期**（しじゅうき）という考え方がある。一人の人間の理想的な人生のプロセスを説いたもので、そこでは人間的な願望は決して否定されていない。「四住期」とは、人生を「学習期、家住期（かじゅうき）、林棲期（りんせいき）、遊行期（ゆぎょうき）」の四つの時期に分けたものだ。

最初の「学習期」は、幼年期から青年期までの勉学、学習の期間である。それから結婚をして、子供を育て、社会生活を営む青年期から壮年期の「家住期」がある。

次に、引退してから森に入り修行をする「林棲期」が訪れ、最後に「遊行期」に入ると、一本の杖とたく鉢用の椀をもって町を歩き、至福のうちに人生を終えるというものだ。

このように、東洋の教えも、社会的な活動や個人的な欲求を正当に認めて、人生体験をしっかりと積んだ上で、次のステップとして悟りの境地を目指すことが理想とされていたのである。マズローの「欲求の階層理論」と「四住期」は、その基本的な考え方では何ら変わらないものといえる。

実際、瞑想や悟りの世界に入り、ある高さに到達する人の多くが、社会的にも十分に活動して、一定の財産や地位を築いたり、家庭的に恵まれてきたことも事実。十分に人生でなすべきことをなして、それから高い境地を目指しているのだ。健全な人間の成長プロセスとしては、それが理想的なものといえる。

また、現代の日本のように、物質的にはたいへん豊かで、さまざまな刺激に満ちあふれている社会では、ただ単に欲求や願望を否定するだけでは、あまり現実性がない。

もちろん、だからといって欲望に振り回されてしまっては、マイナスの結果を招いてしまうだろう。満たすべき欲求は健全に満たしてこころを豊かにすると共に、しっかりとコントロールできるようになることが大切なことは当然である。

時代の変化とマインドの時代

ところで、ここでちょっと横道にそれるが、わたしは、現代の物質文明に変わって、二一世紀にむけて霊性が復活するという大きな時代の変化を予感している。それはアメリカのニューエイジ思想の提唱者の一人、マリリン・ファーガソンがいうように「アクエリアスの時代の到来」ということになるだろう。

こういった時代の変化の兆しを、敏感な感性をもつ人々が感じとっている。特に若い人は反応が早いので、精神世界やオカルト、瞑想の世界に強い関心が寄せられている。

わたし自身も、一八歳のときにある神秘体験をして、瞑想や宗教的な世界に興味をもち、悟りを得なければもう日本に帰らないつもりでインドに渡った経験がある。つまり、現実の生活を無視して、精神世界に飛び込んでいったのだ。

精神世界に興味をもつこと自体は、時代の流れから見ても自然な流れだが、だからといって日常生活がなくなってしまうわけではない。

瞑想によって知ることのできる意識体験の世界は、日常的な三次元世界よりも豊かでおもしろいともいえる。さまざまな超常的な現象が起こったり、驚異的なヴィジョンを見たり、奇跡的な現象が起こるなど、魅力的で興味のつきない世界だ。

だが、足元の日常世界も決して忘れないでもらいたい。現実的な人生上のプロセスをしっかりとふみながら、精神的な世界の高いレベルに接してもらいたいのだ。それがより健全な成長のプロセスだからである。

むしろ、瞑想は、自分自身を見つめ直し、日常的なさまざまな問題やストレスを解消し、より積極的、創造的に物事にあたっていく上でとても役立つものである。

瞑想でマインドを操縦し、願望を実現する

さて、いかがだろう。わたしがここでいう〝願望〟が、自分自身でコントロールできなくなるような邪悪な欲望ではないことをご理解いただけただろうか。

では、どんな願望がかなうのだろうか。

たとえば、「お金がほしい」、「恋人をつくりたい」、「家や車がほしい」、「仕事で成功したい」、「人間関係を円滑にしたい」、「病気を治して健康になりたい」、「能力をもっと高めたい」……等々。わたしは、そういった人間的な願望を実現するための方法を紹介したいのだ。

こういった願望は、それ自体は悪ではない。むしろ、人生の目的を明確に立てて、その目標を実現し、人々が幸福な人生を実現していくことは素晴らしいことだ。そして、その後に「悟り」や「覚醒」と呼ばれる究極的な境地を目指していただきたいのである。

また、どんな小さな願望や目的であれ、それを実現していくときに、自分のマインドの世界をよく観察し、その使い方・しくみを理解していくことは、それ自体が瞑想といえる。

たとえば、「明日の朝、五時に起きたい」という願望があったとしよう。この願望を実現しようとするときに、あなたならどうするだろうか。目覚まし時計をかけて、なるべく早くベッドにもぐり込む。ふつうならそんなところだろう。

ところがマインドの使い方がわかると、こころの中で「明日、五時に起きたい」と瞑想しただけで、目覚

まし時計などを使わずに正確に五時に起床することができる。もちろん、それにはちょっとした訓練を積み、マインドの扱い方をよく知る必要がある。だが、瞑想を深めていけば、次第にちょっと奇跡的とさえ思えることも実現できるようになる。

瞑想とは、そのために、〝マインド〟の世界にコンタクトして操縦するための方法ともいえる。つまり、本書は、〝こころ＝マインド〟の取扱説明書でもあるのだ。

瞑想で願望を実現した人たち

それではマインドを上手に使って、いろいろなことを実現した人の例を少し紹介してみよう。瞑想を実践している人たちの多くが、このことをよく知っている。

生活費の三万円をマインドに入って獲得する

たとえば、ある学生さんの例だ。彼は毎月、一定の額を実家から仕送りしてもらい、東京で生活していた。ところが、その月はちょっとお金を使いすぎてしまったため、仕送り日まで、約三万円ほどの生活費が足りなくなってしまった。

そこで彼はまず、新聞紙を三枚、それぞれ一万円札ぐらいの大きさに切り、それを握りしめてマインドのレベルに入った。「マインドのレベルに入る」とはＳＭＣ独特の表現で、瞑想状態に入ることを意味している。そして、新聞紙を三万円とみなして、自分がそのお金を手に入れることをイメージしたのである。そして、その日は眠ってしまった。

するとどうしたことか、彼が「パチンコ店に入り、パチンコ玉をたくさん出している姿」が夢の中に出てきたのである。

目覚めた彼は、パチンコをすればきっと三万円が手に入るのだなと確信した。念のいったことに、彼はもう一度眠り、夢の続きを見た。そして、自分が大放出しているパチンコ台の番号をしっかりと記憶して、再び目覚めたのである。

もちろん、翌日、彼はなけなしのお金をもって近所のパチンコ店にさっそくでかけてみた。そして、記憶していたパチンコ台の前に座り、玉をはじき始めたのだった。するとどうだろう、あっという間に打ち止めになってしまったのだ。

しかし、まだ、三万円には届かなかった。そこで今度は別のパチンコ店に入り、やはり同じ番号のパチンコ台の前に座り、結局、三万円を手にしたのだった。

たわいのない話だが、瞑想による願望実現は基本的にこんな形で起こるものなのである。

四万円の宝くじが当選した

夢がからんだ例では、Kさんという女性のケースもおもしろい。

彼女は、友人のSさんに六万円を貸していたのだが、Kさん自身は特に金銭に困っていなかったので催足しないでいた。

たまたま、お金を貸していた友人のＳさんとの会話中のことだった。

「ここのところお金がなくて、あの借りた六万円は宝くじでも当たらなければとても返せないわ」

Ｓさんは、申し訳なさそうにそういうのだった。

Ｋさんは、Ｓさんが金銭的に随分困っているらしいことをそのとき知ったのだった。そこで彼女は、ＳＭＣでいう「マインドのレベルに入った」のである。ＫさんはＳＭＣの受講生だったのだ。

瞑想状態に入ったＫさんは、そこで「Ｓさんが宝くじに当たって喜んでいる姿」をイメージした。それからしばらくして、Ｋさんは不思議な夢を見た。Ｓさんが、四万円の宝くじに当たって喜んでいる姿が夢の中に出てきたのだ。

これはきっと、Ｓさんが宝くじに当たる予兆かもしれないと嬉しくなったＫさんは、妹にその夢の話をしたところ、

「バカね、賞金四万円なんて宝くじはどこにもないわよ」と、一笑に付されてしまった。

ところが、それから数日後、Ｓさんから突然、連絡が入った。

「宝くじに当たったので、借りた六万円を返せる」

Ｓさんの声はいかにもうれしそうに弾んでいた。

詳しく聞いてみると、彼女が当選した宝くじの賞金は一〇万円だったのだ。つまり、ＳさんはＫさんに借金を返すと、差し引き「四万円」が残ったのである。

この話を「ただの偶然」と片付けるには、少しできすぎだとはいえないだろうか。

むしろ、Kさんのマインドの力が働いて、彼女が描いたシナリオに即して現実が動いたとしか考えられないような現象が起こったのだ。しかも夢によってそれが予期されていたのである。

自分自身の願望ではなく、他人の幸せを願ったこのような願望を瞑想でインプットすると、意外に実現するケースが多い。余計な〝欲〟がからまないだけ、よりスムーズに願望のエネルギーが流れたケースといえる。

しかも、ちゃんと自分にも貸したお金が戻ってきている。

売上が急に伸びた食肉店

こんな例もある。食肉店を経営しているある夫婦の例だ。SMCを受講したこの夫婦は、イメージを使った瞑想法で、何と店の売上を大きく伸ばしたのである。

まず、イメージの世界で冷蔵庫のドアをあけ、中にぶらさがっている商品の肉の固まりに、想像力を働かせて光を当ててみた。すると、肉は黄金色に輝き出したのだ！　そしてそのとき、こころの中で次のように唱えたのだった。

「肉はやわらかくておいしくなる。そして、この肉を食べた人は、健康になる」

それはちょうど大みそかの前日だった。例年だと、その日はお客さんがあまりこない日のはずだった。ところが、なぜかその年の大みそかは、肉を切るはしから売れていってしまったのである。

気をよくした二人は、それから折あるごとに肉をイメージして、光を当てるようになった。すると「おたくのお肉は、やわらかくておいしい」という客の反応がかえってくるようになったという。しかも評判は評判を呼び、わざわざ足を運んで買いにくるお客さんまで現われるようになった。

当然、年明けの一月の売上は順調に伸び、例年なら落ち込むはずの二月も確実に販売実績が上がったのである。

もちろん、この食肉店の肉の仕入れ先は、何も特別なものではなかった。ただ、お客さんに喜んでもらえるようにイメージしただけの話である。

不動産業者が瞑想して家を売った

この食肉店の話を聞いた不動産業者のＲさんは、早速、自分もやってみようと思った。

Ｒさんの仕事は、不動産の卸し業者のようなものだ。新築住宅と中古住宅を共に扱い、その情報を不動産屋に提供し、売ってもらう仕事である。だいたい中古住宅は、購入してから半年以内に転売しないと銀行からの金利負担がかさみ、儲けがなくなってしまう。

ところが、ある年のことだった、Ｒさんは二年間も売れない新築物件一軒と中古物件一軒、それに一年間売れずにいる建て売りの新築住宅二軒の合計四軒をかかえてしまった。そんなことは、彼がこの仕事について一〇年になるが初めてのことだった。

そんな折、食肉店の夫婦の話をＳＭＣの会報で読んだのである。「この話は真実だ」と、Ｒさんは直観したという。

早速Rさんは自宅に帰ると、東上線沿線の二年間売れない新築住宅を瞑想してイメージした。この家が売れないのは、鬼門の方向に玄関があるからではないかとRさんは考えた。そこで彼は、その玄関と屋根全体に白い光を当てるイメージを思い描いたのである。

このイメージを彼はしばらくのあいだ、毎日のようにし続けた。そうしていると、瞑想中に「適住者」という言葉がパッと浮かんできたのだった。

売れ残ったこの新築住宅は、違法建築でもあり、そのまま住むことはできたが、建てかえはできないという条件があった。売れそうになっても、この条件を知るとやめてしまう人ばかりだったのだ。

その一か月後、まさに絵に画いたような適住者がRさんの前に現われた。それまでまったく日の当たらないところに住んでいた家族が現われたのである。日当たりがよく、その上、庭まであり、おまけに価格的にもその人の希望とぴったりだった。将来の建てかえの問題は、その人にはまったく気にならなかった。

Rさんはそれまで、「何だって売れりゃいい」と考えていた。ところが、この一件以来、住居とそこに住む人とのつながりをもっと考えるようになったという。

そうこうしているうちに、もう一軒の中古住宅にも適住者が現われた。その家は築一五年という老朽家屋だったのだが、山が好きな二九歳の独身男性が買い取ったのである。

虫のいい話のように感じられるかもしれないが、二年間も売れなかった物件が、瞑想をきっかけにして売れると、彼の仕事はその後も順調に展開し、今では自信に満ちあふれているという。

このようなケースは、まだたくさんある。科学者や芸術家が夢からインスピレーションを得たなどといった話は枚挙にいとまがないし、経営者なども瞑想から得たひらめきで企業戦略を決定したという例もある。恋愛、就職、人間関係など人生上のあらゆる問題解決、願望実現の実例が無数にあるのだ。「白血球がガン細胞をどんどん食べている」という映像をガン患者に見せて効果を上げているサイモントン博士のイメージ治療法の例もある。

このように、マインドの使い方次第では、絶望的な状況さえも解消することが可能なのである。

わたしの瞑想体験①

一八歳のときだった。九月のある深夜、わたしは一人で小さな裸電球をつけて部屋で寝ていた。すると眠りに落ちる寸前、急に、そしてまったくといっていいほど自然に呼吸が深くなり、それに伴って周囲の物音が小さくなった。

だが、意識は鮮明になり、別の空間にでも迷い込んだような心持ちになっていた。目を開けて様子を見ると、部屋の中に紫色の光がたち込め、その光のため次第に部屋が暗くなっていた。

そのとき、耳元で鳥のさえずる声が聞こえ始めたのだ。最初は左の耳元で聞こえたが、それが頭の中から出てくる音なのか、実際の鳥の声なのか判断がつかなかった。

深夜にこのようなことはとてもあり得ないことだし、とにかくことの成り行きを冷静に観察することにした。すると間もなく、その音は右の耳からも聞こえるようになり、頭の周囲に広がっていった。

意識は非常に鮮明で、恐怖心も起こらず、高揚した静かな気分が一時間ぐらい続いた。

このとき肉体の感覚はあまり気にならず、壁が透明に感じられ、となりの部屋の様子が何となく頭の中で見え、不思議な感じだったが、次第に眠りについてしまった。

これがわたしの最初の神秘体験といえるものだ。その後、わたしは少しずつ超常体験といわれるものを体験し、瞑想や精神世界に興味をもつようになったのだ。

瞑想を深めていくと、このような超常体験に遭遇することはしばしばある。このような意識体験の世界は、心身症や精神病の患者の体験と見分けがつかないほど相似しているので、中には恐怖心を抱き、それが原因でトラブルを招くこともある。

だが、このような体験自体は、決してマイナスの現象ではない。そこに巻き込まれて自分を見失うか、逆に直観的な洞察がそこにあるかによって見分けることができるのだ。

こういった体験に出会っても恐れず、受け入れるこころの準備をしてもらいたい。そして、「体験しているのは誰なのか」に注意を向け、より大きな意志や力（神）を信頼して、それに自分をゆだねることによって、問題はほとんど克服される。

わたしの瞑想体験②

わたしはある時期、自己の存在を見極めたいという欲求にかられて瞑想に入った。すると、こころの眼に何か黒板のようなものが映り、そこに白衣を着た人物の右腕だけが現われ、黒板に「☿」という白く輝く記号を書いた。

わたしがこの記号を注視していると、最初は「全」なのか「金」なのかわからなかったが、やがてそれが**メルクリウスの杖**であることがわかった。

さらに注視すると、その形象は輝きを増し、わたしの身体は、そのイメージと融合していった。そのとき、脊柱に微妙な感覚が走り、肉体の感覚は感じながらも、その存在感が薄れていった。

やがて、現実の世界がまるで夢のように感じられ、一方、意識はますます鮮明になっていった。そして、「わたしは初めからこうだったのだ」という奇妙な意識が目覚めてきた。

また、白衣の人物の全体像がイメージされ、体格のしっかりした髭をはやしたどこかプラトンを思わせるギリシア人が浮かび上がってきた。

わたしはその人物と次第に一体化し、その人物はわたし自身なのだという意識にとらわれ始めた。

そのギリシア人は、人々に道を説く哲学者であり、グルでもあった。彼は宇宙の究極の実在を知り、その確信に基づいて「地上の現実は非実在であり、人々が共同で見ている夢なのだ」と教えていたことをわたしは直観した。

しかし、わたしの意識の片隅で、このギリシア人の確信は、まだ不退転の境地にまでいたっていない多少の弱さが残っていると感じられた。そして、このグルは自らの確信をさらに確固たるものにするために、もう一度地上生活の非実在性を確信したいというわずかな欲求をもっているとも感じられた。この欲求はわたしの意識を横切ったわたし自身の問題でもあった。

この高揚した鮮明な意識を、この瞑想中に見たメルクリウスの杖を視覚化することによって再体験することができる。まったく同じではないが、それに近い意識状態と力強さを呼び起こすことができるのだ。

なぜ、願望が実現しないのか

このようにたくさんの人が瞑想で願望をどんどん実現し、充実した人生を送っている。けれどもそれを、「何だか眉唾だな」とあなたは思っているかもしれない。そういう人は、なかなか自分の願いがかなわないだろう。では、そういう人の願望はなぜ実現しないのだろうか。

結論からいうと、こころにまとまりがないからだ。

願望を実現するためには、願った目標に向かってこころを集中することが不可欠だが、こころの集中をさまたげている雑多な精神エネルギーがマインドの中には存在している。たとえば、東の方向に向かって行動しようという願望があるにもかかわらず、こころのどこかで西のほうに向かう力が同時に働いていたらどうなるだろう。お互いにエネルギーを相殺しあって、東に向かおうとする願望は実現しない。お互いに足を引っ張りあい、エネルギーを消耗し、願望が実現できなくなるのだ。

このような雑多な精神エネルギーのことを瞑想の世界では、**雑念**と呼んでいる。この雑念を整理することができれば、願望実現のスピードを驚異的に高めることができるのはいうまでもない。

しかし、マインドの使い方を誤って、とりかえしのつかない失敗を繰り返す人も多いのが実情だ。たとえば、ちょっと古くて恐縮だが、日本には火事を起こしたら恋人に会えるだろうと放火をした「八百屋お七」の物語がある。恋人に会いたいという願望のために、その他のことがすべて見えなくなり、無我夢中の行動に出てしまう。人間というのは、実にそういう愚かなことをしている。

しかし、これを笑えるほど、マインドをうまく使っている人は意外と少ないように見受けられる。

マインドの中の矛盾した雑念を整理する

たとえば、お金がほしいという願望がある。けれども、この願望とまったく反対の想念がマインドの中にあったとしたらどうだろう。

つまり、次のような想念である。

「お金を得るには、忙しく働かなければならない」

「たくさん金銭をもっている人は、きっと何か悪いことをしている」

「お金というものは、そもそも汚いものだ」

金銭のことを考えると、自然とこんなマイナスのイメージが湧いてこないだろうか。お金がほしいという願望を抱くのと同時に、こういう気持ちをこころのどこかにもっていると、「金銭を獲得する」という願望はなかなか実現しない。

「お金はほしいけれど、忙しくなるのはいやだ。まして悪いことはしたくない。汚れたお金はほしくない」そんな考えが働いて、お金を招きよせる働きにストップをかけてしまう。あるいは、「〝忙しく〟〝悪いことをして〟〝汚い〟お金を得る」ということを、本当に実現してしまうかもしれない。

いずれにせよ、お金を得るということにまつわるマイナスの想念があると、たいへん苦労しなければならなかったり、努力はしてもいい結果は得られないという現実を生み出してしまうことだろう。

しかし、中には、「〝楽しみながら〟〝素晴らしいことをして〟〝きれいな〟お金を、〝人のためになりながら〟獲得している」人もいるのである。

この場合は、実際に金銭を獲得するとどんな結果が生まれるかをイメージして、そこに関連しているマイナスの想念を一つひとつ整理しているのだ。

あることを願望したときに、それに関連する自分の内側の雑念をこのように整理することが、願望実現の鍵なのである。

こころの〝押し入れ〟を整理せよ

では、どうやったらマインドを整理することができるのだろうか。

マインドを混乱させている「雑念」のやっかいな性質は、自分自身で気がつかないうちに働くことだ。

雑念を生み出す原因は、こころの奥、表面の意識からは影の部分に隠れているケースがほとんどなのである。部屋にたとえてみると、この影の部分＝無意識は「押し入れ」のようなものだ。一時的に使わなくなったもの、見たくないものなどを、とりあえず押し入れの中に突っ込んでいると、何を入れたのかさえ次第にわからなくなってしまい、必要なものがあっても簡単には見つけ出せなくなる。

マインドも同じである。いろいろな想念がこころの中に浮かび上がってくるが、それを整理しないでおくと、どんどん無意識の世界に入り込んでしまい、矛盾した想念が乱雑なまましまい込まれてしまうことになる。願望実現のできない人のマインドの中は、表面的にはきれいに片付いているかもしれないが、こころの押し入れである無意識の世界を開けてみると、さまざまな矛盾した想念が乱雑に放り込まれているケースがほとんどだといえるだろう。

たとえば、性的な欲求を強い倫理観で抑圧したらどうなるか。健康な人間なら、この欲求は抑圧しても消え去りはしない。だが、性は汚いものときめつけて、自分の内側から発する衝動を無理やり抑圧して、押し入れにしまい込んだらどうなるだろう。精神分析学者のフロイトがいうように、無意識に閉じ込められ、解消されないエネルギーは、表面意識にさまざまな悪影響を与える。

しかも、想念や精神的エネルギーは、ものとは違い、それ自体、生命をもつエネルギーだ。だから抑圧されればされるほどその反発も強く、マイナスの影響を表面意識に与えることになる。

本書を読んでおられる方は、願望を実現しようとしているのだから、自分のそういった衝動を否定したり、抑圧したりしていないかもしれない。だが、性に対する倫理観のようなものは、いつのまにか無意識の世界に入っている。すると性的衝動を一方で認めても、無意識のレベルに埋め込まれた道徳観が、別の方向からその衝動を抑圧するのである。

性に対する道徳観念は、もちろん必要なものだ。だが、健全な欲求まで抑圧するなら、どこかで緩めなくては病的なものになってしまう。

こういった問題を、自分が願望するテーマに即して自分自身に問いながら整理し、いらなくなったものは処分し、必要なものはいつでもとり出せるようにしなければならない。そして、マインドのエネルギーがスムーズに流れるようにすることが願望実現には必要なのである。

成功者と失敗者のタイプがある

ところで、わたしは先ほどもふれたシルバ・マインド・コントロール（SMC）というアメリカ生まれの能力開発セミナーを、かれこれもう一〇年以上にわたって講師として開催してきた。そこで数千人もの人に会い、人生上の悩み事や瞑想上の行き詰まりなどについても相談を受けてきた。そして、なかなか願望が実現できない人や逆にどんどん自分の潜在能力を開花させて、さまざまな願望を実現する人を無数に見てきた。

そこでわかったことは、成功者と失敗者のタイプが、やはりあるということである。そして、失敗者タイプのマインドには、願望実現をさまたげるマイナスの想念がかなり強固に埋め込まれていることを知った。

どんな願望でもいいが、それを自分が実現しようと、一歩、足を踏み出すときのことを考えていただきたい。脱サラをして事業を起こすことでもいい。あるいは新しい恋のチャンスに踏み出すことでもいいだろう。人それぞれ、いろいろな願望があるはずだが、それを実現するために最初の一歩を踏み出すときのことをイメージしていただきたいのである。

とはいえ、皆さんは、何かいい知れない不安を感じるかもしれない。

「自分にそんな才能はあるだろうか」

「どうせまた、フラレるに決まっているのではないか」

「失敗したら取り返しがつかなくなるのではないか」

「こんなことをしたら、周りの人は何ていうだろう」

「自分には、そんなモノをもつ資格などないのかもしれない」

等々、さまざまな不安感や否定的な考え方が頭をよぎりはしないだろうか。

「こんな不安に悩むぐらいなら、今のままでもそれほど不幸でもないし、このままで、まあいいじゃないか」

と、自分を納得させてしまう人が案外と多いかもしれない。あるいは、実際に何か具体的に取り組み始めても、ちょっと失敗しただけで、「やっぱり、自分はダメだ」とあきらめてしまう人もいるに違いない。

どうも現代人は、新しい挑戦や未来に対してマイナスのイメージを描く傾向がある。もちろん、これではなかなか願望は実現しない。

無理やりに信じ込んでも成果は得られない

心理学者マズローなどの調査をみても、さまざまな分野における成功者には、これとは逆に楽天的といえるほどポジティブ（肯定的）な性格のもち主が多い。

「自分は必ず成功する。物事は必ず達成できる」

どんな不安感がよぎっても、マイナスの気持ちをしりぞけ、積極的に挑戦していくタイプの人が成功者には多いのだ。

潜在能力開発法や願望実現法などをテーマにした書物を見ると、こういったことは盛んに述べられている。

そして、**ポジティブ・シンキング**がもてはやされている。

「自分は成功する。成功すると思い込め」

「思考は必ず実現すると信じ込め」

そうすれば、願望を実現したり、潜在能力を開発したりできるというわけだ。

確かにどんな苦境にあっても、物事を否定的に受け取らず、失敗や危機をむしろ新たな成長のチャンスだと受け取れるほど自信があり、信念が強く、肯定的な性格をもった人ほど願望が実現し、成功するのは事実である。

だが、最初に述べたように、表面意識のレベルで無理やりに信じ込んでもなかなか大きな成果は得られない。表面でそう思っていても無意識にそれを否定するマイナスの想念があったら、よくてプラス・マイナス・ゼロの結果しか生まないだろう。

まして多くの現代人に見られるように、無意識のレベルに強いマイナスのプログラムをもっている場合は、表面的な思い込みだけでは願望は実現できないのである。

誕生時からセッティングされるマイナスのプログラム

では、どうしたらいいのだろうか。それにはまず、無意識の部分にあるこのマイナスの想念を片づけ、整理すればいいのである。

このとき問題になるのが、現代人の無意識に埋め込まれた、強固なマイナスの想念なのだ。なぜ、こういった想念に強く支配されるのかを少しご説明しておきたい。

いろいろな説明が成り立つが、きわめて説得力のあるものに、アメリカのトランスパーソナル心理学（個人の意識の領域を超えた側面を扱う心理学）の研究者スタニスラフ・グロフの説く、**バース・トラウマ（出生時精神外傷）説**がある。

グロフは、人の性格を決める背景の一つとして出生時の体験に注目し、**基本的分娩前後のマトリックス**という概念を提唱した。

彼によれば、人間は基本的に四つの段階を通過して誕生するという。

胎児が子宮の中で母親と一体化している至福の状態（ＢＰＭⅠ）。続いて、子宮の収縮によって、胎児が四方から締め付けられ、圧倒的な不安にさらされる状態（ＢＰＭⅡ）。さらに、分娩時を迎えて胎児が産道に押し込まれ、窒息の苦しみにさえ遭遇する段階（ＢＰＭⅢ）。胎児はこの苦境から逃れようと、死と再生の闘争を体験する。そして、最後に無事に分娩を完了し、母親の温かい胸に抱かれ、再び平穏を見いだす段階だ（ＢＰＭⅣ）。

この四つの段階を誰もが体験している。そして、ここで注目すべき点は、それぞれの段階をどのように通過するかで、その後の性格に大きな影響を残すということだ。

たとえば、ＢＰＭⅢの段階があまりに長引き、瀕死の状態で出産した人と、この段階をすみやかに通過した人とでは、人生に起こるさまざまな問題に対して異なった態度をとり、異なった性格を発展させるという。

もちろん、すみやかに通過した人は楽観的でポジティブな性格を発展させ、瀕死の状態で誕生した人は新しい体験を恐れてネガティブな性格を形成するという。

これだけで性格のすべてが決定されるわけではないが、誕生という人生最初の体験が、その後の人格形成に大きな影響を与えるというのは、かなりうなずけるものがありはしないだろうか。

とりわけ、人間は他の動物に比較して、難産のケースが多い生物だ。また、現代ではほとんどの人が病院で出産する。それで、祝福すべき妊娠や出産が、あたかも病気のようなマイナス・イメージをもたれてしまう。これでは母子ともども、精神的にはあまりいい環境にいるとはいえないだろう。

また、昔のように家で子供を生むのとは違い、出生後すぐに母親から引き離してしまう。ＢＰＭⅣの段階の安心感や平穏をすぐに奪われてしまうのだ。病院という場所も、安心感を育むよりは、不安をかもし出す雰囲気に満ちている。

人生最初の体験が、このようにマイナスのイメージに満ちていれば、当然、こころの奥底にマイナスの記憶として埋め込まれてしまう。そのため成長後も、何か新しい体験をしようとするときに、無意識にセットされているマイナスの記憶が呼び起こされ、不安になってしまうのかもしれない。

瞑想でマイナスのプログラムを消去する

出生後も、マイナスのプログラミングを受ける環境の中で現代人は成長している。

典型的な例としては、心因性の夜尿症の子供がいる。親が子供の自立心を養おうと、幼児の頃から子供にあまり愛情を注がないとしよう。すると子供は、「親にかまってもらいたい」と、いろいろなことを試みるようになる。そして、「おねしょ」をすると、親が自分のことをかまってくれることを体験的に知る。それが高じて「夜尿症」という病気にまで発展する。

成長するにつれておねしょのクセは直るが、やはり親の愛情を獲得する必要が子供にはある。すると、次に登場するのが多くの場合、「喘息」である。このように、親の愛情を獲得するために、子供は夜尿症や喘息といったマイナスの手段に訴えるのだ。

しかし、本来の願望である「愛情の獲得」のために、病気になる必要があるだろうか。目的を達成するためとはいえ、この手段はあまり知恵のあるものではない。

だが、愛情のとぼしい環境で育てられると、このようなマイナスの方法を使わないと願望が実現できないことも確かである。

このようにマイナスの方法で願望を実現しようとする性質を、現代人は幼少の頃から発展させている。それが大人になってからも無意識に働くのだから、ちょっと単純には笑えない深刻な問題がここにはある。

もう少し成長してからも、「あれをしてはいけない。そんなことをするとケガをする」と不安感をあおる教育を受けたり、「勉強しなければ、いい学校に入れない、大企業に入れない」とたえず語り聞かされる。恐怖暗示ともいえる教育や訓戒を繰り返し聞かされるのだ。これが無意識のレベルにプログラムされないわけがない。

「何かを得るには、苦しい思いをしなければならない」

そんな考えが、無意識にしっかりと埋め込まれてしまうのである。

このように、人生の初期の段階から埋め込まれたマイナスのプログラミングは、成長してからも陰に陽に働いてしまう。

これでは、願望実現の背景となるプラスの肯定的な性格は発展させにくい。むしろ、ちょっと失敗しただけで、「ああ、やっぱり物事はなかなかうまくはいかないものだ」とマイナスの現実に目を向けがちになり、マイナスのプログラムを強化する傾向を現代人の多くがもっている。

願望を実現するには、このマイナスのプログラムを解消し、プラスのプログラムを無意識のレベルに埋め込みなおす必要がある。

無意識の奥に埋め込まれているマイナスのプログラムは、願望実現にとっては不要なものである。こういったものを捨て去るためには「脱プログラミング」をして、マイナスのプログラムを消去しなければならない。そして、その代わりに「プラスのプログラムを新しくプログラミングする」必要がある。

そしてこの、プログラミング作業に最も有効な方法が**瞑想**なのである。

第２章
これが願望実現のメカニズムだ

マインドは願望実現の宝庫である

さてここでは、〝マインドの世界〟についてより詳しく解説していくことにしよう。

マインドの世界は、通常、考えられているよりも遥かに広い世界だ。それは、たくさんの部屋がある大きな家のようなものである。ふだんは自分の「こころ」と思っている部分は、この大きな家の中の個室ぐらいのせまい部分でしかない。

扉を開けてみると、実はあなたはとても大きな家に住んでいることに気がつくだろう。そこには、たくさんの部屋があるのだが、そのほとんどをあなたは使っていない。願望実現のための道具もそこにはたくさんあるのに、まったく手つかずの状態なのだ。

瞑想は個室の扉を開いて、あなたの家の中を探検することから始まる。

最初はなじみがないので、迷路にでも迷い込んだ気分に陥ることもある。場合によっては開かずの間の前で、幽霊や魔物が飛び出してくるのではないかと、恐怖心を抱いてしまうこともある。

だが、そういった迷いや恐れは、なじみがなかったり、適切な地図がないためにすぎない。マインドの世界そのものは、決して迷路でもなければ魔物が住んでいる世界でもない。むしろ、あなたの願望を実現するための道具やエネルギーが蓄えられている宝庫なのだ。

ただ、あまりにもその世界が広いために、踏み迷ってしまうことがあるのも事実。そして、壁にかけてあるホウキや衣服をお化けと思って、おののいてしまうことさえある。

そこで、瞑想によって無意識の世界を探検するにあたって、薄暗い地下室に入っても恐れたり迷わないようにするために、適切な地図をもっていく必要がある。

このパートでは、瞑想に必要なおおよそのマインドの地図、つまり、こころの構造についてご説明することにしよう。

ヨーガ哲学に基づくマインドの構造

ここでは**ヨーガ哲学**に基づいて、マインドの構造を見ていきたい。

ヨーガというと、アクロバチックな身体技法を思い起こす人が多いかもしれないが、ヨーガの世界は、むしろ瞑想が主体にあり、深い瞑想的な境地に到達することを目的として、さまざまなアーサナ（ポーズ）が考案されてきた。そして、マインドの世界に対する体験的な深い知恵が、ここには豊富に蓄積されている。

ヨーガ行者たちは、最初は肉体のコントロールから修行を始める。その目的は、奇抜な格好をして人を驚かせることではない。このようなポーズをすることで、肉体をコントロールし、ひいてはこころを鎮めて、精神を集中することが目的なのだ。

精神の集中力が高まると、次第に肉体の五感を超えた、より精妙な知覚力が目覚め始める。これによって、ふだん五感によって知覚している世界とは別の次元の世界を認識するようになる。そして、日常的な世界だけが、唯一の世界ではないことを直接体験し始めるのである。

古今東西の神秘家と呼ばれる人は、特殊な訓練によってこのような精妙な知覚力を発達させてきた。そして、「魂の科学」ともいえるマインドに対する深い洞察を獲得し、人間存在の本質的な在り方を発見すると共に、それを現代に伝えてきたのだ。

従来はこういった知恵は、なかなか一般には公開されず、密教としてひそかに伝えられてきたにすぎない。それが今日、次第に一般にも公開され始めている。こういったところにも新しい時代の波が押し寄せているといえよう。

さて、前置きはこのくらいにして、本論に入っていこう。ここではヨーガ哲学の特殊な用語は、なるべく使わないようにするつもりだ。

次ページの表をご覧いただきたい。ここにはさまざまな人間の意識が上げられている。これが〝マインド

これがマインドの構造だ

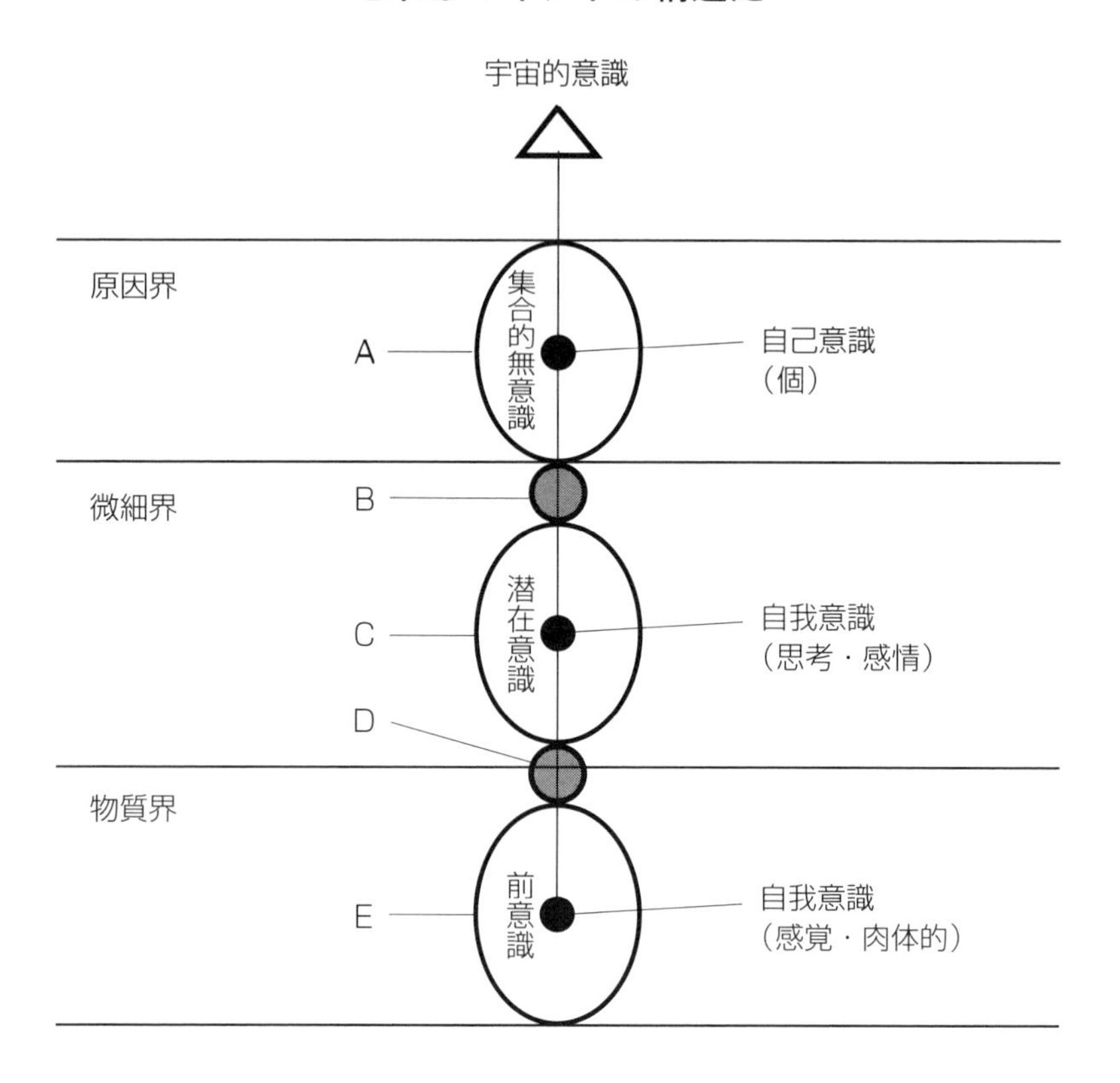

ヨーガ哲学による５つのサヤ説

原因身	A	アーナンダマヤ・コーシャ
微細身	B	ビジュナーナマヤ・コーシャ
	C	マノマーヤ・コーシャ
粗大身	D	プラーナマヤ・コーシャ
	E	アンナマヤ・コーシャ

通常、自我意識（知覚化された意識の領域）は微細界と物質界の間を移動するが、原因界とはたまにしかつながらない。

の構造〟というべきものである。次に、これを一つひとつ見ていこう。

物質的な〝肉体〟と〝生体エネルギー〟のレベル

まず、最初のマインドのステージは**肉体**だ。ヨーガ哲学では**アンナマヤ・コーシャ（食物のサヤ）**と呼ばれている。骨や肉、あるいは、五臓六腑という肉体そのもののことである。これはあまり説明する必要はないだろう。

次に、この肉体を詳しく観察すると、従来の西洋医学的な立場から見落とされている肉体の映し絵のような体が認識されるようになる。

一応、ここでは心理学者ライヒの使った用語を借りて、**生体エネルギー場**と呼んでおこう。これはヨーガ哲学では、**プラーナマヤ・コーシャ（プラーナのサヤ）**と呼ばれているものである。

ヨーガでいう「プラーナ」と、最近話題の「気」は、ほぼ同様のことを指している。これは生体エネルギー場を流れるある種のエネルギーのことである。東洋医学的な立場でいう「経絡（けいらく）」は、この生体エネルギー場におけるエネルギーの通路のようなものであり、肉体の生命力をつかさどっているものである。

心理学者ライヒはここで流れるエネルギーを**オルゴン・エネルギー**と呼んでいた。西欧の神秘主義の神智学では、**エーテル体**と呼ばれる領域である。

最近、「気」に対する科学的研究が始まっているようだが、東洋では古来から認識されていたものである。

気の流れを調整して調和をはかり、病気を治すなど、実践的にその存在は十分に知られていたのだ。

この生体エネルギーの流れは、気功法や瞑想などの実践によって感じることができる。ピリピリしたり、チクチクするなど独特の感覚があり、さらに実践を深めると視覚化することもできるようになる。生体エネルギーはもちろん体全体に流れているのだが、その主要な流れは、肉体の脊髄にそっている。そして、一定の部分でエネルギーの渦（うず）を作っている。ヨーガでいう**チャクラ**は、この渦を指したものだ。

いずれチャクラについても実践的に述べるつもりだが、チャクラは人間のさまざまなレベルの活動エネルギーをつかさどっている部分でもあり、願望実現にとっても重要な役割をはたすエネルギー・ポイントなのである。

さて、この〝物質〟としての「肉体」と「生体エネルギー場」を合わせたものを、ヨーガ哲学では**肉体（粗大身）**と呼んでいる。そして、肉体が住み、知覚し、活動している世界を**物質界**と呼んでいる。

精妙な世界を知覚する〝こころ〟のレベル

次は、**こころ（意念（いねん））**のレベルである。ヨーガ哲学では、**マノマーヤ・コーシャ**と呼ばれる。思考し、想像する心的活動を営む領域である。

五感の感覚やさまざまな欲望も、この領域があるので生まれる。肉体だけでは、何かを感じたり、あるいは欲したりすることはできない。「こころ」があるから、外界を知覚し、そして、その情報に基づいていろいろ想像したり、欲したりするのだ。

肉体の感覚器官から情報を受け取った「こころ」は、情報をただ受け取るだけではなく、情報を抽出して、次のレベルである「知性（ビジュナーナマヤ・コーシャ）」に送っている。そして、「知性」は判断をくだし、その結果を再び「こころ」に送り返す。「こころ」はこれを「肉体」の行動器官に送り、人間はさまざまな活動をする。

このように「こころ」には、情報を受け取る機能と、肉体に行動を指令する二つの機能がある。西欧の神秘主義の神智学では、このレベルを**アストラル体**、および**低級メンタル体**と呼んでいる。

また、「こころ」の情報源は、感覚器官だけではない。脳に蓄積されている記憶情報も情報源になっている。つまり、外界に対して意識を向けるだけではなくて、マインドの内側にも意識の焦点は向かっているのだ。

「こころ」は通常は、外界を認識する五感などの感覚器官の方向に意識の焦点を向けている。だからオーラを見ることはできない。だが、瞑想の実践を深めて、「マインド」のより深いレベル、つまりこころの内側に意識の焦点を向けるようになると、精妙な世界を知覚することができるようになる。

この領域は、五感で知覚できる領域よりも、周波数がより細かくて高い。それで**精妙な世界**と形容される。これに対して、物質界はより周波数が粗（あら）くて低いので**粗い世界**といわれる。

そういう意味で瞑想をすることは、人間の認識領域を広げることでもあるのだ。

といっても、瞑想をしていない人が、まったくこの領域と接していないということではない。

たとえば、睡眠中に見る夢や、あるいは想像力を働かせてイメージする幻想の世界というものがある。これらはふだんはあまり意識されないものだし、一般的には実体のない幻とされる。

だが、この「イメージ」とか「夢」をよく観察してみると、実にさまざまな意味がそこには含まれているのだ。そして、そういうイメージを抱くときのマインドは、外界に対する知覚をストップして、内的な領域に向かっている。

「こころ」のレベルには、このように多様な機能や働きがある。このレベルをうまく使うことが、願望実現にとっていかに大切かは、本書をさらに読んでいけばご理解いただけるだろう。

また、「こころ」が知覚する「精妙な世界」、「イメージの世界」は、五感では知覚できない情報系とつながっている。これは、いわゆるテレパシーや透視といった**超感覚的知覚**というものを説明する上でも重要なポイントとなる。

さらに、このレベルでは、肉体の五感では知覚できない精妙なエネルギーが作られている。そして、肉体から数十センチ外部にエネルギーを放射している。

これが**オーラ**と呼ばれるもので、超感覚をもった人はこれを視覚的に認識することができる。

ひらめきが冴える〝知性〟のレベル

次のレベルは、**知性**である。**ビジュナーナマヤ・コーシャ（知性のサヤ）**とヨーガでは呼ばれ、その機能は、情報を分析して識別する、その名の通り知的判断を行うレベルである。また、直観もこのレベルにある機能だ。神智学では**メンタル体**と呼ばれている。

人間の知性には、真実を直観的に見極める高度な知性から、動物にも劣る鈍い知性まで、さまざまなレベルがある。もちろん鈍い知性に基づいていたのでは的確な判断もできないし、まして、自分の願望を実現することもできない。

場合によっては、鈍い知性は、願望実現をさまたげることさえある。というのも、願望実現は、一般的な知性では、ちょっと考えられない奇跡的な形で起こることがしばしばあるからだ。

しかし、そんなことが「あるものか」、「できるものか」と判断をくだすのもまた知性である。そういう判断は、自分の中の潜在能力の開花をおさえつけ、訪れたチャンスを逃してしまうことがしばしばある。願望を実現するには、ときには直観的な飛躍が必要なこともあるのである。

また、瞑想を深めていくと、この「直観」的な知性が冴えわたってくる。そして、瞬間的に最も的確な判断がくだせるようになる。

卓越した判断をくだす人を評して、「知性の輝きのある人」ということがある。こういった高度な知性は、〝分析的〟であるよりも〝直観的〟なものだ。そして、この瞬間的な判断が光のような輝きとして感じられるのだ。

ところで、直観やひらめきがもたらされる情報源も、さきほど「こころ」のレベルで説明したマインドの内側の領域、精妙な世界からくるようだ。

さて、「こころ」と「知性」を合わせて、ヨーガ哲学では**微細身**（びさいしん）と呼んでいる。そして、この微細身が住み、知覚する領域を**微細界**と呼ぶ。

直観やイメージなどの情報源は、どうやら不可知の情報系にあるらしい。この情報系が存在する領域が、微細界や、さらにその奥の**原因界**である。

この領域に関しても、実際の瞑想法の解説と合わせて後ほどもっと詳しく説明することにしよう。

至福の喜びを感じる〝自己〟のレベル

さて、知性の次のレベルは、心理学者のユングの言葉を借りて**自己**と呼ぶことにしよう。

このレベルのマインドの機能は、個としての「わたし」という観念、つまりおおもとの自我意識を生み出すことにある。ヨーガ哲学では**アーナンダマヤ・コーシャ（至福のサヤ）**と呼ばれている。

ところで、「わたし」といっても、さまざまなレベルがある。自分中心の狭い自我意識から、他者への愛に満ちた自己意識まで、一言で「わたし」といっても多彩な幅があるのだ。そして、不安や、怒り、悲しみなどを感じるレベルから、喜びと法悦の体験にいたるまで、さまざまな感情を体験する。

このレベルは、五つの存在構造レベルの中でも、最も精妙な領域である。ヨーガでは胸にその住み家があるといわれている。実際、胸でわたしたちは愛や喜びなどの感情を感じている。「胸が一杯になる」とは感情の高まりを表現したたとえだが、このことを実によくいい表わしているといえよう。

そして、このレベルをヨーガ哲学で「アーナンダマヤ・コーシャ」、つまり〝至福のサヤ〟と呼ぶのは、深い瞑想のはてに「わたし」が味わう体験が、まさに「至福の喜び」にほかならないからだ。

実際の瞑想では、喜びや悲しみなどを感じる場所としての胸に意識を置き、自分自身の気持ちをどこまでもかぎりなく掘り下げていく。そして、いろいろな思い出や湧き起こる感覚をとことん見つめながら、そもそもいろいろな感情を感じる「わたし」自身とは何かを探求していく。

そして、ある段階を超えると、一切の思考が止まるのである。するとそこは、ただ、〝存在の喜び〟を感じるだけの状態になる。

これがいわゆる、**悟り**の体験である。

もっとも、いくらこのように言葉で語ってみても、リアリティを感じてもらえないかもしれない。だから今の段階では、「そういうこともあるかもしれない」と、頭の隅にでも置いてもらってさしつかえない。

ただ、願望実現とのかかわりで少し述べておくと、願望が実現したときには、誰でも〝喜び〟を感じるはずだ。願望実現のプロセスも、不安や怒り、悲しみなどの感情を乗り越えて、最終的に喜びに到達するのである。

この〝喜び〟を感じることが大切であり、また、喜びの体験は、「小さな悟り」といえる。この小さな悟りを積み重ねていくことも、究極的な「輪廻解脱（りんねげだつ）」に通じる道の一つだといっておこう。

実際、「生悟り（なまざと）」を気取るよりは、自分の願望に素直に反応して「俗三昧（ぞくざんまい）」であるほうが、本当の悟りに近づけるかもしれない。

さて、どちらにせよ、そういったさまざまなことを感じる一番おもとの主体としての「わたし」が、ここでいう「自己」だ。そして、この自己の体のことを**原因身**と呼び、原因身が住み、知覚する世界を**原因界**と呼ぶ。

これで五つの存在レベルと三つの身体、および世界の説明が終わった。そして、このすべての根底にあって、そのすべてを支え、観照しているのが、**真我**（しんが）**＝アートマン**である。これは宇宙そのもののことである。

願望のおおもとは原因界で生まれる

次に、そもそも願望とは何かということを、このマインドの構造とのかかわりで説明しておこう。そうすれば、願望実現のために、このマインドの構造とどうつきあったらいいのかが自ずと見えてくるだろう。

それには、まず、最初に、**原因界**というものをもう少し説明する必要がある。

原因界というのは、54ページの表では上に示したが、マインドの世界では最深部に位置している。というのも、ふだん、わたしたちが意識している世界は、感覚器官で知覚する物質界と記憶やイメージなどの微細界の一部分でしかない。

マインドの土台の位置にある「原因界」は、ふつうはまったく意識されていないのだ。ところが、この「原因界」は、表面意識に浮かび上がってくるさまざまな想念のおおもとが生み出される場所なのである。

心理学者のユングはこれを、**元型が生じる次元**と呼び、仏教では**アーラヤ識**（シキ）と呼ばれ、いずれもとても重要な領域であるとみなしている。最近話題の、新しい心理学の流れであるトランスパーソナル心理学などで**トランスパーソナルな領域**と呼んでいるレベルと、これはほぼ重なっている。

植物の成長において、どんな形の木になるか、どんな色の花をつけるかは、種子の中に必要な情報が、すべて設計図のような形で含まれている。「原因界」とは、この種子のようなものである。したがって、自分がどんな人生を送るか、また、どんな花をつけるかの、設計図がしまい込まれている。つまり、この人生でどんなことを願望して、それを実現するかの設計図だ。だから、こころの中に浮かび上がる「～したい」といった気持ちのおおもとはこの領域で生まれる。

といっても、原因界のレベルでは、たとえば、「車がほしい」という具体的な願望が生まれるわけではない。その背後にあるもっと深い動機を生み出すのだ。

それは、人間に共通するある程度、数の限られた基本的な欲求として、とりあえず表現できるものである。成長したいとか、安全でいたい、食べたいなどといった基本的なものから、真善美（しんぜんび）を求める高次元の欲求までが含まれるが、具体的な対象はまだここにはない。表面意識で自覚される前に背後で働いている動機を生み出すのだ。

これは純粋な精神エネルギーともいえるもので、抽象的に見えるが、パワーの強いものである。したがって、原因界はマインドの世界のパワー・ユニットともいえる。ただし、深層意識の最下層、マインドの一番深いレベルにあるので、ふだんはほとんど意識されない。

元型的願望に形を与える微細界のフィルター

この漠然とした精神エネルギーや衝動が、次の**微細界**で形をもち始める。というのも、微細界は、表面意識と深層意識のちょうど境界面に位置しているからだ。

この領域もふだんはあまり意識されないが、注意深く自分のこころを探れば、深層意識からのメッセージが浮かび上がってくる領域として認識できるはずだ。ここは、何かがほしいと思ったり、あるいは何かをしたいと思う、その気持ちがある対象を見つけ出す領域といえる。

それはただ漠然と「〜したい」と思うこともあれば、夢の世界の象徴とか、瞑想をすると浮かび上がってくるさまざまなイメージとして浮かび上がることもある。種子のたとえでいうと、種が芽を出す環境、つまり水や肥料など成長のプロセスの部分が微細界ということになる。

原因界はきわめて微妙な領域で、具体的といってもまだ漠然としていて、むしろ、神話的なイメージとして浮かび上がることが多い。つまり、「英雄のようになりたい」とか「お姫さまのようにみんなに愛されたい」という具合に。

こういう**元型的な願望**は、ふだんはあまり意識されないが、人生の変わり目とか、大きな決断をしなければならないときに活性化されてくる。

たとえば、「英雄になりたい」という願望は、現代であれば「剣をもって戦う戦士」ではなくて、「コンピュータをあやつるビジネス戦士」というイメージになるだろう。もちろん、人によって、同じ元型的な願望であってもその実際の姿は多様である。別の人は、同じ英雄でも「F1ドライバー」をイメージするかもしれないということだ。

だが、いずれにせよ、そこにはある種の類型的な願望がある。それを「元型的な願望」と呼んでいるわけである。

このように具体的な形が見えてくれば、願望は実現しやすくなる。しかし、まだ漠然として表面に浮かび上がれない段階が、原因界から微細界にきている段階の願望のエネルギーだ。

このエネルギーに見合ったテーマとか対象、つまり、具体的な職業とか、実際に何をするのかをうまく見つけることができれば、そこに深層のレベルからエネルギーが流れ込んで、活発に行動できるようになる。つまり、この微細界は、深層の精神エネルギーが表面化するときの変換器、ないしはフィルターのような働きをしているのだ。

微細界のフィルターは汚れていないか

願望をうまく実現できない人というのは、この微細界のフィルターが汚れていたり、つまっていて、原因界で生まれた精神エネルギーの流れがスムーズになっていない人がほとんどである。

たとえば、「ケンカ」というものがある。多くの場合、これは**自我の拡張**という深層の願望を一気に瞬間的に解消しようとするとき生じる行為だ。

確かに一瞬は、深層の願望を満たすことができる。だが、これはあまりよい願望の実現のしかたではない。

「ケンカ」をしがちな人は、ふだん深層にある「自我を拡張したい」という願望を抑圧している人が多い。あるいは微細界のフィルターが曇っているので、深層からどんなエネルギーが浮かび上がろうとしているのかがわからなくなっている。

フィルターの下までエネルギーはきているのだが、外に出られなくなっているのだ。そういうマインドの状態の人が、ちょっとバカにされたり、自分の思い通りに事が進まないと、おさえがきかなくなり、それがフィルターの裂け目となって、急激に表面に出てしまう。すると我を忘れて「ケンカ」になってしまうのだ。

したがって、そういう人でも微細界の汚れをはらい、深層からのエネルギーがふだんから流れるようにすれば、つまらないことで人とケンカをしたりするようなこともなくなる。自分が何を欲しているのか、それを知れば適切に対処できるからだ。そうなれば深層からのエネルギーに我を忘れた形で支配されずに、上手にコントロールできるようになるだろう。

ところで、このように説明してきても、まだまだとまどいを隠せない人がいるかもしれない。

願望しているのは、「表面のわたし」ではなくて、実は、「深層のわたし」、無意識になっている「もう一人の自分」ということになるからだ。

実は、そうなのである。表面のわたしはすでに何度も述べているように、マインドの世界のほんの一部分のもので、むしろ、深層意識にコントロールされている。だから、願望していることも、実は深層意識の働きの結果なのである。ところが、そうはいってももちろん判断能力が表面意識にはあるので、深層の願望をとり違えて、とんちんかんな目的をもって努力しているケースがままある。

するともう一人のわたしは怒ってしまい、表面意識が願っていることを実現するためのエネルギーを全然くれない。これではもちろん願望は実現しない。

自分の最も強い願望を発見しよう

このようにマインドの深層のレベルにある「原因界」や「微細界」というのは、何かを願望することと、実に密接に関係している。ところが、ふだん、わたしたちが意識的に知覚しているマインドのレベルは、**物質界**なのである。

この領域は、物質界といっても物質そのものの世界をいうのではない。意識が、肉体の感覚でキャッチしている感覚世界のことだ。

このレベルだけで願望実現を考えると、「あれがほしい」、「これもほしい」という気持ちだけに振り回されてしまう。本当に自分が何を欲しているのかが、ちょっとわからなくなってしまうのだ。

したがって願望を実現するには、対象をしぼり込み、ほしいものを明確にする必要がある。単に、「あれもこれも」とやっていたのでは、得られるものも得られなくなってしまうのである。

そうならないためには、あなた自身の深層から湧き起こってくる最も強い願望に焦点を当てる必要がある。そこに瞑想をすることの意義もあるからである。

そして、ここまで読んでこられた読者ならおわかりのように、この深層の願望は「原因界」から生み出されている。

この原因界とどう上手につきあうか、それが願望を実現する上で最も重要なポイントなのである。

物質と精神の新しいパラダイム

ところで、わたしたちは通常、自分をとりまく環境と自分のこころを分けて考えている。いわゆる、精神と物質の二元論だ。

こういう世界の捉え方をしていると、願望は自分の周りの環境に働きかけることによって実現するものとみなされる。ところが、そこが違うのである。願望実現の極意は、周りの環境に働きかけるのではなく、願望が生み出される根源である「原因界」に働きかけることなのである。

そのことを説明するために、脇道にそれるが、物質と精神に関する新しいパラダイムについて、ちょっと考えてもらいたい。

従来から「物質と精神」という問題は、科学や哲学の世界で大きな問題だった。そして、最近、従来の物質と精神を二つに分けて考えていた、いわゆる二元論に対する再考が始まっている。

たとえば、従来の科学者ならば、「こころ」を研究するときには、脳や神経細胞を分子のレベルまでどんどん切断して、分析していくだろう。その結果、こころは脳のメカニズムが生み出す、物質の反映にすぎないという考え方になる。これではこころの独自な機能は捉えられない。

一方、宗教家や哲学者は、こころをそれ自体独立したものとして追求してきた。物質とは切り離された、超越的な世界にこころはあるというわけだ。この場合は、どこまでいっても物質との接点がない。

しかし、それは間違っているのではないか、という反省が生まれてきた。そして、物質と精神を統合的に考える新しいパラダイムが提唱され始めている。それが、**ニュー・サイエンス**という新しい科学の考え方である。

そして、物質と精神をつなぐ一元的な世界の存在が、次第に認識されるようになってきた。この一元的な世界とは、物質も精神も含めて、それが生み出される宇宙の根源的なエネルギーが発生する領域だ。

このことを説明するには本一冊でも不可能なくらい大きな問題で、ここではこれ以上詳しくふみ込まないことにしよう。

ただ、はっきりさせておきたいことは、マインドと物質的な世界はつながっているということだ。そして、その二つの領域の〝根〟の部分は、実は同じところから発生しているのである。

マインドの現象も、物質界の現象も、その根源は一つの世界から発生しているということである。もちろん、それは表面的なレベルでは分かれて見えるが、それぞれの一番深いレベルでは、直につながっている。これは願望実現を考えるときにも、決定的に重要なポイントとなる。

物質の世界に働きかける

通常は、物質界とよばれる感覚の世界にわたしたちは意識の焦点を当てている。すると、精神と物質は二つの違った領域に見える。

しかし、瞑想などを通して、こころの奥の世界、特に原因界に入っていくと、物質と精神が決して二分されたものではないことがわかってくる。

これは古来から瞑想を深めた覚者と呼ばれる人々が、営々と語ってきたことである。それが科学のパラダイムとしても今日、認識されるようになってきた。

そして、瞑想的な知見に基づけば、むしろ原因界とは、この物質と精神が統合されるおおもとの一元的な世界そのものなのである。

このことの意味していることは、とても大きい。古代から伝わる魔術や宗教は、祈りや儀式といった行為を通して、この原因界に働きかけるテクノロジーといってもいいだろう。

そして、原因界に祈りや儀式のテーマが伝達されれば、他には何もしなくても、結果として物質を素材として展開されている現象界にエネルギーを送り、マインドで描いたことを実現してしまうのである。

つまり、精神のレベルの操作によって、物質の世界に働きかけをすることができるということだ。精神と物質を分けるパラダイムでは、それは奇跡とか超常的な現象に見えてしまう。

だが、この二つの領域が根源でつながっているならば、奇跡でも超常現象でもないのである。

〝波動〟が物質と精神をつなぐ鍵だ

こういった考えに基づきつつわたしは、ニューサイエンスなどの統合的な科学をさらに一歩進めて、物質と精神が融合する科学として、**マジカル・サイエンス**を提唱している。こういった発想は、**ダウジング**と呼ばれるマジカルな技術を研究することから得たものだ。ダウジングとは、太古から地下水脈や鉱物資源を探すのに使われた技術で、ペンジュラム（振り子）やダウジング・ロッド（探知棒）を使って、深層意識の反応を拡大して、ひいては超感覚的知覚を実現するものである。

特にヨーロッパでは、これは多くの人によって研究されてきた。通常の科学では、今のところ解明されていないが、実用面での効果がたいへん高いので、こういった技術の存在そのものは広く認められている。

わたしが、このダウジングの研究を通して確認したことは、あらゆる物体からはさまざまな「放射エネルギー」が出ているということだ。

また、物だけではなく、色、音はもとより、こころの領域にある感情や思考にも、エネルギーや波動があることがわかったのである。つまり、物質と精神をつなぐパラダイムとして、**波動**というものがあると考えたのだ。

ダウジングが一定の効果を発揮するのは、どうも物質の発している波動と、精神の波動が同調したり、反発している結果らしいのだ。ここでいう精神とは、もちろん深層意識であり、ダウジングのさまざまな道具は、この深層意識の反応を表面意識に伝える道具なのである。

すなわち、これが意味することは、物質と精神が深層意識ではつながっているということだ。違いは波動の質、周波数にしかすぎない。

さらにこれを発展させれば、周波数の共鳴作用や帯域の操作によって、精神のレベルから物質に直接働きかけることができるかもしれないということになる。

瞑想はマインドに働きかける

常識では、精神は直接、物質に働きかけることはできないと考えられている。だから、スプーン曲げのような現象は起こらないとされる。これは典型的な精神と物質の二元論である。

しかし、何度も繰り返すようだが、波動の操作で両者がつながるならば、精神が直接、物質にも働きかけることができるはずである。

では、通常はなぜ、それができないのだろうか。先ほど説明したマインドの構造に従っていえば、原因界と微細界のあたりのエネルギーと、物質界の次元との間に断層があるからにほかならない。

瞑想や魔術、ダウジングといったものは、この断層を埋めるために工夫されてきたものなのではないか。そして、それを実証するかのように、これらのテクノロジーは、実際に成果を上げているのだ。

ちょっと難しい説明になってしまったかもしれないが、このような物質と精神の間のつながりが理解できると、願望実現にもまったく新しいアプローチが可能になる。

つまり、願望実現をするには、環境に働きかけるのではなく、自分の精神、マインドの断層を埋めて、深層の微細界や原因界に働きかければいいのである。そして、マインドに働きかけるために古来から営々と工夫され、実践されてきたものが瞑想にほかならない。

瞑想によって、表面意識から、微細界、原因界と降りていき、精神と物質を融合した領域に入り、この融合した領域から、今度はエネルギーが現象界のほうに回り、願望したことが現象として実現できるようになるというわけである。

願望の種を原因界に植えると

しかし、分析的、二元論的思考になじんでいる現代人には、この根源的な統一性がなかなか理解できず、マインドの使い方もわからない。

というのも、そもそも先ほど説明した、原因界や微細界というマインドのレベルの存在すら否定してしまうケースがほとんどだからである。

マインドの深層に、瞑想などによって入っていくと、体験的にそういう世界があることがわかってくる。これは言葉でいくら説明しても体験がないとなかなか理解できないことだ。だから、先ほどの説明も体験のない人には、ただの抽象的な絵空事のように見えるかもしれない。なぜなら、日ごろ意識している精神と物質が分離したままの通常の現象の世界を基準にどうしても考えてしまうからだ。そして、願望実現にしても、結果的には、現象界、物質界のレベルで、表面意識だけを使って、物事をプロセスにそって実現しようとする。

この考え方、願望実現のテクニックは、常識や従来の科学精神からはなかなか受け入れられないだろう。だが、瞑想などを通して原因界のレベルとコンタクトしてきた人々が奇跡的なことを起こしてきたことは、歴然とした事実なのである。

瞑想によって深層のレベルに降りていき、そこで願望の種を植えると、現象界に深層レベルからの働きかけが起こり、何もしないのに物事が思い通りに進むということは、経験的にはよく起こるのだ。

半信半疑の人は、この理論をとりあえず作業仮説として受けとってもらえればいい。自分自身の経験を通して確かめてもらうといいだろう。

最初は小さな願望から実現してみよう

話が理論的になりすぎたキライがあるので、このパートの最後では具体的な例を出してご説明しておこう。たとえば、あなたがマイホームを建てたいと願っているとしよう。これを実現するためには、どうしたらいいだろうか。

ふつうだったら、自分の収入額を計算して、マイホームの額と見比べ、ローン支払いの計算をする。そして、「これはたいへんだ、諦めようか、それとも一大決心するか」と大いに思い悩むはずだ。

しかし、瞑想による願望実現法ならば、そんなことはしない。深層意識に意識の焦点を定め、自分が住みたいマイホームをなるべく具体的にイメージする。基本的にすることは、ただこれだけである。

そして、できればそのイメージを一度、絵に画いたり、あるいは設計図にしてみるといい。そして、どこかにしまっておく。あとは忘れてしまうのが一番いい。これで深層のレベルに願望の種が植えられ、あとは原因界から物質界にエネルギーが自動的に送られ、マイホームが実現するのを待っていればいいのである。

もっとも、「そんなことで願望が実現するなら何の苦労もいらない」と常識的に考えている人は、ここまで読んできたことさえバカバカしくなってしまうかもしれない。

しかし、そういう気持ちが願望実現をさまたげるのだ。

確かに、この方法で願望を実現するまでになるには、瞑想を相当深め、マインドがかなり整理されなければならない。そうでないと、イメージが原因界に伝わらないのである。当然、宇宙の根源的エネルギー場に、願望の種を植えることができない。したがって、願望も実現しない。それを邪魔しているのが、常識やバカバカしいと思う気持ちなのだ。

このようなマインドの使い方を納得してもらうには、最初は小さな願望から実現していくことから始めればいいだろう。そして、徐々に自分自身のマインドを納得させていく必要がある。

なぜなら、願望実現を邪魔しているのは外部の障害ではなく、まさに自分自身のマインドそのものなのだから。

マインド・コントロールが願望実現の一番の近道

さて、ここまで述べたマインドの構造と願望実現のプロセスは、現代の一般的常識とはちょっと相容れないところがあるので、人によっては理解しづらいかもしれない。

ヨーガ哲学のマインドの階層構造論は、仏教の意識論でも取り入れられている。そして、仏教では「三界は唯心の所現である」といっている。つまり、原因界、微細界、物質界（無色界、色界、欲界）の三つの世界は、ただこころのみによって成り立っているということだ。

そして、精神と物質が融合しているならば、まさに宇宙そのものが、こころによって成り立っているということになる。

常識的な考えにとらわれている人には疑いの気持ちに拍車をかけてしまうかもしれないが、このような考えを結論的にまとめると「人生は夢」ということになる。「夢」とはマインドが生み出すものであり、このマインドをコントロールできれば、「夢である人生」を自由に作りかえることができるのだ。

仏教では、「現象の世界は幻の世界」ともいう。一見、否定的な意見のように聞こえるかもしれないが、この表現を逆に考えると、マインドから生まれる幻をコントロールすることさえできれば現象の世界をコントロールできるという解釈が成り立つ。

わたしたちの認識世界は、自分のこころが生み出している。ならば、こころをコントロールすれば、この認識世界を、つまり、現象界をコントロールできるのだ。そして、マインドをコントロールすることが、この現象界を動かす近道なのである。したがって、願望実現をするには、自分のこころと向き合わなくてはならない。

そして、表面意識から深層のレベルの微細界や原因界にマインドのエネルギーがスムーズに流れるようにしなければならないのだ。

第3章　リラックスしてマインドの扉を開く

感覚の抑制によって雑念を払う

「雑念を払い、こころを鎮める」

瞑想といえば、決まり文句のようにこの言葉が出てくる。瞑想の初めの一歩であり、また、最終の帰結がこの言葉に込められている。瞑想では、雑念を払うことに始まって、雑念を払うことに終わるくらい、〝雑念〟というものを専門に問題にしてきた。

といっても単に表面意識の雑念を払うだけでは、願望実現は達成できない。第1章で述べた無意識に埋め込まれているマイナスのプログラミングが、願望実現をさまたげている。そして、第2章で述べた「原因界」が願望の種の植え付けをはばんでいる。

したがって、このマイナスのプログラミングこそ、願望実現をはばんでいる最大の雑念といえよう。このマイナスのプログラミングを払わなくてはならない。だが、これを払うには、マインドの世界に入っていかなくてはならない。このマインドの扉を開くためにも、雑念を払う必要があるのだ。それは五感を刺激している感覚情報という雑念である。

伝統的な瞑想法でも、この感覚情報を払うため、これまでさまざまな方法が考案されてきた。

たとえば、瞑想を始めようとする人は、最初に環境を整えることから始めることが多い。出家をして俗世間を離れたり、山間地に入ったりする。

場合によっては、洞窟のような場所を選んで瞑想をする。このような場所は、光、音、温度などが一定で、あまり変化がない。静かで、暑くもなく、寒くもない。もちろん、人間関係にもわずらわされない。

人間のこころは、視覚や聴覚、触覚などの五感から入ってくる感覚情報にたえずゆさぶられている。この五感の情報をできるかぎり減らすことで、こころを鎮めようというわけだ。

外界から入ってくる感覚刺激情報を極力減らすことができれば、こころは次第に内側に向かっていく。ラージャ・ヨーガでは、これを**感覚抑制の段階**と呼んでいる。この段階が、瞑想の最初のステップである。

日常生活の中でも、たとえば、何も考えないでぼんやりしている状態や、寝入りばなのまどろみの状態があるが、こういった状態は感覚抑制の段階といえる。

ただし、この感覚抑制の段階は、マインドという大きな家の中の個室の扉を開けた段階にすぎない。つまり、深層意識と表面意識の間にあった扉を開いた状態だ。

まだ、あなたの無意識の押し入れには、マイナスのプログラミングが残っているし、マインドの部屋がどうなっているのか全然わからない。

感覚の抑制ができると、今度は、こころの押し入れの扉が開いて、中からさまざまな雑念が浮かび上がってくるのである。瞑想の訓練はここから始まるのだ。

マインド・マシンによるリラクセーション

瞑想訓練では、さまざまなテーマに基づいてこころを集中していくのだが、この方向や目的に関してはのちほど詳しく述べることにして、ここでは感覚抑制の段階を生み出すための方法について解説しよう。

現代においては、このレベルを実現するため、実にさまざまな瞑想法が考案されている。伝統的な瞑想修行では、洞窟に入ったり、人里離れた山に入るなどして、身の周りの環境を整えるといったやや消極的な方法で「感覚抑制」を達成しようとしていた。これに対して、現代の瞑想法ではより積極的な方法で、しかも苦労することなく感覚抑制の状態を作り出そうとしている。

サイコ・セラピーなどでも盛んに用いられている**リラクセーション・テクニック**などのほとんどすべてが、感覚抑制を目的としたものであり、中にはある種の装置を使ったものもある。

その代表が、アメリカの脳科学者ジョン・リリー博士の発明した**フローテーション・タンク**だ。

この装置は、外界からの音や光などの感覚情報を完全に遮断する密閉タンクによってできている。中には

フローテーション・タンク

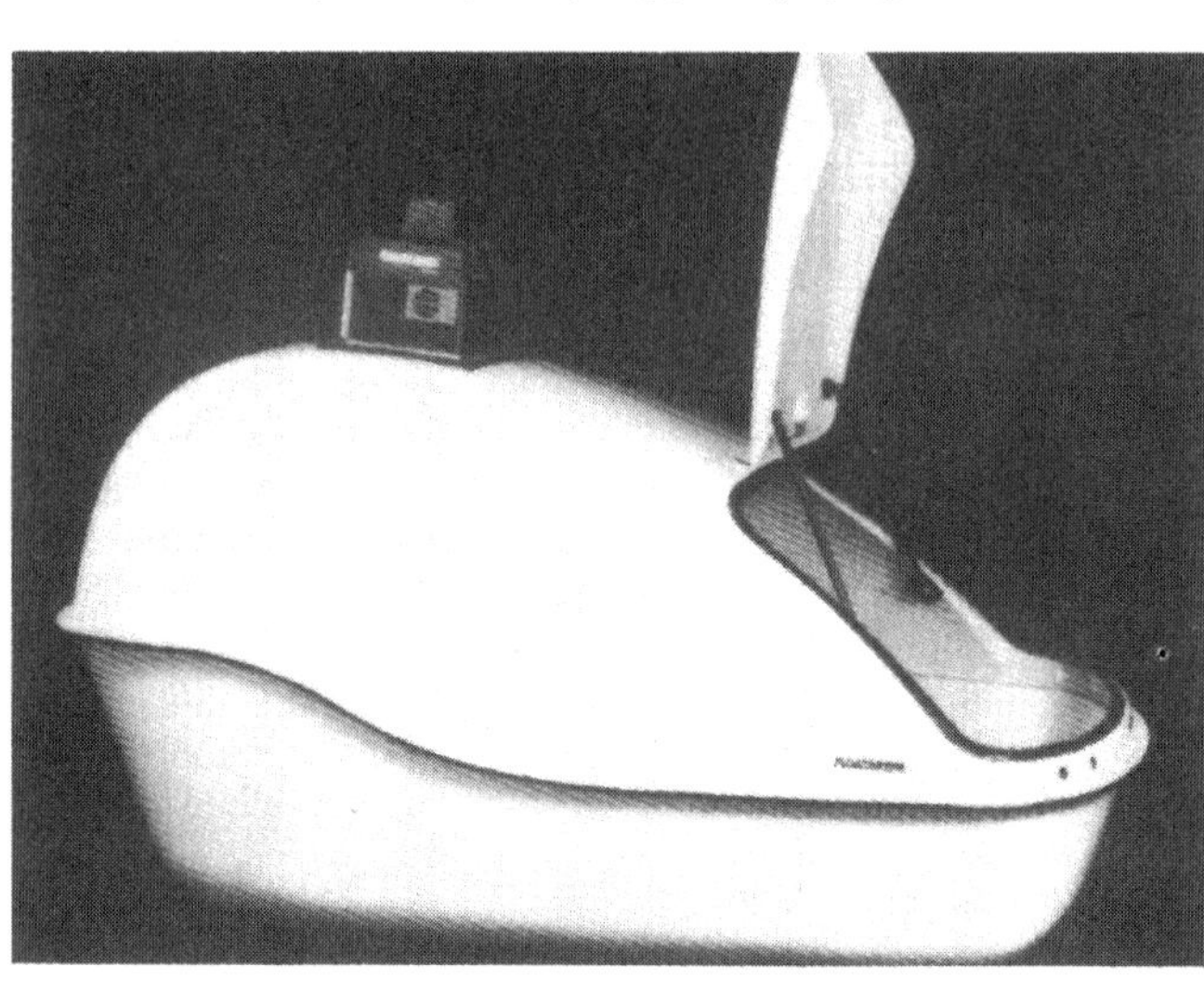

人が浮遊できる特殊な液体が入っており、これによって重力からも解放される。

数年前に劇場で公開され、その後テレビでも放映された『アルタード・ステーツ』というＳＦ映画のモデルはリリー博士で、このフローテーション・タンクも登場していたので、覚えておられる方もおいでだろう。

このタンク内に入ると、強制的に感覚刺激情報が遮断され、感覚抑制の段階にすみやかに導入されるのだ。その効果は絶大で、二時間この中に入っているだけで、八時間分の休息をとるに等しいリラクセーション効果が認められている。アメリカでは市販もされ、日本でも最近、アスレチック・クラブなどで導入する所も出ている。

ただし、音、光を遮断した完璧な暗闇にすると、恐怖心を呼び起こす。それで、中にテレビを入れたり、音楽を流しているケースが多い。

しかし、これでは完璧な感覚遮断にはならないので、この機器の本来の使用方法、目的からはちょっとはずれている。一般的な使用の場合は、いたしかたがないのだろうが……

その他にも、最近ではシンクロナイザーとか、バイオフィードバック装置、マインズアイ・プラス、ヴァイブラサウンド（85ページ参照）など、さまざまな**マインド・マシン**が開発され、市販されている。

これらもその目的とすることは、感覚抑制をすばやく達成することにある。この感覚抑制段階の共通した効果は、深いリラクセーション効果にある。

ストレス社会といわれる現代では、瞑想のこの部分に注目している人ももちろんいることだろう。

心身をリラックスさせる心地のよい音

リリー博士のフローテーション・タンクは、マシンで感覚抑制を達成している。そういう装置があれば、簡単にマインドの扉を開くことができる。だが、まだまだ一般的ではないので、ここでは誰でも簡単にできる内的意識とアクセスするための方法をご紹介しておきたい。

伝統的な瞑想法においても、ただ環境を整えるだけではなかった。感覚遮断という意味では、まったく反対のアプローチだが、同様の効果を生み出すものに、たとえば**雨音を使った瞑想法**がある。

雨が降りしきる夜中などに、雨音に耳を傾けていると、いつのまにかうっとりとした気持ちになったという経験はないだろうか。一定の間隔をもつ単調な音の繰り返しが、継続的に感覚を刺激し続けると、やがてその感覚がなくなって非常にいい気持ちになり、次第に眠くなってくる。

マインドは、このような一定の刺激を繰り返し続けられると、ある段階から刺激に「慣れ」てくる。やがて刺激に注意を向けなくなり、自然に内側に注意が向くようになる。

もちろん、工事現場や幹線道路でも、繰り返し音がする。だが、この場合は不快感がつきまとっているので、こころは鎮まらない。

しかし、雨音のような心地よい音であれば、気持ちよく聞き入ってしまうのだ。この気持ちのよい状態が感覚を抑制し、心身をリラックスした状態にするというわけだ。

伝統的な瞑想法では、このような効果的な音はよく使われている。たとえば、儀式で使われる単調な太鼓の音なども同じ効果をもたらすものだ。あるいはたき火を見つめ続けるという瞑想も、感覚抑制の段階に導入されやすくなる。

ランナーズ・ハイも瞑想的な境地だ

現代の瞑想法として注目されるものにも、その根底では伝統的なものとつながっているものが多い。たとえば、**ランナーズ・ハイ**というものがある。これは走るという行為を続けることで、肉体的な快感を体験し、次第に感覚が抑制されるというものだ。

医学的には、脳内部に「エンドルフィン」という脳内麻薬物質が出るといわれている。瞑想体験でも、ある段階からやはりエンドルフィンが脳内に発生するといわれ、その効果はランナーズ・ハイと同様の現象が起こっているのだ。

ランナーズ・ハイの状態に入るためには、肉体をある限界まで追い込む必要がある。最初は苦しいのだが、ある段階を超えると、走っていることが快感になってくるのだ。

こういった苦痛の極限を超えて快感にいたる方法は、伝統的な瞑想修行の世界にはむしろたくさんある。山岳修行などがその典型といえるだろう。山岳地帯を駆け巡っているうちに、最初は苦しいのだが、ある段階から快感に変わってくるのである。

わたしも、四国遍路をしたことがある。多いときで一日50キロメートルほど歩いた。独りで山道を歩いていると、最初はいろいろな日常の雑念が出てくる。だが、段々とそういう考えは消え、次に昔の思い出が頭に浮かんでくる。恥ずかしかったことだとか、自分の中のコンプレックスなどがどんどん浮かび上がってくるのだ。

しばらくそれを相手にしていると、自然にそれも消える。すると相手にするものが何もなくなり、こころの静寂がやってくる。

このようにこころが鎮まると、次の生き方のアイデアとか、長い間、未解決だった問題の答が突然ひらめいたりするものだ。人生の行き詰まりを、こういう行為を通して解決した人は、昔からたくさんいたのである。

こういう体験を通してみると、歩くという行為も立派な瞑想修行といえるだろう。

現代の瞑想法に苦行のイメージはない

そのエッセンスを引き出してみると、実に単純で、「基本は同じことをひたすら繰り返して行う」ということにつきるのだ。

同じことを繰り返していると、意識しなくても肉体が自動的に動くようになる。そうなれば、五感も肉体にあるので、意識の注意力が肉体から離れて、マインドが扉を開き、内的意識の方向に向かっていくのだ。

イギリスの著名な作家コリン・ウィルソンは、このように肉体が自動的に動き出した状態を**ロボット機能**と呼んでいる。そして、感覚抑制を達成した状態で起こる〝ひらめき〟などの現象を**X機能**と呼んでいる。もちろん、X機能を活性化させるためには、まず、肉体をロボット化する必要がある。これで初めて内的意識にアクセスできるのだ。

伝統的な瞑想法では、雨の音とか、川のせせらぎ、風のそよぎ、滝の流れ、あるいはロウソクやたき火の炎を初め、洞窟や山岳など自然環境を使ってこの状態を作り出そうとした。あるいは、肉体を極限まで酷使してロボット化する厳しい修行も行われた。

これに対して現代の瞑想法の特徴は、この部分でさまざまなテクニックや方法を考案していることだ。中にはマインド・マシンのように、マイクロ・コンピュータにコントロールされた電気的な刺激や音、光の刺激などを使って人工的に、感覚抑制の状態を作り出そうとしているものもある。

これが可能になったのは、大脳生理学や心理学などの学問が発達し、**意識のメカニズム**がかなり詳しく解明されたことに大きく依存している。

その代表的なものが、アメリカのヒューマンポテンシャル・ムーブメント（人間の潜在能力開発運動）の流れの中から生み出されたサイコセラピー（心理療法）や、ボディワーク・テクニック（身体技法）、ブレスワーク・テクニック（呼吸法）などである。

また、これらの技法と併行して使われることの多い音楽などでは、シンセサイザーの出現によって音の創造がほとんど無限になったことも現代の瞑想法では大きな力を得ている。

というのも音楽の力は、こころを誘導する上できわめて強力な作用があるからだ。ここで特徴的なことは、修行というと何かすぐ苦行を思い出されるのに対して、現代の瞑想法は苦行のイメージがまったくないことだ。あくまで、気持ちよく、楽しく、感覚抑制段階を作り出そうとしているのである。

ただし、感覚抑制の段階は、瞑想の全プロセスからすると、これはあくまでマインドの扉を開いた段階にしかすぎない。その後に瞑想的なソフトが、当然、必要になってくる。

マインズアイ・プラスとヴァイブラサウンド

光と音の刺激によって瞑想状態に誘導する装置が、アメリカを中心に急速な勢いで開発され、一般に広がりつつある。

ここに紹介するシンクロナイザー「マインズアイ・プラス」は、フラッシュ・ライトとシ

ヴァイブラサウンド

マインズアイ・プラス

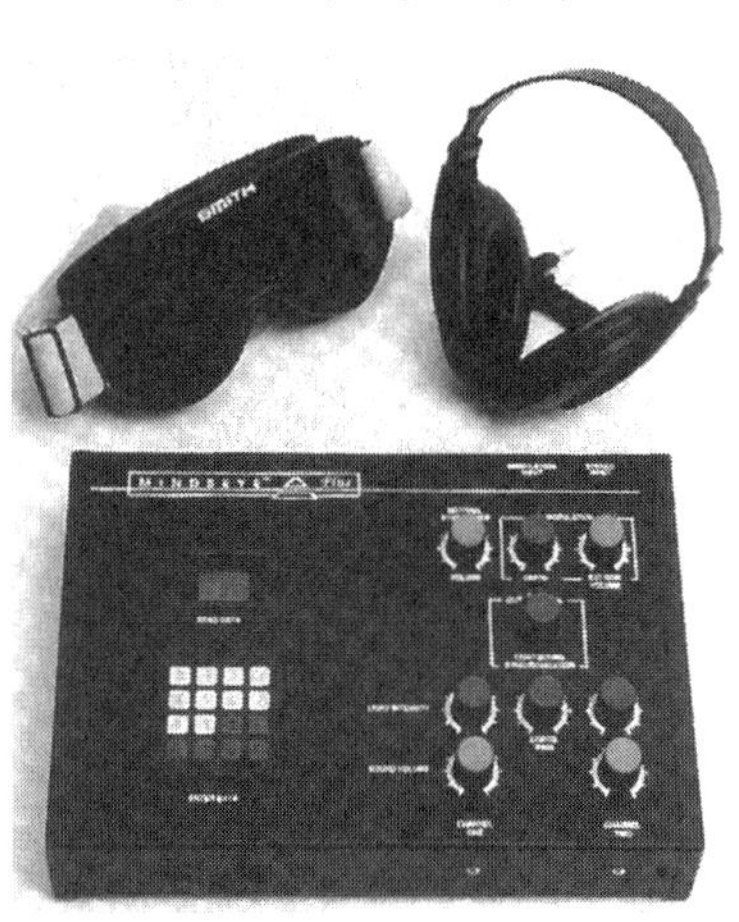

ンセサイザー音によって脳波を誘導するもの。従来の瞑想テクニックでは長時間の訓練が必要な高度な瞑想状態を、誰でも速やかに体験できる。

ストレス解消に、イメージトレーニングや潜在能力開発に大きな効果を発揮する。

また、マインド・マシン分野の天才発明家ダン・エステス氏によって開発されたヴァイブラサウンドは、ジョン・リリー博士の発明したフローテーション・タンクを上回る強力な瞑想導入マシンとして現在、各方面から注目されている。

これらの機器の共通した特徴は、感覚抑制の段階へのすみやかな導入だが、これに加えて今後さらに瞑想的なソフトが開発されれば、その可能性は計り知れない。

クリスタル・セブン

願望成就器ＥＰＣ

願望成就器ＥＰＣとクリスタル・セブン

三〇年間にわたって異次元エネルギーの研究を重ねたクリストファー・ヒルズ博士が発明した「パイレイ・コファー＝願望成就器ＥＰＣ」なるものがある。この装置はピラミッド・パワーを集積する装置で、この木製の箱の中にあなたの願望を紙に書いて入れておくだけで、願望実現のスピードがアップする。〝パイレイ〟とは古代エジプト人が意識拡大に活用したエネルギーだ。

また、著者が発明した「クリスタル・セブン」や「ヒランヤ」という瞑想用機器もある。これはわたしが瞑想中に超意識とコンタクトすることで誕生したマジカルなマシン。瞑想入門者への確実なガイド・マシンに、また、チャクラの活性化と高度な夢見訓練に、あるいは、有害なサイキック・エネルギーの浄化などにも使える。

実際、多くの人がこれらの装置を使って、願望実現や瞑想体験の効果を報告している。ただしこれらのマシンは、マインドを使うための補助装置と考えるといい。

マインドの扉を開くリラクセーション・テクニック

では、いよいよ具体的なテクニックを解説していくことにしよう。ここではまず、「感覚抑制の段階」に入るためのテクニックをご紹介したい。このテクニックの目的は、マインドの構造のパートで既に述べた、肉体のうちの「生体エネルギー場」を感じとることにある。

日常的にこの訓練を実践すれば、強力な**リラクセーション・テクニック**としても使える。ストレス解消などにも役立つので、ぜひ試していただきたい。

また、後ほどご説明する願望実現のためのテクニックにおいても、リラクセーション・テクニックは基本となるものだ。マインドの深層に働きかけるには、表面意識の緊張をまずやわらげて、マインドの扉を開かなければならないからである。

リラクセーション法

最初は、体に働きかけるためのテクニックである。

これは「漸進的リラクセーション」ないし「漸進的弛緩法」と呼ばれるものである。会社や学校などから帰宅した直後に行うとよい。また、就寝前に行えば、不眠症などの解消にも効果がある。

あるいは、ちょっと疲れを感じたときなどに行うと、簡単な疲労回復法にもなる。

① まず、ゆったりとしたジャージなどに着替える。それができなければ、ベルトを緩めるなどして、ともかく体の緊張を強いるものから体を解放する。できれば、部屋の明かりを間接照明などにして少し暗くしてもらいたい。

② 次に、床に仰向けに寝転がる。四肢を延ばして「大の字」になるといい。これはヨーガの「死体のポーズ」と呼ばれるものである。もし、寒いようなら、毛布などをかけてもいいだろう。

③ 目をつぶり、深呼吸をする。

④ 頭部に意識をもっていく。「意識をもっていく」ということがわからなければ、最初は手を頭の上にかざしてもいい。あまり難しく考えないで、ただ、頭が意識されればそれでさしつかえない。

⑤ 頭部が意識できたら、もっと細部にわたって、頭頂、額、目、瞼、頬、口、顎という具合に意識を向けていく。このとき、各部の緊張度合を感じるはずである。

⑥ もし緊張しているようだったら、その部分に手をかざして、手の温もりで暖める。緊張が緩むはずである。

⑦ 以下、同様に首、喉、肩、胸、お腹、腰、さらに両足へと意識を向けていき、緊張のある部分を緩めていく。

＊　＊　＊

これを何度も繰り返していると、次第に全身の肉体的緊張がほぐれていき、深いリラクセーションを感じるはずだ。また、この訓練になれてくれば、一瞬のうちに全身の緊張を解きほぐすことができるようになるだろう。

イメージを併用する

漸進的リラクセーション法をしても、どうしても緊張がほぐれない部分が残るかもしれない。そういう部分が発見できたら、次に、その部分の緊張の具合に合わせたイメージを使ったリラクセーション法がある。以下に、部分とか緊張の具合に合わせたイメージを述べておこう。

[何かに押えられているような圧迫感がある]

こういった場合には、次のようにイメージする。

①　まず、そういった緊張がある部分にゴム風船があるとイメージする。
②　その風船をイメージで膨らませていく。
③　風船の膨らみが限界にきて、パーンと弾けるところを思い描く。
④　同時に身体の緊張が解けるのを感じる。

[背中に棒が入っているような圧迫感がある]

①　あぐらをかいて座る。
②　背中に鉛の棒が入っているとイメージする。
③　その鉛の棒をバーナーで熱することをイメージする。
④　鉛の棒が、熱で溶け始めるとイメージする。
⑤　棒はどんどん溶けていく。同時に緊張も溶けていく。

［肩が固く、圧迫感がある］

①　うつ伏せになる。
②　イメージで肩に瓦（かわら）が乗っていると感じる。
③　その瓦を一枚、一枚、剥がすように取り除いていくとイメージする。
④　瓦をはがすにつれて、緊張も剥がれていくのを感じる。

［額が緊張している場合］

①　額に窓があるとイメージする。
②　その窓が観音開きのようにパカッと開く。
③　窓に風が吹きつけ、頭の中を通り抜けるとイメージする。
④　スースーと風が頭を流れているのは気持ちがいいはずだ。

⑤　この感じがつかめれば、緊張はほぐれている。

［瞼が緊張している場合］

瞼は心身全体のリラックスの指標なので、特に注意する必要がある部分である。目をつぶったとき、目に何もかぶさっていないような感じがすればよい。緊張しているときは、蓋があるように感じるものである。

緊張をほぐすには、

①　目をつぶる。
②　手の平でお椀のような形をつくる。
③　それを瞼の上に重ねる。
④　そのままでしばらく手の温もりを感じる。
⑤　瞼の裏の闇の中でも、一番黒いところを見つめる。

の手順で行う。これでだいぶ緊張がほぐせるはずである。

リラクセーション・テクニックの注意点

リラクセーション・テクニックは他にもたくさんあるが、テクニックをいくら覚えても実践しないようでは意味がない。まず、このテクニックをしっかりとマスターし、実践してもらいたい。

ところで、わたしはよく、瞑想講座の受講生から「イメージを使うという意味がよくわからないが、どういうことか」と質問されることがある。これに関しては、後ほどイメージを使った瞑想法のところで詳しく説明するが、最初は、あまり気にせず、そう思うぐらいの気持ちで、指定された部分に注意を向けるだけでいいだろう。

また、緊張をほぐすことだけが目的の場合は、リラックスさせようとする場所に、いったん力を入れて筋肉を硬直させ、それから急にパッと力を抜くというテクニックも有効だ。そのときの落差が、リラクセーションの感覚をもたらしてくれる。試してみてはいかがだろうか。

ところで、そもそもリラックスした状態がどんなものかわからないという人もいる。そこで次に、リラックスしたら心身にどんな反応が出るか、その指標を述べておきたい。

リラックスの指標

①　心拍数が一分間に六〇回ぐらいに減る。スポーツマンなら五〇回ぐらいに減る。

②　呼吸がゆっくりとなってくる。

③　手足が重くなる。特に末端部は暖かく気持ちよくなる。

④　お腹も暖かくなる。冷たくて固いときは、ストレスがまだ残っている証拠である。手足やお腹が冷たいときも、リラックスしていない。

⑤　全身がリラックスすると、気持ちのよい体の重みを感じる。

⑥　さらにリラックスが進むと、逆に体が軽くなったように感じる。

これらの指標を頼りに自分がリラクセーション・テクニックを行ったときの身体の変化を観察してもらいたい。

この指標のような変化が起こらないならまだ緊張がほぐれていないのだから、もう一度、最初からテクニックをやり直すといい。

＊　＊　＊

なお、指標の②で述べた呼吸についてはもう少し詳しく述べておきたい。

呼吸は、通常は自律神経系がコントロールしているが、意識的にも速くしたり、遅くしたり、あるいは深く息を吸ったり、浅く吸ったりなどのコントロールができる。

つまり呼吸は、自律神経系という無意識の身体システムと自覚的な意識のシステムのちょうど接点の部分なのだ。これは無意識と意識の接点ともいえる。それで、呼吸は、瞑想においてはとても重視されているのである。

リラックスとの関連でいえば、緊張しているときはたいてい呼吸は速く浅くなっているものである。したがって、「深呼吸」をすることは、心身をリラックスさせる上でたいへん効果がある。

それから「溜め息」は、無意識のうちに行っているリラクセーションの行為だ。だから、緊張したと感じたら、意識的に溜め息をついてみるのも、リラクセーション・テクニックとしては案外効果的である。

また、瞑想時には、腹式呼吸が基本となる。特に女性はこの腹式呼吸が苦手なようなので、次にその練習法を示しておこう。

腹式呼吸の練習法

①　まず、深呼吸をしてみよう。
②　次に、息を吸ったら、今度は、息を吐くときに、体の中の酸素を全部、吐き切るようにしてみる。
③　少々苦しくなるぐらいまで吐き切る。そうするとお腹がへこむはずである。
④　吸うときは、自然に息を吸う。呼吸というと、つい吸うほうに注意が向かうが、ここではあくまで息を吐くときに、意識して体の中の酸素をすべて吐き切るようにする。そうすれば息を吸うときには、自然に腹式呼吸で息を吸えるようになる。

＊　　＊　　＊

ふつうは、これで腹式呼吸ができるようになるのだが、それでもちょっと息が苦しくなるようなら、イメージを使った腹式呼吸を行ってみていただきたい。

イメージを使った腹式呼吸の訓練法

①　自分の胴体を、水を入れる容器だとイメージする。
②　息を吸うときに、同時に体の中に水を注ぎ込むイメージを思い浮かべる。
③　水は、体の下のほうから溜まっていくはずだ。

④　息を吐くときは、水が吸い上げられるイメージを思い浮かべる。
⑤　これを何度か繰り返す。

＊　　＊　　＊

このとき、合わせてお腹に手を置けば、吸ったときにはお腹が膨らみ、吐いたときには引っ込むのを手で感じるはずである。そうやって、この訓練を何度か繰り返していれば、自然にコツが飲み込めるようになる。

ヨーガの呼吸法訓練

リラクセーション・テクニックがある程度習得できたら、次に瞑想の訓練では、こころのテクニックに入っていく。あるテーマに意識を集中させ、こころを動かさないようにしなければならない。

そのときも、ゆったりとした呼吸である必要がある。といっても、こころを使った瞑想法に入ったら、いちいち呼吸に意識は向けない。むしろ、呼吸によってこころが動かされないようにする。だから呼吸法は十分に訓練しておいていただきたい。

そこで、ヨーガの呼吸法訓練を次にご紹介しよう。

ヨーガの呼吸法訓練

①　まず、約四秒ほどかけて息を吸う。

②　次に、一〇〜二〇秒間ほど、息を止める。このとき、自分が苦しくなるポイントを見つけて、その手前七〇パーセントぐらいで息を吐き始めるようにする。決してがまんしたりしない。

③　それから、一〇〜二〇秒かけてゆっくりと息を吐く。

④　再び四秒ほどで息を吸い、同じことを繰り返す。

＊　　＊　　＊

この訓練を初めは毎日五分間ぐらいずつでよいから続けてもらいたい。長時間はやらず、せいぜい五分ぐらいがいい。朝、起きたときとか、昼食前などがいいだろう。

この呼吸法に慣れてきたら、息を止めたり、吐く時間を徐々に長くしていく。息を止めておく時間と吐き出す時間は、長ければ長いほどよい。とはいえ、絶対に無理をしてはいけない。あくまで自分の呼吸と相談しながら、徐々にのばすようにすることがポイント。

現代人の呼吸は浅くなっている傾向にあるが、四秒で吸い、一〇秒間ぐらい止めて、一五秒ぐらいで吐くというリズムなら可能なはずである。

それもできないという方は、息を吸ってちょっと止め、次にゆっくり吐くという訓練をするといい。

いずれの場合も、こころの集中が乱れないようにする。特に吸ってから止める、あるいは止めていたものを吐き出す、そういう呼吸の変わり目にこころが乱れがちなので、そこでは特にこころを落ち着けるように訓練していただきたい。

呼吸はゆったりと

リラックスの指標でも述べたように、心身の緊張がほぐれてくると、呼吸はゆっくりとなってくる。酸素の消費量が少なくなるのだ。これで新陳代謝の量が減り、ゆっくりとした呼吸で間に合うようになる。

この〝ゆっくり〟というのは、通常の場合よりもゆっくりということだ。たとえば、船の中に閉じ込められたりする事故の場合、あわてたりしないで落ち着いてリラックスするように心がければ、少ない酸素で長時間いられる。

極端な例でいえば、ヨーガ行者が土の中に埋められて、酸素が供給されなくても一週間も生きていられるというケースがある。このとき彼らは自分の体を仮死状態にしている。つまり、極端に代謝を下げているのだ。ちょうどクマが冬眠をしているような状態だと考えていただければよい。

そこまで極端にしなくても、本当に必要な部分しか脳、体を働かせないようにすると、呼吸はゆったりとしたものになってくる。

現代人の場合は、いろんな心配や雑念で頭が一杯なので、酸素の多くを脳が使ってしまう。そのため身体の疲労毒素をとるのに必要な酸素が不足してしまう。

すると体はリラックスできないので、呼吸がさらに浅くなる。そうなると、ますます酸素が足りなくなり、ストレスに対する許容がどんどん小さくなってしまう。まさに悪循環を繰り返しているのだ。

意識的な呼吸法の訓練では、まず、深呼吸や腹式呼吸で十分に身体に酸素を送り、この悪循環を断ち切る。そして、体のストレスをとるのである。そのために最初はふだんよりも多量の酸素を吸うようにする。そして、一定レベルの酸素が供給されてストレスがとれれば、今度はゆったりとした呼吸になってくるはずである。

ミュージック・セラピー（音楽療法）のやり方

次に、リラクセーション・テクニックとしてたいへん効果的なミュージック・セラピー（音楽療法）を取り上げよう。

呼吸と同様、音楽は心身に強い影響力をもっている。心地のよい音は、心身をリラックスさせ、深い瞑想状態に導いてくれる。

音楽を聴いていると、意識がその音の中に入っていき、音と意識が融合するような気がすることもある。ミュージック・セラピーでは、こういう状態を意識的に作り出すことを狙っている。こころと体を音楽に委ねてしまうのである。

音楽の選び方

まず、曲のテンポだが、やはり、ゆっくりとした曲がいい。テンポは六〇ぐらいのもので、強弱のないものを選ぶ。バロック音楽などがその代表的なものである。ベートーベンのようなドラマチックなものはあまりおすすめできない。

最近では「ニューエイジ・ミュージック」という音楽ジャンルから数多くのリラクセーションのための音

楽が出ているので、その中から、好きなものを見つけるといいだろう。

基本的には、芸術的な質が高く、あまり有名ではないものがいい。また、具体的な内容をもたない音楽がいい。すぐに何か意味やテーマがわかるような音楽はここではあまり好ましくない。

したがって、はっきりとしたテーマを暗示する歌や音楽の入った曲は避けたほうがいいだろう。

人間の声が入っている場合は、自分には理解できない言語のものがいい。最近はいろいろな国の民族音楽が出ているので、そこからも選べるだろう。

選曲のポイントとしては、こんなところである。

日本人のものなら、喜多郎とか、宮下富実夫、豊田貴志、ヤスカズ、佐藤聡明、土取利行。海外のものなら、ブライアン・イーノとか、アンドレアス・ボーデンワイダー、クラウツ・シュルツ、デューター・バンゲリスなどが、とりあえずおすすめである。民族音楽ではスーフィーの音楽などもいい。ただ、これは好みもあるので、いろいろと試していただけばよい。

音の中に入り込む方法

それでは、実際にどうやって音の中に入り込めばいいのだろうか。
① できれば部屋を暗くして、ゆったりとしたソファーにでも座る。
② 音楽が始まったら、目を閉じて、今いる場所とは違った別のところで音を聴いていると想像していただきたい。風が爽やかに吹く高原だとか、南の島とか、気持ちのよいスペースを想像するのである。

③　それから、音源になっているオーディオ装置を意識しない。いつものスピーカーではなく、空中から音が聴こえてきているのだとイメージする。このようにすることで、いつもと同じパターンで習慣的に聴いているという条件を変える。脳は、このようにして状況設定を変えてやると、脳の違った部分を使って音楽を聴くようになる。だから、聴くたびに、状況設定を変えればいいだろう。

④　次に、音楽を聴いている耳が、体の他のところについているとイメージして聴いてみる。たとえば胸に耳があると想像する。すなわち、胸に意識をもってくるというわけである。そこを通じて音が意識の中に入ってくるとイメージする。これは、先のリラクセーションのイメージ・コントロール法と重なる部分でもある。

リラクセーションのためのイメージ訓練法

イメージ法は、リラクセーションの手段としてはたいへん優れた方法である。

体とイメージが密接に結びついていることは、たとえば、「レモンを食べたとき」をイメージしてみるといい。すぐに口の中が酸っぱくなって、唾液が出てくるはずだ。このように、われわれの体は、「レモン」↓「酸っぱい」という条件づけがセットされている。それで、イメージするだけでも体が反応してしまうのである。

こういった条件づけを利用して行うのが、イメージを使ったリラクセーション・テクニックである。といっても、やり方はいたって簡単。

①　最初は、自分の部屋でくつろいで行う。
②　まず、目をつぶり、たとえば温泉に入ったときとか、リゾート地で日光浴をしたときのことを思い出す。そのときの記念写真などがあれば、それを取り出してきて見たり、頭の下に敷いたりしてもいいだろう。
③　そのときの情景をリアルに思い起こすことができれば、身体も反応してリラックスしてくるはずだ。
④　これができるようになったら、帰りの電車の中などで同じようにイメージしてみる。
⑤　どこにいても、イメージするだけでリラックスできるようになるだろう。自分が一番リラックスできるイメージがどんなものかを自己観察してもらいたい。

＊　＊　＊

イメージ一つで、自分の体がいかに大きな影響を受けるかが、この訓練を続けていけばご理解いただけるはずである。

緊張とくつろぎは、過去のさまざまな体験や情景と密接に結びついている。緊張をほぐすためには、過去に体験したリラックスしたときの情景を思い描くと、条件反射的に体もリラックスしてくるものである。

こういったイメージに対する条件反射の働きがわかってくれれば、たとえば、就職試験で面接を受けるときにも、「自分の部屋でくつろいでいる」とイメージしてみるだけで、むだな緊張をときほぐし、リラックスできるようになるだろう。

どうしてもイメージすることが難しければ、最近では、ビデオなどで自然の風景を映したものが市販されている。いわゆる「環境ビデオ」と呼ばれるものである。そういったものを利用してもかまわない。

〝気〟のエネルギーを感じるテクニック

さて、リラクセーション・テクニックがある程度わかってきたら、次の段階として、意識が体から離れて肉体の重みを感じなくなる方向へいく。そして、マインドの構造で解説した生体エネルギー、つまり〝気〟のエネルギーを最初は感じるようになる。

では、最後に、リラックスと次のステップの生体エネルギー場の知覚の、ちょうど橋渡しになるテクニックをご紹介したい。

①　楽な姿勢で座る。
②　気持ちを落ち着けて、体全体にまんべんなく注意を向ける。漸進的リラクセーション法と同じである。
③　次に、目をつぶり、約一〇秒ぐらいの時間をかけて、ゆっくりと体を左側に約二〇度ほど傾けていく。
④　傾けたら、もとの姿勢にもどる。
⑤　今度は、右側に同じように約一〇秒ほどかけて、ゆっくりと体を約二〇度ほど傾けていく。
⑥　これを一〇回ほど繰り返す。ここまでがリラクセーション・テクニックといえる。
⑦　次に、自分で意識して体を動かすのではなく、体が自然に左右に傾いていく運動を続ける。受動的なところになってもらいたい。すでに何度も繰り返しているのを、ただ、惰性的に続ければいいのである。
⑧　同時に、その動きをまるで他人の体が行っているように観察してもらいたい。これも一〇回ぐらい繰り返す。

⑨　そして、最後に体の動きを止める。だがこのとき、同時にこころの中では、まだ、運動が続いていると自分にいいきかせる。そして、目をつぶったまま、イメージの身体が左右に傾くのを、同じく一〇回ほど繰り返す。

＊　＊　＊

以上の簡単な訓練で、体の周りに気体の固まりのようなものを感じたり、あるいは磁石に引っ張られるような、なかば流動的な力の場を感じることができるようになる。最初は、チクチクする感じやピリピリする感覚が、手の先などで感じとることができるようになるだろう。

この感覚を深めていくと生体エネルギー場が意識され、気の流れや、その通路である経絡やチャクラも感じられるようになる。独特のこの感覚をしっかりと覚えておいてほしい。

ホメオスタシス運動法とは何か

わたしたちの生体には、体温や血糖値などを、環境が変化してもつねに一定に保つ自動調整機能がある。これは、**ホメオスタシス**として知られるものである。生体全体を統一的に機能させている複雑な自動調整システムだ。

肉体には、健康を維持するための知恵が生体に埋め込まれていることをこれは意味している。

この肉体の知恵は、長い進化の過程で人類が獲得したものだが、このホメオスタシスの機能をつかさどっているのが生体エネルギー場ではないかと、わたしは考えている。心身のリラックスの秘密が実はこの中に隠されているのだ。

生体エネルギー場を流れているプラーナ（気）を調和し、本来の状態に回復することが、リラックスすることなのである。

ところが、わたしたちは絶え間のない精神的・身体的緊張によって、気の流れをさまたげてしまう。

そこで必要なのが意識的な緊張をストップして、生体エネルギー場独自の機能にその調整をゆだねることだ。逆にいうと、自分でリラックスしようと努力するのではなく、ホメオスタシスの自動調整機能にストレス解消をまかせてしまうのである。

たとえば、どんなものを食べたらいいのかということを頭でいろいろ考えるが、本来の肉体の知恵は、自分が健康維持をしていくためにどんな食物がふさわしいか、本能的に知っているものだ。

また、もし脊椎などに狂いがあれば、どんな体の動きをすればそれを矯正できるかを体自身が知っている。この肉体本来の、無意識になっている知恵を発動させる方法がある。これは、**霊動法**と神道では呼ばれているが、ヨーガを初め世界中の瞑想法の中に、この原理を発見することができる。

さて、ホメオスタシス運動法は次の手順で行う。

① 前のパートで生体エネルギー場を感じることができたら、その感覚に絶対の信頼をよせる。

② 座ったままでもいいし、あるいは立ったままでもいい。

③ 次に、体を少しゆすってみる。どんなゆすり方でもいい。このとき、少しビートのある音楽をかけて、

それに合わせて体をゆすってもいいだろう。

④　生体エネルギー場の感覚がつかめている人は、自然に起こる生体エネルギーの動きに肉体を合わせていく。まだ、感覚がつかめない人は、ともかく最初はリズムに合わせて体を動かしていればいい。そして、「気持ちがいい」ということを基準に、肉体を動かす。

⑤　このとき、意識は絶対に干渉させない。かっこ悪いと思っても、体の動きを止めない。広いスペースでやっている場合は、歩きまわったり、飛び上がったり、寝転んだり、ともかく体がしたいようにさせてあげる。

⑥　そして、自然に体の動きが止まるまで、ともかく、体から湧き起こってくる動きに身をまかせる。そうすればかなりのリラックスが得られるだろう。

＊　　＊　　＊

まあ、要するにディスコでダンスをするようなものだ。ディスコが人気があるのも、生体エネルギーがもっているリラックスの知恵を引き出して、とても気持ちがよくなれるからなのである。

さて、この運動を始めると、場合によっては二時間とか三時間ぐらい動きが止まらなくなることがある。だから、どのくらいの時間行うかをあらかじめ決めてから行うとよい。動きは必ず自然に止まるということを確信し、途中で不安になっても、あせらないようにしよう。初期の段階では、目覚まし時計をセットして行うのもよいだろう。ただ、気持ちがよいからといって一日何時間も行うのはよくない。一日一時間以内を限度にして行うほうがよい。

また、この方法は体の部分に限定して行うこともできる。たとえば、肩こりなら、肩こりがとれるように願ってから肩をグルグル回してみる。そして、あとは起こってくる動きにひたすら身をまかせてしまうのである。

気の流れは、思考や想像力に従うので、リラックスした結果だけをイメージして、あとは動きに身をまかせればいいのだ。どうしたらリラックスできるだろうかとか、肩のこりをとるにはどうしたらいいかとかを考える必要はない。ホメオスタシス機能にすべてをまかせてしまうことが、この方法のコツである。

以上のようなリラクセーション・テクニックを練習していくと、肉体に対する意識のもち方が、次第に変化することに気がつくはずである。肉体を客観的に見つめている「わたし」の存在に気がつくようになるのだ。

そうなると「肉体がわたし」なのではなく、「わたしの肉体」と感じられるようになる。この発見が、肉体だけが自分だったと思っていた誤った自己イメージから、自分を切り離していく第一歩になるのである。

ホロトロピック・ブレスワーク

トランスパーソナル心理学のスタニスラフ・グロフによって開発されたセラピーの代表が「ホロトロピック・ブレスワーク」である。変性意識への導入、有機体の自己治癒力の活性化などによって、潜在的な記憶や能力を呼び覚ます効果があるといわれる。

そこで体験されるものは、神話的な物語、さまざまな神や悪魔の出現、前世、輪廻転生的な体験、あらゆる種類の動植物との一体化、宇宙との一体化、宇宙意識、空の体験などの神秘的なものだ。

中でも出生時の体験を再体験し、そのときの恐怖を受容し、乗り越え、誕生精神外傷を治癒する効果があるといわれる。

強力な呼吸法と、喚起的な音楽、ボディワーク、マンダラ・ドローイングなどを組み合わせたもので、グロフと妻のクリスティーナによって、世界中の宗教伝統やシャーマンなどの技法が研究され、総合して開発されたものである。

強力な効果があるが、適切な指導者のもとで行われることが望ましい。

第４章　イメージを使ってマインドを集中する

本当の瞑想訓練はここから始まる

リラクセーション・テクニックを実践していくと、次第に肉体の五感がもたらす感覚情報にまどわされなくなり、こころの注意力が内側に向かい始める。

わたしたちの意識は、ふつう、五感を使って外界にある対象に意識の焦点を当てている。テレビを見るにせよ、仕事に集中するにせよ、いつでも何かに意識の焦点を当てているのである。意識というのは、焦点を当てる対象があって作動するものだ。

ところが、感覚抑制が達成されると、意識は次第に感覚器官から切り離され始める。すると意識は、対象を失ってしまう。ふつうはここから眠りの方向にいくことが多い。だが、場合によっては、脳に蓄えられている記憶やイメージといった情報を意識の対象とし始めるのだ。

マインドの構造から見ると、物質界から微細界にマインドのレベルが移ったのである。このレベルにこころが入ると、眠りから目覚めたり、これから眠ろうとするときに体験する半覚半睡の状態や、最近話題のチャネラーが入るトランス状態に意識は入っていく。

時間、空間の物理的な制約を受けている三次元世界である物質界とは違い、この微細界は、時空の制約を超えたより自由な領域だ。

夜毎に見る夢の世界を思い出してもらえばいい。過去の楽しかった思い出とか、悲しい記憶などが浮かび上がってくる。

あるいは、さまざまな不思議なヴィジョンを見たりする。さらに、空想的体験、白昼夢のような体験をする領域なのである。

この段階に入ると確かに場合によっては、超常的なさまざまな現象や心霊現象を体験することもしばしばある。初心者は、この領域の多彩さに溺れて、これが瞑想的な体験、神秘体験だと思い込んでしまう。

確かに精妙な微細界に入っているのだが、これもただとらわれているだけでは、五感の雑念と同様、こころの集中をさまたげるものだ。

したがって、瞑想の訓練では、この次にこころの集中の訓練がはじまる。ここからが本当の瞑想トレーニングといえるだろう。こうして、瞑想の第二段階に入っていくのである。

強い集中力が願望を実現させる

さて、ここで現代の瞑想法と伝統的な瞑想法のもう一つの違いが明らかになる。

伝統的な瞑想法、特に禅などでは、このレベルのさまざまなイメージを、どんなものであれ排除しようとしてきた。ところが、現代の瞑想法ではこの雑念を有効に利用しようとする。

真言密教やチベット密教のようにイメージを使った瞑想法を盛んに使ったものもあるが、密教といわれるように、主流ではなかった。特に禅宗では、この段階を超えて一気により静寂な悟りの世界に向かおうとして、この微細界はすみやかに通過しなければならない領域とみなした。伝統的な瞑想法では、「無念無想」が理想とされている。悟りとは何物にも想念を奪われない状態だというわけだ。

テレビに意識を向けたら、本は読めない。内面のイメージにこころを奪われていたら、車の運転はできない。一つのものに意識を集中すれば、他のものを排除することになる。まして、それは確かに無念無想ではない。

こころの集中は、ある対象に意識をしっかりと向けることだ。だから、悟りをさまたげるものと考えられたのだ。また、それは「執着」であるとさえみなされた。

だが、事実はまったく反対で、こころの集中によって、意識の拡大は行われるのだ。

こころを集中させるには、当然、こころを向ける対象と、集中する主体が存在しなければ成立しない。その主体は「自己」という中心だ。この自己という中心は、力学でいえばテコのようなものだ。

テコが働くためには、支点はしっかりと固定されていなければならない。支点が不安定でたえず動いていては、テコによる仕事はできない。また、動かなくても弱い支点だったら、重さに耐え兼ねてやはりテコの役割をはたさない。

こころの集中における「テコ」に相当するものは、「自己」だ。この自己が、確かにさまざまな感覚やイメージにゆり動かされていて、その位置さえ定かでないとしたら、何も持ち上げられないだろう。

だが、この自己がしっかりと固定し、かつ強固なものなら、大きな仕事を成し遂げられるはずである。逆に、この現象界や内的世界からあふれ出してくるたくさんの印象に対して、ただ、漠然と対処するような精神状態では、何事を知ることも、また、成すこともできない。

したがって、強い集中力をもっていれば、一つの対象に集中することで、全体を見渡すことさえできるようになる。「自己」という中心に集中し融合すると、円全体を知ることになる。つまり、意識の拡大が達成されるのだ。

瞑想修行の目的である大いなる自己とは、むしろこのような強い集中力をもった自己ではないだろうか。そして、願望を実現しようとするならば、やはり、このような集中力のある「自己」を築かなければならない。

マインドを集中させる五感の対象物

ではまず、第二段階の瞑想に使えるイメージの性質を上げてみよう。

リラクセーション・テクニックの説明と若干重なるが、まず、五感で知覚できる対象を上げておきたい。

音でいえば継続性があり、かつリズムがあり、単調ではあるが、退屈なものではなく、こころに興味を抱かせるものを備えていなければならない。つまり、こころに楽しみを与える要素をもちつつ、しかも単調なものであるというちょっと矛盾した条件を満たしたものである必要がある。これは〝ミュージック・セラピー〟に使う音楽の、絶対に不可欠な選定の基準でもある。

これは数少ないのだが、伝統的な方法では、鐘や木魚とか、お経を読むことなども入ってくる。自然の音でも、リラクセーション・テクニックで上げた雨音や小川のせせらぎなどの自然の音もかなり有効だ。

光でいえば、一定のパターンで変化する光、それも輝きがあり、美しいものがいい。伝統的なものでは宝石などを使ったり、ロウソクを使ったりする。

触覚では、やはり一定のパターンで行われるリズミカルな〝マッサージ〟が有効といえよう。

臭覚では、維摩経の中に、香りによって瞑想三昧に入る最上香台如来の仏国土の話が出ている。お線香などでも、こころを落ちつけるのに有効だ。

こうやって五感の対象と瞑想を考えていると、茶道や花道も瞑想の道になりうるし、場合によっては食道だってあってもおかしくない。

瞑想の初期段階では、こういった五感が感じとれるものを集中の対象物に使う。特に、これらはリラクセーション・テクニックの中でも使えるものばかりだ。

注意力を引き寄せ、雑念を排除する

感覚抑制を達成して微細界に入ると、集中の対象も自ずと変わってくる。肉体の五感では知ることのできないより精妙なイメージが対象となる。たとえば、夢の中の人物や出来事、チャクラ、色や形や音のイメージ、それから神のイメージなども使える。

より具体的なイメージでは、聖者の写真とか、自分の愛する人のイメージ、あるいは子供時代の楽しかった思い出の情景なども使える。こういったものを思い描くと、意識を集中した状態に導くことができる。

また、形も精神集中には効果的な作用がある。先端の尖ったものとか、中心や焦点をもつものは、意識を一点に集中する効果がある。立体ではピラミッドや、上にいくにしたがって狭まっていく螺旋階段のようなものだ。あるポイントに向かって収束するようなものは、だいたい瞑想に使える。

インドやチベットのマンダラとかヤントラといったものは、だいたいこういったイメージや形の組み合わせでできている。こころを統一させるのに、そういった図形が効果的だったことをよく知っていたのだろう。

このような対象も、こころを刺激するという点では雑念と同じだ。だが、こういった対象は、意識の注意力を引き寄せて、他の雑念を排除するという性質がある。これがこころの集中に利用できるのである。

視覚イメージがマインドを強力に方向づける

さて、こころをある対象に集中するには、その対象に現実感（リアリティ）をもたせる必要がある。わたしたちは物質世界のものにこの現実感を感じることは得意だが、イメージの世界はちょっと不得意かもしれない。いったい、このリアリティを決定している感覚はどこからくるのだろう。

結論からいうと、「視覚」というものが、リアリティを決定する上で一番強い働きをしている。

実際、瞑想の世界でも、視覚的なイメージによって、こころのエネルギーが一番強く方向づけられる。ここに、こころの集中の手段として、色や形のイメージを使った瞑想法が大きな効果を発揮する理由がある。

視覚がいかにこころに作用するか、ちょっと例を出して説明しよう。

たとえば、乱雑に散らかっている部屋にいるとムシャクシャして、気持ちも乱雑になってしまう。毛糸がこんがらがっているのを見ていても同じだ。逆に整然と片付いている部屋にいれば、気持ちも落ち着き、物事に集中しやすくなる。

このように視覚から入ってくる情報が、気分に大きな作用をあたえている。もちろん、他の感覚情報でも同じなのだが、視覚が特に強い作用があるのだ。

読者の中には、「色はすぐに人間の気分や感情にむすびつくけれど、幾何学的な形がどうしてこころのエネルギーを方向づけるのか」と不思議に思う人がいるかもしれない。しかし、これも二、三の簡単な図形の象徴的な意味を考えてもらえば、すぐに納得してもらえるだろう。

たとえば、円は、初めと終わりが一つになり、「完結」を表わしている。同時に、「完全、無限、平等、全体」も意味している。これは神を象徴するのに最もふさわしい図形だ。また、円には中心がある。円と中心は切りはなせない。このことは「一体」ということをシンボライズしているのだ。したがって、わたしたちは円をイメージするときに、同時にその中心も無意識のうちに認めていることになる。

こういった円の性質を利用して、たとえば、数人の人に輪をつくってもらい、その中心に座ってみると、周りの人の意識のエネルギーの中心に自分がいると感じるし、また、その輪を作っている人と統合した雰囲気を味わうことができる。

このように、形を実際の場面にあてはめて、一定の概念の象徴として使うと、抽象的なものではなく、その意味を実感できる。

さらにこれを進めて、内的なイメージでも、そこに具体的な場面とか情景を背景にすれば、やはり、形は抽象的な象徴ではなく、一つの精神作用を引き起こす具体的な手段になる。

自分の前に、尖ったナイフが自分のほうに先端を向けて置かれているのをイメージするのと、丸い地球が回転しているのをイメージするのとでは、まったく異なったこころの反応があるはずだ。

このように、形には深い象徴的な意味が含まれているのだ。

また、五感の対象とは違い、こういったイメージを対象にすることによって、こころのステージが自然に精妙なレベルに入っていく。

このようにして、わたしたちは、肉体から微細身、さらに原因身へとマインドのレベルを深めていくことができるのである。

また、さらに後ほどもっと詳しく説明するが、「願望実現」において、視覚化のテクニックはたいへん重要なものになる。「自分がなりたい」とか、「所有したい」ものをどれだけ視覚化できるかが、その願望を実現できるかどうかのかなり重要なポイントになるからだ。

また、願望実現の対象は、かなり使える瞑想の道具なのである。

自分が嫌っているもの、興味のないものを対象にする人はまずいないはずだ。そういう意味で、こころの集中を確立しようとする瞑想法のイメージの対象として、願望実現のテーマをもってくることはかなり有効なものになる。

現代の瞑想法が願望実現を大きなテーマとするのには、実はこういった理由がある。意識の集中を築く上で「願望」の実現は、けっこう有効な瞑想法となるのである。

誰でもできる視覚イメージ訓練の初歩

瞑想を深めるために視覚的イメージが大いに役立つことはわかっていても、いざ、イメージを思い浮かべようとしてもなかなか浮かんでこないという人がいる。こういう人は、一体どうすればいいのだろうか。

そこでそういう人のために、まず最初は簡単な視覚イメージ・テクニックから述べていくことにしよう。これは三段階に分かれていて、段階的に練習すれば、内的世界において視覚イメージをリアルに描くことができるように工夫してあるものだ。

また、このテクニックは、単に視覚イメージ力を強化するだけではなく、意識しないでも自然にチャクラの活性化、開発につながることを目的にしている。

天才発明家のニコラ・テスラは、彼が発明した交流発電機を、こころの中の実験室で細部にわたるまで視覚化してから、実際の製作に入ったという。こうした視覚化する能力は、天才的発明家や芸術家がもっている主要な能力の一つで、瞑想にかぎらず、あなたの創造力を発揮することに役立つだろう。

以下、三つのステップに分けて視覚イメージ訓練の初歩について述べていきたい。

〈第一ステップ〉視覚的記憶の再現

では、まず最初に、実際に肉眼を使って見た視覚刺激をしっかりと記憶することによって、イメージの力を強める訓練をしてみよう。同時に、肉眼で見るという習慣から離れて、こころの目で見るという新しいものの見方との違いにここでは気づいていただきたい。

視覚イメージ力は、本来は誰でももっている能力である。多少の個人差はあっても、できないということは、まずない。にもかかわらず、できないと質問してくる人がかなりいる。

そこで調べてみると、そういう人には以下の三つのポイントがあることがわかった。

① 視覚イメージを思い浮かべることは、特殊な能力だと思い違いをして、自分にはそういった能力がないと最初から決めてかかっている。

② かつて肉眼で見るのと同じぐらいに鮮やかな視覚イメージ・ヴィジョンを見たことがあり、それと同じ

ぐらい鮮やかなものを見なければ視覚化したことにならないと思い込んでいる。

③　残像や瞼を通して入ってくる光の刺激をいつまでも追いかけていて、肉眼で見る習慣にこだわっている。

このような三点を考慮して、わたしは以下のような基本的な訓練法を開発した。

視覚的記憶の再現その１

①　身の周りにあるもの、たとえば茶わん、ペン、本、果物などから、何か一つを選び、目の前に置く。

②　それを約一分間ほど、できるだけリラックスしながら肉眼で観察する。

③　次に目を閉じて、今見た映像を思い出してみる。形や色がどんなであったかを考えてみる。このとき、無理に思い出そうと力まないで、自然に映像が浮かび上がるのを待つような気持ちでいるといい。

④　また、目を閉じたときに顔を九〇度横に向けるといい。そして、映像を瞼の正面で見るのではなく、顔の横に見るようにする。残像を追いかけたり、肉眼で見る習慣から離れるためには、これがかなり効果的。

⑤　それでもイメージが思い浮かばない場合は、目を開けて、再び一分間ほど物体を見て、同じことを繰り返す。

＊　　＊　　＊

たとえば、ロウソクのような発光するものを見つめてから目を閉じると、瞼の裏に光の残像が残る。この残像と視覚イメージは違うので要注意である。

残像の場合は、目を閉じてからしばらくすると映像が薄れてしまう。また、瞼の正面にしか見えない。ところが、視覚イメージは、いったん映像を思い浮かべられるようになると、その映像の見える方向は左右、前後、上下、どの方向にでも移動することができる。だから、映像が移動できるかどうかを確認すれば、残像なのか視覚イメージなのかを区別できよう。

SMCのメンタル・スクリーンのテクニック

さて、ここでSMCでよく使われるメンタル・スクリーンのテクニックを紹介しておきたい。これは視覚イメージを投影する、まさにこころのスクリーンだ。

もちろん、こういったスクリーンを使わなくても、わたしたちはイメージを呼び起こすことができるが、脳は一定の条件づけをしておいたほうが、より簡単にイメージを思い描くことができるという性質をもっている。この性質を利用するのである。

① まず、心身をリラックスさせる。

② 次に目を閉じて、こころの中で、視線を二〇度ぐらい上に向ける。このとき、先ほどのように顔を横に向けてもよい。

③ 次に、前方1メートルぐらいのところに映画のスクリーン、もしくは大型テレビの画面をイメージする。初めは白い壁の前や大画面テレビの前に実際に座って、それを肉眼で観察してから、目を閉じてイメージするといいだろう。

④ スクリーンやテレビ画面ができたら、そこにさまざまなイメージを想像してみよう。

⑤ イメージできたら、いったん消去して、次のものをイメージする。

この訓練を、何度も繰り返していただきたい。スクリーンや画面上にイメージを鮮明に描くことができるようになるはずだ。

＊　　＊　　＊

視覚記憶の再現その2

次に、過去に見たことがあるものを思い出すことによって、色のイメージを想像再現するテクニックを行ってみよう。

① まず、目を閉じる。そして、やはり、リラックスする。
② 次に、赤いものを思い出すと自分にいい聞かせる。たとえば、日の丸、赤いリンゴ、赤い夕日……等々が思い浮かべられたら次に進む。
③ 次は、橙色のものを思い出す。たとえば、ミカン、ニンジン、柿……等々。
④ 次は、黄色いものだ。たとえば、レモン、バナナ……等々。
⑤ さらに、緑（草原、樹木……）、青（青空……）、藍（青いインク、紺碧の海……）、紫（リンドウの花、ナス……）という具合に虹の七色それぞれに、各自が思い出しやすいものをイメージしていく。

＊　　＊　　＊

なお、訓練法の中に例として上げたものはあくまで参考例なので、ものにはこだわらずに色のついたものがイメージできればそれでいい。

〈第二ステップ〉イメージを変形するテクニック

記憶の再生ができるようになったら、今度は思い浮かべたイメージをいろいろと変化させる訓練をしてもらいたい。イメージを自由に変形させるのだ。

イメージの変化

① たとえば、黄色いレモンを思い出すことができたら、そのイメージをまず、大きくしてみる。
② 次に、逆にどんどん小さくしてみる。
③ 今度は、形を変形させて四角いレモンとか、台形のレモンなどをイメージしてみる。
④ ③までのイメージができたら、今度は色を変えてみよう。黄色いレモンを、赤、オレンジ、グリーン、ブルー、バイオレットと変化させるのだ。
⑤ さらにこれを発展させて、青空を背景にしたレモンのイメージを作ってみる。
⑥ これができたら、部屋の中にレモンが浮んでいたり、巨大なレモンの影に夕日が沈む光景を思い浮かべるなど、非現実的なイメージを構成してみよう。

幾何学的図形のイメージ

今度は、幾何的な図形を思い浮かべる練習をしよう。

①　やはり、目をつぶり、黒い背景をイメージする。

②　そこに円が浮かび上がってくるとイメージする。

③　その円の色を、赤、白、青、黄色、緑といった色に順々に変化させる。

④　次に、今度は色は同じだが、図形を三角形、四角形、五角形、六角形と、いろいろに変化させてみる。

⑤　さらに今度は、三角形、六芒星、十字、そして立体図形のピラミッド形へと変化させてイメージする。

この⑤の訓練は、プラーナ（気）の活性化の訓練に利用できるものだ。

〈第三ステップ〉イメージの投影と集中強化

ここまでのテクニックの練習によって、視覚化の能力はある程度まで得られたはずだ。この第三段階では、思い浮かべたイメージをさらに強めて、瞑想の進歩につながるように集中力を養うことを目的としている。

わたしはたくさんの人に視覚化を使った瞑想法を教えてきた。その中で、視覚イメージが上手にできない人を分析してみると、最初にも述べた問題点の中でも、特に三番目のいつまでも残像を追いかけている人がかなりいることに気がついた。

微細界レベルにおけるマインドの集中は、何度も述べているように、感覚的情報に対する集中ではなく、より内的な意識へむかう集中でなければならない。

したがって、今度は、目を開けていても内的なイメージを見ることができるようになる訓練の必要性を感じるようになった。感覚器官が認識している領域に内的イメージを投影するのである。

壁にイメージを投影する

① 白か黒の壁の前に座って目を閉じる。このとき、自分の背後にスタンドを置き、後ろから照らしておく。部屋の照明は消す。
② 先ほど訓練した視覚化イメージ法を使って、花やくだものなどをイメージする。
③ はっきりとイメージできたら、そのイメージに集中したまま目を開ける。
④ 目の前の壁を背景として、そのイメージを思い浮かべる。つまり、何もない壁にそのイメージがちょうど映写機で投影したように思い浮かべるのだ。
⑤ このとき、自然にまばたきがしたくなり、目の焦点がぼやけて、壁を見つめることができなくなる。これは一般的な反応だ。
⑥ この訓練を、目を閉じても、あけていてもできるように何度も訓練する。

視覚イメージ訓練の総合

最後に、総合的に視覚イメージを強めるためのトレーニング法を説明しておこう。

①　部屋の好きなところに座って、目を閉じる。
②　想像の中で立ち上がり、歩いて玄関まで行く。
③　靴をはいて、いつも行く駅とか、近所のコンビニエンス・ストアまで出かけていく。
④　途中の風景や建物など、記憶にある内容までできるだけ細かくイメージで再現する。
⑤　一〇分間ぐらい、イメージで歩き回ったら、家に帰ってくる。
⑥　自分の部屋に入る前に、一度、扉の前で立ち止まり、中に座っている自分を想像する。
⑦　次に扉をあけ、ゆっくりと自分自身の肉体がある場所に近づいていく。

＊　＊　＊

この一連のイメージの中で歩く訓練を行っているときに、イメージの自分の手足や身体などの感覚が感じられれば、単なるイメージの投影、メンタル・プロジェクション（精神投影）にとどまらず、いわゆるアストラル・プロジェクション、幽体離脱の訓練にもこれは結びつくだろう。

そうなると、肉体に1メートルほど近づいた段階で、急に磁石に引きつけられるようにイメージの自分が肉体の自分と合体するだろう。

イメージの力で肉体に変化を与える

ここまでのトレーニングを忍耐強く進めてきた読者は、鮮やかに視覚的イメージを描けるようになったはずだ。

しかし、視覚的イメージを瞑想の手段として用いるには、鮮やかなイメージを描けるだけでは十分ではない。イメージが鮮やかでも、それが現実とまったく関係のない空想だという観念に支配されていたのでは、瞑想の効果は生み出せないからだ。もちろん、願望の実現もこれではおぼつかない。大切なことは、思い浮かべたイメージを空想の次元に終わらせず、実際にイメージした世界を生み出せるようなリアリティをもたせることだ。

もちろん、最初から自分とは切り離されていると感じている環境に、イメージ通りの現象を現実化することはなかなかできない。

そこでまず一番身近な三次元存在である自分自身の肉体に、イメージを投影して、イメージの力で肉体に変化を与えてみよう。それも意識で支配されている随意神経系統ではなくて、意識では操作できない自律神経系へのイメージの投影を試みてみよう。

この領域は、マインドの構造のところで述べた生体エネルギー場のことである。

イメージによるチャクラの活性化

ヨーガでは、脊柱にそって七つのプラーナの渦があると古来からいい伝えられている。この渦を大きくすることで、超感覚的知覚力が開発されるといわれてきた。また、このプラーナの流れが心身の健康と大きくかかわっていることは東洋医学では、十分に認識されてきたことだ。

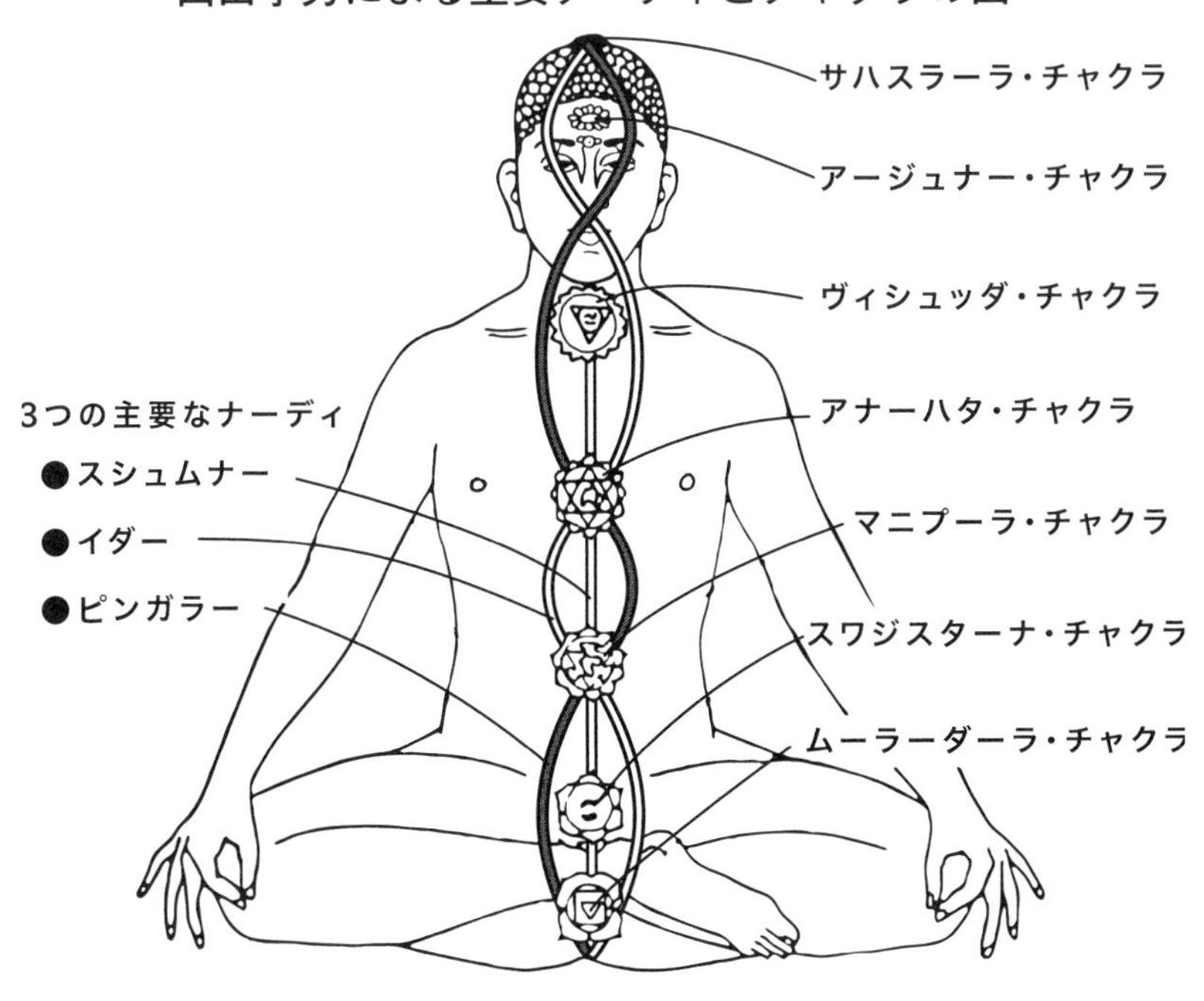

①　まず、上の図に示してある通り、人体の脊柱にそっているチャクラの図をイメージしてもらいたい。

②　最初は頭頂のチャクラ、サハスラーラ・チャクラをイメージする。

③　これを自分の体に重ね合わせてみる。

④　同様にして、上から順番にチャクラを体に重ねていく。

⑤　体に重ねたチャクラの輝き具合を、こころの目でよく観察してみる。

⑥　七つのチャクラの輝きが視覚化できたら、それぞれの輝き具合を比較する。

⑦　もし、他のチャクラよりも輝きが劣っているものがあったら、そこに向かって体の周囲から光が当たり、エネルギーを充電するようにイメージする。

⑧　劣った輝きのチャクラが他のチャクラと同程度の輝きになるまでエネルギーを送る。

＊　　＊　　＊

チャクラの輝きが劣っているところは、肉体の弱った部分である。ここにイメージを使ってエネルギーを送ると、弱った肉体を回復することができる。

もし、チャクラの部分以外で、肉体的に不調をきたしている部分があるなら、同様の方法でイメージで光を送ってみよう。そして、瞑想から醒めてから、この視覚化によるヒーリング（治癒）の効果を実際の体の調子を観察して確かめてもらいたい。

不調が回復したり、あるいは、健康体になっていく感じがつかめたら、あなたの視覚イメージ力が生体エネルギー場にイメージしただけで影響を与えることができるようになったことを意味する。

メルクリウスの杖の視覚化

次に、チャクラを一度に活性化するためのテクニックを見ていきたい。

①　次ページに図示してある**メルクリウスの杖**といわれる図像を、視覚化のテクニックを使って白色、ないし黄金色にイメージする。

②　イメージできたら、等身大の大きさまでイメージ像を拡大する。

③　そして、座っている自分の体と、このイメージのメルクリウスの杖を重ね合わせる。

④　この図像は、ちょうど脊柱に沿って流れているプラーナ（気）の流れの形をシンボライズしたもので、こ

メルクリウスの杖

れをイメージして自分の体に重ね合わせると、プラーナの流れが活性化される。これでチャクラの開発を一時にできるのだ。

白い十字路の視覚化

これもメルクリウスの杖のテクニックと同じ効果をもっているが、もっと一般的で多くの人が体験できるテクニックである。

① 体の幅ぐらいの白い道の十字の、ちょうど交差したポイントにあなた自身が座っているところをイメージする。

② 四方に伸びる白い道からエネルギーがあなたに向かって流れ込んでくるとイメージする。さらに、空からもエネルギーが注ぎ込まれるとイメージする。

*　*　*

やり方としては、これで十分である。

十字やその変形である卍は、インドにかぎらず古代エジプトや古代ギリシアなど、世界のいたるところで用いられた元型的シンボルである。マンダラの中では、この十字と円や四角が組み合わされて使われていることが多い。これは物質界を構成している四大エネルギーを象徴しており、チャクラでは肉体体験の基礎を意味する**ムーラーダーラ・チャクラ**と深い関係がある。この視覚化を行うと、十字の中心にピラミッドをイメージしたり、十字の中心から垂直方向に左回転の光が上昇すると感じる人もいる。

肉体の活性化、つまり気エネルギー全体を増強し、中でもクンダリニー・エネルギーの上昇をうながし、自然治癒能力や健康増進、知能の強化にも役立つだろう。

チャクラと潜在能力について

〝チャクラ〟という言葉を本書では何カ所かで用いている。精神世界や瞑想に興味のある読者は、この言葉を一度はどこかで聞いたことがおありだろう。

次ページに図示したものは伝統的なヨーガ理論の説明だが、数にしても、その意味や内容にしても諸説があり一定していない。

わたしの考えでは、チャクラとは、生体エネルギー場の中央を流れるプラーナ（気）の活動によって生ずる複雑なエネルギーの渦とみなしている。その意味で肉体的な基盤をもつものだ。これは肉体の五感では直接知覚できないが、本書で紹介した視覚化イメージ法を開発していけば、認知できるようになる。

大きさ、形、色についても諸説がある。基本的には、こころの目でしか見ることのできないチャクラなので、視覚化した人の数だけその属性も存在しているといえる。そういうわけで、きわめて主観的なものだ。ただし、わたしが調査したかぎりで見ても、共通性がまった

チャクラの特徴（タントラ・ヨーガの伝統的説明から）

チャクラの名前	（おおよその）位置	元素	ヤントラ	色（個人的体験から）
サハスラーラ	頭頂	―	満月	無色
アージュナー	額	―	楕円	白
ヴィシュッダ	喉	空	円	赤
アナーハタ	胸	風	六芒星系	黄金
マニプーラ	臍	火	三角	オレンジ
スワジスターナ	仙骨	水	半月	青
ムーラーダーラ	尾骶骨	地	四角	赤

くないわけではない。

その役割は、マインドの構造で述べた肉体と微細身、あるいは原因身とをつなぐ媒体の役割をするものである。

願望実現とのからみでいえば、行動のエネルギーは胸よりも下位のチャクラにかかわり、アイデアは上位のチャクラにかかわっている。したがって、アイデアはいいのだが、行動力のない人は下位のチャクラを開発し、その逆の人は上位のチャクラを開発すればいいいだろう。

チャクラの開発方法は、関連の書物を見れば数々紹介されている。その多くが、呼吸法や肉体に対する強度の精神集中、ヨーガのアーサナの行法など。このような肉体的な角度からのチャクラへのアプローチは、卓越した指導者がいればいいが、そうでない場合は危険性が伴うので、あまりおすすめできない。本書で紹介しているイメージを使ったチャクラの開発方法は、微細身のレベルに働きかけ、徐々に肉体次元に作用するもので、独修しても危険性はないので安心していただきたい。

このチャクラを発達させても人格が向上することはない。だが、新しい知覚が開かれ、潜在能力が開発されるだろう。

第５章　この瞑想法で願望が実現できる

自分を変えてマイナスのプログラムを解消する

それではいよいよ、ここまでのテクニックを総合して願望実現のための方法に入っていこう。

いろいろと努力しても、願望がなかなか実現しないといつも愚痴をこぼしている人。そういう人は、今まで通りにやっていても、なかなか望む結果は得られない。それを解消するには、まず、自分自身を変える必要がある。

第２章で説明したように、特に現代人の多くは、深層意識にマイナスのプログラムをもっている傾向がある。これが願望実現や能力開発などをさまたげている。これを解消して脱プログラミングする必要がある。

この脱プログラミングをして、新しいプログラムを入れなおすことこそ、「自分を変える」ということにほかならない。

マイナスのプログラムは、成長過程の初期の段階にセッティングされやすい。そして、それが癖のように大人になってからも作動する。

これを根本までさかのぼって解消したい。すべて一気にはできないが、順々に過去にさかのぼって、以下の方法でマイナスの問題を解決していっていただきたい。

否定的イメージの受容

マイナスのプログラムは、やはり否定的な体験を通して深層意識にプログラムされている。子供の頃、親からどんなことをいわれてきたか、案外、そんなところにプログラムの根がある。

一気に一番深いところまではいかないが、順番にマイナスの体験を思い出してみよう。マイナスのプログラムは、やはり、マイナスの現実を生み出す。と同時に、実はそれに対応するプラスの反応も、意識化されてはいないかもしれないが発動されているのがふつうである。

つねにバランスをとろうとする「ホメオスタシス機能」は、心理的な問題にも働くようなのだ。だから、現在かかえている問題に類似した問題の記憶を再生すれば、過去のその問題に対応したプラスのプログラムが作動する可能性がある。

そしてそのための方法は次の通り。

①　まず、リラクセーション・テクニックを使って、全身の緊張を和らげる。

②　次に、たとえば子供の頃のことをぼんやりと思い出してみる。
③　ふだん忘れていた思い出などがフッと浮かんできたら、それに目を向けてみる。
④　そして、自分が今現在、かかえている問題と、浮かび上がった記憶とのかかわりがないかを探ってみる。
⑤　逆に現在の問題からそれに関連する過去の記憶を再生してみる。
⑥　こうしていると、現在かかえている問題から解放してくれるような情景があったり、慰めになるような思い出が出てきたり、あるいは解決の糸口になるイメージが突然、浮かんできたりすることがある。

＊　＊　＊

このように、過去の思い出から自分を見つめなおすことは、自分を変えるための一つの方法である。こういった記憶イメージから、現在の問題を解決する糸口を発見したり、慰めを得たりすることができるのだ。

フッと思い出す記憶は、何か偶然のものと感じるかもしれない。現在の自分には無関係で、そこに意味が感じられないかもしれない。

だが、深層意識の働きに偶然はない。たえず必要に応じて記憶を再生している。だから、すぐには意味がわからなくても、思い出した記憶に意識を向けてその意味を探ってみよう。

たとえば、今、あなたが失恋して落ち込んでいたとしよう。ひょっとして、もう自分は誰からも愛されない存在だと感じているかもしれない。

そんなときは逆に、過去、あなた自身が誰かを振った体験が思い出されるかもしれない。その相手は、今のあなたのように感じただろう。あるいは、過去の失恋の経験を再び思い出すこともある。

そういった記憶の想起の意味を探ってみよう。必ず現在の自分に必要な情報が隠されているはずだ。まったく無関係と感じても、ただその記憶を追いかけるだけで、沈んでいた気分がほぐれることもある。深層意識の自動調整機能を信頼してみよう。

過去の問題を現在の自分が解決する

また、過去の否定的な事件を再生してみよう。そのときには解決できなかった問題も、現在の自分なら解決できるかもしれない。そのためのテクニックは次の通り。

① 自分のこころの中を探り、これまでで一番悲しかったこと、怒りに震えたこと、あるいは不安になったことを思い出してみる。たとえば失恋したとか、ケンカをしたとか、進学で悩んだといったことだ。ただし、すでに完結していることがいい。現在も未解決の問題はここではあえて外す。

② その記憶が思い描けたら、そのときの状況をなるべく思い出して、どうしてそういった否定的な結果を生んだのか、背景を考えてみよう。たとえば失恋なら、自分に落ち度はなかったか、ケンカならその原因は何であったのかを思い出すのだ。

③ 次に、現在の自分が、もしその頃に帰っていけるならどうするかをイメージしてもらいたい。過去の自分は、現在の自分よりも未熟で、いろいろな問題が起きても的確に対処できなかった。だが、現在の自分なら、もっと的確に対処できるはずだと考えるのである。

④ そして、イメージの世界で実際に問題を解決してしまおう。ケンカなら、おそらく相手にも怒り出す理

由があったはずだ。それを理解して上げて、問題点になった部分を、過去に帰ったあなたが率先して解決するのだ。そして、ケンカの相手と仲直りしてしまうのである。同様に、あなたの過去のそういった否定的な問題を一つひとつ呼び起こして解決してもらいたい。

⑤　どうしても解決できない問題があったら、それはひとまずそのままにして、記憶にもう一度しまう。だが、そういった問題が自分にもあったということは覚えておこう。そして、これもいつかは解決すると確信してもらいたい。

このようにして過去のマイナスの体験をイメージで解決して受容していくことで、過去のわだかまりから次第に解放されるようになるはずだ。そして、願望実現に必要なプラスの肯定的な性格を発展させることができるようになる。

否定的な経験をイメージしてはいけない

ここで過去の否定的な経験が、現在にいかにマイナスの影響力をもっているかを示す実例を示しておこう。

模擬試験ではいつもよい点数をとるのだが、いざ本番になると実力を発揮できなくて二浪しているある大学受験生から相談を受けたことがあった。彼は本番のときにはなぜか必ずといってよいほどアガッてしまい、知っていることが思い出せなくなってしまうのだという。

そこでわたしは、彼にリラックスしてもらい、イメージの中で受験のときの情景とそのときの心理状態を思い出してもらうことにした。ずっと昔にそれと似た気分を味わったことがないか、思い出してみるようにお願いしたのだ。

そうしたところ、彼は小学校六年生のときの体験を思い出した。東京近郊の小学校に入っていたのだが、彼はクラスで一、二番の成績だった。担任の先生や両親は、経験を積ませたいという気持ちから、都内の一流中学校の受験を彼にすすめた。

そうした先生や親の配慮を知るよしもない子供の彼は、当然、合格するものと思い、喜び勇んで受験に挑んだが、結果は見事に落ちてしまった。それどころか、彼の学力が広い世間の中ではまったく通用しないことを思い知らされたのである。そして、それまでの自信をすっかり失ってしまったのだ。

このときの体験による強烈な潜在意識のプログラミングが、大学受験のときに再び作動してくることを、彼はそのとき発見したのであった。

そこで、わたしはイメージの中で、小学生時代の彼自身の視覚イメージを作ってもらった。そして、イメージの彼に向かって、当時、中学受験に失敗したのは能力がなかったからではないのだから、自信を失う必要はないといい聞かせた。

さらに、自信を取り戻している小学生だった頃の彼自身をイメージしてもらうように誘導した。最初はとまどいを隠せなかった彼だったが、遂に彼は、このイメージをつくることに成功したのである。

このように彼自身がイメージをつくることができれば、マイナスのプログラムを消去して、新しくプラスのプログラムをセットすることができるのである。実際、相談にきた青年はその後、見事に一流校の受験に成功したのである。

成功リストをつくる

マイナスの思い出ばかりを再生していると、それだけで気分が落ち込んできてしまうものだ。そこで今度は逆に、プラスの記憶を再生してみよう。そのためには、次のような方法を用いるのがよい。

① リラックスしてから、自分の過去の記憶を思い起こしていく。

② そして、あなたがこれまで体験したプラスの経験を思い出す。子供の頃にほしかったオモチャを手に入れたときとか、できなかったことができるようになったこと、学校などで褒められたことなどだ。自分の過去における栄光の歴史を思い出すのである。

③ その喜びや、楽しかったこと、達成感なども合わせて再生しよう。

④ さらに、そういった過去のあなたの成功をリストアップして記録しよう。

⑤ こんなにたくさんあなたは、願望を実現してきているのだ。そのことをしっかりとマインドに刻みつけよう。

⑥ そうすれば、新しいチャレンジに対しても、必ずできるという確信がマインドの無意識の部分にプログラミングされる。

＊　　＊　　＊

このリストは、気分が落ち込んだり、自信がもてなくなったときなどに引っ張り出してみるといい。落ち込んでいるときは、どんどんマイナスの情報に意識を向けがちになる。すると、ますます落ち込んでしまう。そんなときにこのリストがあれば、落ち込みを解消して、前向きな気持ちに切り換えることができるはずである。

日常のルーティンを断つ

神秘思想家グルジェフもいっているように、われわれは、自由なように見えても実はいくつもの条件に制約された人間機械なのである。さまざまな日常的な習慣に支配されているのだ。

だから、意識的に自分の周りを変えることが、自分の深いレベルに埋め込まれている根本的なマイナスのプログラムを変えるための第一歩になる。

どんなことから始めるかはあなたのアイデア次第。変えるきっかけはたくさんあるに違いない。

①　最初は、日常の中での決まり切った習慣、ルーティンを変えてみるといい。自分を変えるきっかけになるはずだ。最初はなるべく簡単なことから始める。たとえば、いつも通勤で使っている電車の車両を変えて乗ってみるとか、さらに、通勤ルートそのものを変えて乗ってみるとか。

②　食事なら、いつも右手で食べるのを左手で食べてみる。

③　また、いつも着ないようなハデな色の服を着てみたり、髪形を変えてみる。

＊　　＊　　＊

このように、とりあえずは決まり切った日常の中に、自分なりの工夫で意識的な変化をところどころに入れるのだ。

こういった小さな変化が、意外に大きな変化をあなたの内面にもたらすことになるだろう。いや、内面ばかりかあなたの周囲にも波紋のように広がり出すだろう。試しに実行してみてはいかがだろうか。

ホセ・シルバの願望実現三つの法則

　では次に、ＳＭＣ（シルバ・マインド・コントロール）の開発者であるホセ・シルバが定義した願望実現の法則に基づいて説明したい。

①　願望を実現するには、自分が何を望んでいるのか、目的を明確にすること。
②　願望の実現を確信すること。
③　願望の実現を予期すること。

　以上の三つのポイントをもっと詳しく解説すると――

　まず、第一に願望を実現にするには、そもそも願望をもつことがそれを実現をする最初の原動力になることを確認したい。願望がなければ何も実現しないのだ。

　当たり前のことだが、他人から与えられたものであれ、自ら欲したものであれ、まず願望があり、そこに向かって自分のマインドを方向づけなければならない。

　そこで、次のような手順で行う。
①　自分は何を望んでいるか、明確にすることが必要だ。願望のテーマがぼやけていては実現するエネルギーも少なく、実現しにくい。そのためには瞑想をして、思いつく願望をリストにしてノートに書いてみよう。

② 次に、そのリストに基づいて、自分の内側に矛盾した願望がないか、それぞれに項目の相互の関係を確かめる。お互いを弱め合うような願望をもっていないか、チェックしよう。たとえば、「病気にはなりたくないが、病気をすると家族や仲間が心配してくれて嬉しい」といった気持ちが自分の中にあるかもしれない。あるいは、「お金はほしいが、何か忙しくなるようでそれが心配だ」。そんな気持ちがあるかどうかをチェックする。

③ もし、矛盾するような願望があったら、それを消去する必要がある。たとえば、「病気にはなりたくない」と「病気になったら家族や仲間が心配してくれる」という気持ちは矛盾している。その矛盾を発見してもらいたい。

④ 矛盾が発見できたら、自分が最も望む願望を確認する。たとえば、「病気にはなりたくない」ということだ。

⑤ 次に、その矛盾を解消するべく両者を総合した願望をイメージする。今の例でいえば、「病気にならなくても、家族や仲間と楽しくすごせる」と、矛盾を統合できるだろう。そして、家で楽しく食事をするなど、統合された願望に基づくイメージを作り、それを願望実現のテーマとするのだ。

*　*　*

このようにして、自分の中の矛盾した願望を一つひとつ解消し、願望の目的を明確にしてもらいたい。

お金の獲得でも、「忙しくなるのはいやだ」という願望があったら、「お金は、楽しく、のんびりやりながら稼ぐ」というイメージを作り、それをテーマとしてイメージすればいいのである。

「願望は実現する」と確信する

何かを願望するのは、その願望が実現する可能性があるからである。したがって、実現しないことは願望できないようになっている――読者の皆さんにはそのぐらいの気持ちをもってもらいたい。

もし、自分が願望していることが、マインドのどこかで実現できないと感じていたら、その願望は実現しないだろう。その場合は以下のようにするといい。

① まず、自分が願望しているテーマのことを考えて、それが実現「できる」と感じるか、「できない」と感じるかをチェックしてみよう。

② もし「できない」と感じているなら、もう一度、その願望を本当に自分は実現したいのかを自分に問い返してもらいたい。「実現しても、実現しなくてもどちらでもいい」と思っていることなのかもしれない。そういう願望はまず実現しないだろう。

③ もし、切実にその願望を実現したいなら、なぜ、「できない」と感じるのかをチェックしてみよう。論理的、分析的な思考を働かせれば、過去の経験から判断しているはずだ。

④ それが確認できたら、次に「今の自分」は「過去の自分」とはもう違うと自分にいい聞かせてもらいたい。子供時代のあなたと現在のあなたが違うように、一秒前のあなたと現在のあなたは違う。そして、現在のあなたと未来のあなたも違うのだ。

⑤ そして、未来のあなたは、望んでいることにふさわしいあなたであり、そのための条件も必ず揃うと確

信してもらいたい。これはとりあえず表面意識のレベルでそう思い込めばいい。感じとしては、まだ、ちょっと不安が残るかもしれない。でも、「実現できる」というほうに賭けるつもりで、マインドをコントロールするのだ。ここでは論理的・分析的には九九パーセントだめでも、残りの一パーセントに「賭ける気持ち」ができ上がれば、それでいいだろう。

＊　＊　＊

このようにして、できれば何度か小さな願望を実現してもらいたい。そして、論理的・分析的な判断だけがすべてではないことをまずマインドに納得させて、確信することの力を感じとってもらいたい。そうすれば、自分が願うことは必ず実現する可能性があるということを、徐々にあなたは認め始めるだろう。何よりもまずそういう確信をもつことが大切なのだ。

これがホセ・シルバのいう第二の法則、「願望は実現すると確信する」である。

願望が実現したところをイメージで予期する

もちろん、確信が明確になっても、思っているだけの段階ではまだ願望は実現していない。つまり、実現した状態と現実の間にギャップが存在しているのである。

確信しても現実を振り返ってみると、現在の段階では願望は実現していないだろう。そこで、「やっぱり、だめだ」とすぐにあきらめてしまう。

たとえば、一〇〇万円がほしいとする。目的は明確だ。シルバの第一の法則はこれで満たされている。

そして、第二の法則にしたがって、手に入ることを確信してみる。

目をつぶって瞑想して、そこまではできた。ところが、目を開ければ、現実に一〇〇万円が手元にあるわけではない。

「魔法みたいに願望がかなうといったのに全然、効果がないじゃないか」と、すぐに文句をいう人もときにはいる。

確かに、その段階では、現実は何も変わらない。つまり、確信しても現状を振り返ってみると、一〇〇万円がないという現実を認識してしまう。そして、逆にその状態を認めてしまうのだ。

そこで、イライラしたり、あるいは心配したりする気持ちが出てくる。

そんなわけで、次のステップが必要になる。
①　願望実現の確信がもてたら、その願望が「実現できたら」自分はどうするのか、仮定の上に立ってイメージする。望むものが手に入らなくて不満になり、イライラした心の状態でいると願望実現はできない。願望が実現したときの満足感を先取りしてしまうのである。これがホセ・シルバのいう「願望実現を予期する」である。
②　もう願望の対象が手に入っているも同然という気持ちになれるまで、そのイメージをリアルに思い描く。イメージがリアルに描ければ、安心感をもつことができるし、同時に満足感も感じられる。すると、願望があなたに引き寄せられる作用が起こる。先ほどの例でいえば、一〇〇万円が手に入った状態をイメージして、

そのお金でしたいことをイメージする。そして、願望が満たされた満足感を味わうのである。

＊　＊　＊

予期とは、イメージでこの満足した状態を意識的に作り出すことなのである。気分的には安心や余裕が生じてくる。願望実現のスピードがこれで早まる。この余裕が大切なのだ。

第2章でも述べたように、物質も精神も、波動が同調すると相互に引き合う性質がある。願望する対象を得たことで生まれる波動をイメージで作り出せば、その波動に同調して、対象物が招き寄せられるのである。ところが、不満やイライラの波動を発していると、むしろ反発作用になる。この最後のポイントはとても重要なので、よく練習してもらいたい。

SMCでは、多くの人がこの三つのマインドの原理を使って、素晴らしい成果を上げている。その一部は第1章で紹介した通りだ。

では、さらに細かく、具体的なテクニックをいくつかご説明しよう。

肯定的な願望をイメージする

願望を思い描くときに、その願望が実現すると、必ず自分も周りの人々も幸福に導かれることをイメージする。

ホセ・シルバの三つの法則に、この法則を加えておきたいほどこれは重要な法則だ。

「自分に不幸を招いたり、トラブルを引き起こしたりする願望は、わたしは決してもたない」

こうはっきりと自分に宣言するのである。

「自分の願望が、トラブルや悩みの元になってしまうのではないか」

もし、そんな心配がこころから浮かび上がってきたら、

「そんなことは決してない。必ずよい方向にしか行かない」

と思いなおし、先ほどの「願望は自分を幸せに導く」という大前提を思い出す。

また、たとえ、自分を不幸にするような願望があっても、それは次第に自然消滅していくのだと意識的に考えてみる。

マイナスの否定的な願望は必ず、あなたに否定的な結果をもたらすだろう。だが、肯定的な善の願望は、宇宙全体があなたをサポートして、あなたも周囲の人も傷つけるような結果は絶対に招かない。

感覚を総動員して願望実現のエネルギーを強化

どの場合でも、イメージをするときは、なるべくすべての感覚を総動員して視覚化するとよい。特に、実現したときの感情を呼び起こすようにすると、願望実現のエネルギーを強力にすることができる。
① 願望実現の対象が〝物〟なら、まず、視覚イメージのテクニックを使って、それを思い描く。
② イメージができたら、それに触れてみる。

③　さらに、匂いをかいでみる。

④　たたいて、音を聞いてもいい。

⑤　最後はなめてしまおう。五感すべてを使ってイメージするのだ。

⑥　そして、それを得たときの自分の感情の動きを味わってしまう。

＊　＊　＊

バカバカしいと思わず、そのぐらい五感を総動員して対象をイメージしてもらいたい。リアルにイメージできればできるほど、願望実現は早まる。

たとえば、マイホームがほしいなら、実際にどんな家がほしいのかをしっかりとイメージするのである。購入した自分の家の玄関に立ち、ドアのノブをにぎりしめて、その感触をしっかりと感じ、どんな気分で扉をあけるかをイメージしてみよう。

そして、中に入り、家の中をゆっくりと見て回り、一つひとつの部屋の中を十分に観察して、リアルなイメージとして描くのだ。

さらに、家族とその感激をわかちあっているときの自分自身の感情をしっかりと感じとってもらいたい。

また、プロセスが大事な場合は、実現していく過程を細かくイメージしてもいいだろう。

ただし、そこで注意したいのは、なるべく余分なプロセスをイメージしないことだ。願望実現の細かなプロセスは、思い描かないほうがいい。

たとえば、一〇〇万円がほしかったら、あの人が貸してくれるとか、今度の仕事でうまくいけばそれだけ入ってくるとか、そういう予測をたてるかもしれない。だが、そのようにある特定の条件の中だけで願望を実現しようとするのは、むしろ、その実現を制約してしまうことにもなる。

いつ、願望をイメージしたらいいか

いつ、願望をイメージしたらいいのかということも重要なポイントである。一日の中でも気分のいいときもあれば、ちょっと疲れていて気分が落ち込みがちになるときがある。そこでまず、自分の気分を探ってみよう。

①　あなたの一日の行動パターンをチャート化してみよう。
②　次に、時間帯ごとに色分けしてみよう。
③　色分けをするときには、その時間帯にどんな気分でいるかを思い出して、その気分の色を使うといい。たとえば、通勤通学の電車の中は、いつも満員でいやになるなら、灰色。朝の目覚めの気分のいいときはライト・グリーンといった具合だ。
④　そして、一日の中でも一番、光り輝いている時間帯を見つけ出そう。
⑤　願望をイメージするのは、もちろん、この時間帯だ。

＊　　＊　　＊

これによって、ポジティブなエネルギーをどんどん蓄積していき、実現の力を強めることができる。特に朝起きぬけの、雑念のないスッキリとしている気分のときというのは、一般的にはイメージするのにいい時間帯といえる。

逆に、落ち込んでいるときに無理してこれをやると、逆転の法則が働いて、望んでいないほうばかりにエネルギーが集中してしまうことがある。こうなると、努力すればするほど悪い結果を招きかねない。

読者の皆さんにもこうしたことが思い当たるのではなかろうか。その点を今のチャートと見比べて、どんな時間帯にどんなことをイメージしているのかをチェックしてみていただきたい。

願望は何度もイメージしたほうがいいか

一度、イメージしたことがすぐに実現しなければ、自分の思いが足りないのだと思って、毎日のようにイメージしようとする人がいる。だが、結論からいうと、いったんまいた種は、芽が出ないうちから掘り起こさないほうがいい。

イメージした願望は、実現しないうちに、心配になったからといってもう一度、イメージしなおすということはしないほうがいいのだ。

なぜなら、それには次のような理由がある。

① 願望は、思ってから表面の動きとして現われてくるまで、ある一定の熟成期間が必要である。

② 「本当に実現するのかな」と心配になっても思い返さない。それは植えた種をまだ芽が出ないうちから掘

り起こしてみるのと同じだ。種があることは確認できるだろうが、それでは発芽できない。

③　だから、いったんイメージしたら、以後は天に任せっきりにする。安心して待っているという態度が必要なのである。これが願望実現のコツである。

願望は紙に書いて意味づけをする

願望は、ただイメージするだけではなくて、紙に書いたり、関連するイメージやシンボルを集めておくといい。このときの注意点は次の通り。

①　紙に書くときは簡潔に書く。余計な情景をつけない。これは物質界に印をつけるようなものだ。だから、なるべく簡潔に単語を一つだけとか、センテンスでも一行ぐらいにまとめる。

②　自分だけでわかるシンボルのようなものでもいい。願望していることに関係している場所にそれを張ったり、しまっておく。

③　そして、その場所との関連を意味づけする。

＊　　＊　　＊

受験勉強のときなどは、これは誰でもやっていることかもしれないが、志望校の名前を紙に書いて、壁に張っておいたりしたことがあるはずだ。

受験期ぐらいに切実に願望すれば、おそらくどんなことでもかなってしまう。しかし、そういうテクニックを受験期だけで終わらせるのは、もったいない話といえる。

たとえを出しておくと、「アメリカへ行きたい」と思っている人は、一ドル紙幣を壁に飾っておく。こうすると、願望のエネルギーが強くなる。

わたし自身の例を上げると、エジプトへ行きたいと思っていたことがあったので、玄関にピラミッドの写真を飾った。すると、思ってもみなかったところから話がきて実現してしまったことがある。

玄関に飾ったということも、自分なりの意味づけを作って、意識的にしたわけである。玄関、入り口というものは、外部との窓口でもあるし、いろんな情報が入って来るところでもあるからだ。

その意味付けは、こころの力を強化していく作用につながるのである。

夢の中に問題解決のヒントがある

目的を明確にしようとするときに、たとえば、どこの大学へ入るのが自分にとって将来のためになるかわからないとする。入りたいのはやまやまだが、長い目で見た場合、どの方向に進んだらいいのか選択に確信がもてないということがあるとする。

そんなとき、ほとんどの場合、夢に問題解決のヒントが出てくることが多い。

ただ、象徴的に出てくるので、解釈が難しいときもある。

わたしの場合も、大学受験のときに、試験を受けたあとのある日に夢を見た。試験の結果は、パスできるかどうかのきわどいラインだった。

その夢の中で、わたしは崖をよじ登っていた。垂直な崖で足場もなく、一歩一歩足場を探りながら登っていった。そして、やっと頂上にたどり着いた。

そこには大草原が広がっていて、道があり、道の向こうには研究所のような建物があった。中に入ってみると図書館のようになっていて、司書をやっている人がいた。よく見ると、その人は神智学協会のブラヴァツキー夫人だった。

これを解釈してみると、受験状況はまさに崖から落ちるかどうかの瀬戸際だった。電気工学科だったが、大切な数学で失敗していたのだ。

こんな夢を見たので、もしかすると合格するかもしれないと思って希望をつないでいた。だが、合格者発表の掲示板に自分の名前はなかった。ところが結果は、補欠で入学できた。きわどいところで、まさに崖の上に出られたわけだ。

めでたく東北大に入れると、結局それがきっかけで今度は福来心理学研究所で仕事をするようになった。この研究所は日本でも最初に超常現象の研究を始めた福来友吉先生にゆかりの研究所で、ここに関係することで、たくさんの知識や情報を学ぶことができた。

つまり、神秘学の方向への研究が始まったのだ。夢の中で、すでにブラヴァツキー夫人というシンボルによって、この方向に自分が向かうことが知らされていたのだ。

このように、夢はあらかじめ結果を教えてくれていたり、あるいはどのようなプロセスをたどればよいかのアドバイスを与えたりしてくれている。だから、夢は大切にしたほうがいいのである。

ここでは夢の分析は、別の機会にゆずろう。夢を見ないという人がときどきいるが、それは見ているのに、朝起きたら忘れているだけで、夢は必ず見ているものなのである。そして、深層意識からさまざまなメッセージが送られているのだ。もちろん、あなたの願望実現に関連する情報が象徴されている夢もあるはずである。

そこで夢に関するテクニックは――
① まず、眠る前にベッドの近くにメモやテープ・レコーダーを用意する。これは夢を記録するためだ。夢日記をつける習慣をもつこともおすすめしたい。
② どうも夢からのメッセージは、必要に応じて現われるという傾向があるので、就寝前に今現在、解決したい問題とか悩み事、あるいは願望などに関する情報を一通りチェックする。ただしあくまで情報を頭に入れるだけで、そこで問題の答とか、願望実現の方法とかを考えたりしない。ただ、「どうか夢の中で答をください」と願ってみる。
③ 次に、ベッドに入る前に軽くリラクセーション・テクニックを用い、リラックスしたところで、「わたしは夢を思い出す」と自分にいい聞かせる。これはＳＭＣでもよく使うテクニックである。
④ 朝、起きたら、夢を記録する。もし、起床時間でもないのに目が覚めたら、夢を覚えているかどうかチェックしていただきたい。そういうときは夢を覚えているケースが多いからである。
⑤ 夢の分析をする。ただし、あまり心理学などの夢解釈に頼らないほうがいい。むしろ、今現在、あなたがかかえている問題との関連で、この夢はどんな意味があるのだろうかと考えてみるのだ。何となく、こん

な意味ではないかということがつかめれば十分。きっとそこからいいヒントが生まれるはずである。もし、解釈できなければ、そのときはとりあえずあまり気にしない。そのうちわかるかもしれないという軽い気持ちでいるといい。したがって、ときどき夢日記を読み返してみるといいだろう。

不安になったらアドバイザーをもとう

自分の願望を明確にできなかったり、本当に自分にとってよいものかどうかが判断できないで不安感がつきまとうときは、アドバイスしてくれる存在をもつといい。

このアドバイザーは何も、実在の人物でなくてもけっこうである。「内なるグル（指導者）」、「内なる知恵」、「高次の知性」、「超意識」、「良心のささやき」などいろいろな呼び方はあるが、深層意識からのメッセージを表面意識に翻訳するシンボリックな存在をイメージを使って作り上げてかまわない。

何か問題が起こったら瞑想をしてその存在を呼び出し、具体的にテーマにそくして高次の知性からのメッセージを受けとり、アドバイスを受けるのである。

ＳＭＣでは特に、男性と女性の二人をイメージとして作り出し、役割分担させるという訓練を行う。参考までにいっておくと、女性の場合はより具体的な知恵を授けてくれる。男性は、より抽象的な哲学的なアドバイスをしてくれることが多い。

呼び水となるアドバイザーのイメージも、人間の姿をしているのがふつうだが、アメリカ・インディアンなどでは、こういった高次元の存在に動物を選んでいる。こうしたことについては、人類学者カルロス・カスタネダの著書であるドンファン・シリーズに詳しく描かれており、そこではイーグルとかタイガーが高次元の存在として出てくる。

基本的にはまったく同じことだが、文化の違いで、われわれが動物をアドバイザーに選ぶことには少々無理があるようだ。むしろ、現代人の場合、動物よりは、宇宙人だったりすることが多い。ただ、最初は実在の人物をイメージしてアドバイザーにするといいので、その方法をまず次にご説明しよう。

実際に存在する人をイメージする

① 瞑想状態に入ったら、まず、最初はあなたが信頼している人物、たとえば、先生とか尊敬してる過去の偉人や聖者、好きな作家などを思い浮かべてみる。あるいは何か信仰している宗教があったら、その神様に出てきてもらってもいいだろう。大切なことは、自分が本当に信頼できて、有益なアドバイスを与えられる能力をもっている人物をイメージの対象として選ぶこと。

② そうはいっても、あまり難しく考えないで、小説とか演劇の台本でも考えるようなつもりで気軽にやってみる。

③ 相手のイメージができたら、今、自分が問題にしていることを相談してみる。よく、仏檀の前で死んだ身内の写真を前に語りかけたりすることがあるが、これと同じである。

④ たとえばあなたの好きな作家や思想家なら、その人の本を随分読んでいるだろうから、きっとこんな答

をするだろうなと、想像してみる。そして、イメージした相手に実際に答えてもらう。

⑤　その答があなたの問題の解決につながるか、自分自身で考える。

＊　　＊　　＊

このようにして選んだイメージは、内なる自己とつながるためのチャンネルの役割をはたす。内なる自己、高次の知性には、形がない。それは、神にはもともと形はないのに、キリストや仏陀のような姿で神を認めるというのに似ている。

そして、視覚的イメージとコミュニケーションをくりかえすことで、その対象が高次の自己からのメッセージを伝えるための呼び水になるのだ。

したがって、イメージができたらその人物と対話する訓練が必要である。何か特別な問題がなくても、イメージの中でその人と会話をして、声を聞いたり、こころの中でこちらからいろいろ話して、会話のイメージを積み上げてもらいたい。誰でも家族や友人との会話を思い出すことができるだろう。それと同じやり方で、イメージしてみる。

最初は、どうしても自分が勝手に想像して作り出したという意識から抜け出せないのだが、それはそれでかまわない。会話を続けているうちに、ときどきキラッと光るような会話が出てくるようになる。

通常の意識に戻ってその内容を振り返ってみると、通常の意識では思いつかないようなアドバイスを受けていることがよくあるものだ。

こういう体験をこの練習の中で発見していくことがポイントだ。深い瞑想状態でこのような会話をすると、相手が鋭いところを衝いていることが多い。そうしたことが一つでもあれば、少しずつ確信が深まる。それが高次の自己との接触のパイプを徐々に強めていくことになる。それには日ごろから、こういった存在と瞑想中に対話して、関係性を築き上げておく必要がある。

もし、もっと他に、自分がやりやすい方法を思いついたなら、その方法で内なる自己との対話をしてみるのもいいだろう。たとえばワープロを使って、アドバイザーとの会話を残しておくとか……。要は自分にとってやりやすく、しっくりいくコミュニケーションの手段を選ぶことである。

SMCの「作業室のテクニック」

SMCでは、このアドバイザーと対話するための〝特別の部屋〟を作ることから始める。セミナーでは、かなり深い瞑想状態、脳波でいえばシータ波が検出される状態に導入して、半覚半睡の深い意識の状態で行うテクニックである。

書物ではそこまで誘導できないが、自分なりにここまで紹介した瞑想法である程度、深いレベルに達したと思ったら、次の方法で作業室をまず作っていただきたい。

①　リラクセーション・テクニックを使って感覚抑制を達成し、瞑想状態に入る。

②　まず、場所を決めよう。旅行などをして、ここに住みたいと感じた場所でもいいし、あなたの家のそばでもいい。あるいは架空の場所でもいいだろう。

③　場所が決まったら、家を建てる。こんな家に住んでみたいという建物をイメージで作るのだ。想像上の建物なのだから、好きなように豪華な建物を作ってもいい。質素な家が好きなら、もちろんそれでもいい。

④　次に、部屋割りを決めよう。必要な設備はすべて整え、調度なども自由に選んでもらいたい。必要とするもの、ほしいものをすべて用意するのだ。どんな情報でも検索できるコンピュータを置いてもいい。それから疲労回復用の特別のベッドや、どんな病気でも治してしまうクスリなども用意するといい。

⑤　そして、あなた専用の瞑想ルームを作ろう。地下室に作ってもいいし、屋上に満天の星が見えるドームを作ってもいい。

⑥　そして、最後にその瞑想専用ルームに、「内なるグル」に座ってもらう大きなゆったりとしたソファーを用意しよう。

＊　　＊　　＊

さて、これで準備ができた。この作業室はあなたのあらゆるニーズを満たすことができるスペースだ。ここに入れば、イメージの世界ではあれ、あなたのあらゆる願望が実現する。さらにこの物質界のレベルの問題だけではなく、より精神的、霊的レベルに関する問題やニーズに対する答もここにくれば解決する。そんなスペースを作ってもらいたい。

さて、次にこの作業室の中でも特別なスペースに、あなたの**内なるグル**を呼び出そう。瞑想の世界では、このアドバイザーのことを「内なるグル」と呼んでいるのだ。

「内なるグル」の偽物に注意しよう

だが、その前に、いくつかの注意点をここで述べておきたい。

第2章で解説したマインドの構造を思い出していただきたい。本書のスペースでは微細界と原因界の説明を十分にできなかったので、ここで少し補足しておこうと思う。というのも、この「内なるグル」という存在が、どのレベルから出現するかで些か問題があるからである。

特に微細界のレベルに源をもつ内的存在には、注意する必要がある。とりわけ本書のテーマである願望実現とのかかわりでは、この微細界レベルの存在が出てくる傾向がある。

微細界は、わたしたちの潜在意識の反映が蓄積されている領域でもある。したがって、われわれ人類の過去の雑多な欲望から成る無意識も、だいたいこのレベルに集積されている。こういった問題自体が、現代の科学的知見では仮説の域を越えていないが、わたしの長年にわたる瞑想体験をふまえて、これはほぼ事実といえるのだ。

そして、われわれ人類の歴史を振り返ってもらえばわかるように人類は決して正しいことばかりしてきたわけではない。つまらない面子や過剰な欲望にとらわれて、さまざまな愚かしいことを繰り返してきた。そこにはさまざまな恨みや憎しみ、あるいは恐怖心など、あまり歓迎できない想念が生み出されている。

実はこういった否定的な想念も、微細界にある集合的無意識の世界に残存している。こういった浮遊霊ともいえるマイナスの想念が、ときにあなたがせっかく肯定的な目的のために開いた「内なるグル」のためのチャンネルに、入り込んでくることがあるのだ。

宗教やオカルトの世界には、霊界とコンタクトできると公言して登場するさまざまな霊媒師や宗教教祖がいる。そして、これらの存在の中には、このようなマイナスの想念とコンタクトしている、欺瞞にみちた存在も含まれている。

もちろん、中には真実のレベルとコンタクトしている存在もいる。

その区別は、コンタクトしている高次の存在が、微細界レベルにとどまる存在か、それともそれより深いレベルである原因界レベルに源をもつ存在かの違いである。わたしたちがコンタクトしたいのは、もちろん原因界レベルに源をもつ本当の「内なるグル」だ。

では、その区別はどのようにしたらいいのだろうか。

それは意外に簡単なことなのである。何よりも、あなたが何を願うかにかかっているのだ。あなたの願望が真理に根差した動機によるなら、何の問題もない。

だが、もし、あなたが誰かのことを恨んで、その気持ちを解消したいといったような否定的な願望をもっていたらどうだろうか。あるいは単に現実生活に不満をもち、そこからの逃避の口実として内的世界に逃げ込んでいるならどうだろう。そういった微妙なエゴが、微細界に投影されるだろう。原因界レベルに源を発する高次の存在は、そういうマイナスの否定的な想念には見向きもしない。

ところが、マイナスの想念を現実化したいと待ち望んで徘徊している幽霊たちは、あなたのマイナスの想念を敏感に感じとって近づいてくることだろう。

そういう存在は、あなたの否定的な願望を適えてくれるかもしれない。だが、必ず彼らは代償を求めてくるだろう。それもあなたの人生そのものを破壊するような大きな代償だ。

しかし、マインドの部屋、作業室に現われる本当の「内なるグル」は、決してそういった代償は求めない。また、「ああしろ、こうしろ」と指示の多い「内なるグル」には気をつけたほうがいい。本当のグルは、きっとあまり親切な存在ではないかもしれない。基本的には、自分のことは自分で決めなさいと指示するだけだ。

そして、「自分とは何か」をひたすら追求することを最終的には求めてくるだろう。もちろん、あなたの成長レベルからして、この物質界での欲求を満たしていくことが必要なら、その存在は大いなる手助けをしてくれる。願望実現にも協力してくれるはずだ。

だが、絶えず、「いったい、どうしてそんなものがほしいのか」「どうしてそういうことがしたいのか」と逆に質問してくるはずだ。その対話の中で、どこにも矛盾のない輝くような願望をあなたが発することができれば、それは絶対に実現するだろう。

およそ、こんなポイントを注意点にして、「内なるグル」とつきあっていただきたい。

「内なるグル」を発見するテクニック

では、あなたの作業室に「内なるグル」を招き入れる瞑想法を解説しよう。

原因界レベルに意識を深めていくには、光のヴィジョンを通じて行うといい。これは、視覚イメージの確立ができていれば簡単にできるはずだ。

また、本書で紹介した瞑想法の総合がここで行われる。

①　目を閉じて、肉体をリラックスさせるために、肉体にまんべんなく注意を向ける。ここでは肩がこっているとか、腰が痛いなどの感覚を解消しようという意識的な努力は一切捨てる。ただ、肉体の自然な状態が回復すると確信して、受動的に肉体を観察する。まるで他人の肉体をながめるような気分で行う。

②　その結果、肉体と自己が切り離されて、肉体をながめている意識が独自に存在することに気がつく。

③　次に、自分の肉体を視覚イメージする。大きさは気にしない。上半身だけイメージできればいい。黒い影か灰色、ないし青白い煙のような影としてイメージする。

④　シルエットがイメージできたら、実際に自分の肉体を動かしてみる。そして、イメージの像がその動きに連動しているかどうかを確かめる。もし、イメージ像が連動しないようなら、意識的にイメージ像を連動するように動かしてみる。連動すれば、そのイメージ像は、あなたの生体エネルギー場の投影であることを意味する。

⑤　次にシルエットの頭部に注目する。

⑥　頭部が明るく輝いているのをイメージする。この光は黄色、金色、白、青白い色かのいずれかでイメージする。

⑦　光がイメージできたら、光を拡大して、こころの視野全体に広がるように想像する。このとき、肉体の頭部には注意を向けない。ただ、光のイメージだけに意識を向ける。

⑧　すると拡大した光の中央に、小さな、やはり光った立像か座像が見えてくる。もし、それが見えない場合は、視覚イメージで作り上げる。これは光り輝く像として投影してもいいし、シルエットでイメージしてもいいだろう。

⑨　いずれにしてもその周囲に光り輝くオーラが見えたら成功だ。この像はあなたの微細界の投影である。

⑩　今度はその像を少し拡大して、視覚イメージしたその身体像の胸の部分に移動させる。そして、胸の位置で光っている部分があるのを意識する。

⑪　そして、光り輝く像やその周囲のオーラが、実は胸を光源として輝いているのだと思って見つめる。この光は金色か白色だ。これは原因身の投影である。

⑫　この胸の光を再び拡大して、その中に人の姿が見えてくるとイメージして注意を向ける。そして、ある種の生命がそこに存在している雰囲気を感じると想像する。その光の雰囲気は、暖かさ、平安、威厳、英知などを発していることを感じとれるようにする。

⑬　さらにこの光を注視していると、次第に人物の細部が明らかになってくる。それはキリストや仏陀、あるいは仙人のようであったり、あるいは自分自身の洗練された姿であったりする。これが求める「内なるグル」である。

あとがき

内なる知恵にお願いすれば願望は奇跡的に実現する

仮定としてでいいのだが、わたしたちの通常の思考レベルよりも、違った次元に存在する「内なる知恵」というものを仮定してもらいたい。そして、自分の願望を、この内なる知恵にお願いして任せてみるのである。

この「内なる知恵」を、ホセ・シルバは**高次元の知恵**と呼んだ。この存在は、まるで「神様」のようにあなたの願望を実現してくれるのだ。

宇宙のこういった現象に関しては、近代人よりも古代人のほうがよく知っていた。だから、彼らは「神様」とのつきあい方もよくわかっていた。

願望実現の最も有効な方法は、この深層意識の奥に住んでいる「高次元の知恵」のもち主であり、「もう一人の自分」である神様のようなスーパー・マンにすべてを任せてしまうことだ。

おもしろいことに、こういう方法で願望実現をする場合は、奇跡的に物事が実現することが多い。思いがけないところから、実現するというケースがあるのだ。それは、高次元の知恵が、たいへん効率よくエネルギーを方向づけ、表面意識では思いつかないプロセスで目的にたどり着くからである。それで、結果的に奇跡的に見えるのである。

古代人たちの底知れぬパワーの秘密

あれだけの巨大な古代文明の遺跡がはたしてどうしてできたのかは、いまだに大きな謎となっている。だが、彼ら古代人は、本書でも紹介した内的イメージの世界に入り、「高次元の知恵」とアクセスし、物理的な現象界を操作していたに違いない。そうでなければ、あの巨石群を動かすことさえできなかったはずだ。

確かに、これは公的な学問の世界では、仮説にさえなっていないことかもしれない。だが、なぜ、これほど明確な事実に目を背けるのだろうか。おそらく、マインドのもっている底知れないパワーに対する恐れからなのではないかと、わたしは考える。

さまざまな超越的なレベルからきている情報を総合すると、どうもわれわれ人類の歴史には、あまり知られていないちょっと暗い過去があったようだ。

これはもちろん教科書に書かれている歴史観では、実証されていないことだ。だが、考古学的な事実や太古から伝わる神話、伝説などを総合すると見えてくる人類の歴史でもある。

ムー大陸やアトランティス大陸の存在に関しては、読者も少しは聞いたことがおありだろう。先史時代、おそらく一万年以上前に、地球にはムー、アトランティスと呼ばれる大陸が、それぞれ太平洋と大西洋にあった。そこには現代文明とは異質の、高度な文明が築かれていたという。

この時代の文明原理は、現代のような二元論的な世界観ではなく、第2章で述べた一元的な世界観をもっていたのだ。いや、それは単なる世界観ではなく、そこで文明を築いていた人々は、まさに一元的世界に住んでいたのだ。クリスタルやさまざまなシンボルを使って、マインドのパワーを引き出し、今日では奇跡としか思えないようなことを実現していたらしい。

ところが、マインドの驚異的なパワーに溺れた古代人たちは、その力を使ってどうも戦争を始めたらしいのだ。

秘教的伝統に見え隠れするマインド・パワー

マインド・パワーの破壊力は、今日の水爆以上の破壊力があったらしい。そのため、この両大陸の文明は、みじんもなく破壊されてしまった。そして、地球をゆるがす大災害にまでそれは発展して、何と大陸が沈むという信じられない結末をまねいたのだ。

そして、わずかに残った人類が世界の各地に散り、再び文明を再構築した。それが古代の四大文明につながっていった。

ところが、マインド・パワーによってもたらされた破壊の大きさに恐れをなした、両大陸の生き残りの人々は、自らの手でマインドの力を封印したのだ。それはたいへん深い反省に基づく決断だったはずだ。そして、自らの力を徹底的に制約して、今日につながる二元論を機軸にしたプロセス志向の文明を築いた。

ただ、この力に関する知恵は、世界の宗教の中でも神秘主義と呼ばれる伝統の中には保たれてきた。仏教ではチベット密教やそれにつらなる真言密教、イスラム教ではイスラム神秘主義者のスーフィーの思想と実践法、キリスト教でも旧約聖書の世界にはその残影が見え隠れしている。その他にも、世界のネーティブ・ピープルと呼ばれ文化伝統の中には、共通してこのマインドのパワーについての深い知恵が保たれている。

これらの伝統の中には、奇跡ともいえる現象を引き起こす、呪術師、霊媒師、魔術師、そして導師が、存在し続けてきた。彼らはこのマインド・パワーに精通し、精神の操作で物質をコントロールする術(すべ)をこころえているのだ。

すべての答は自己の内側にある

さて、今われわれは物質の法則を学び終えようとしているのかもしれない。第2章でも触れたニュー・サイエンスの動向は、科学的知見としてこのマインド・パワーを認知する一歩手前まできている。自らの手で封印したパワーの扉を、人類は再び開き始めているのだ。

ソビエトの映画『惑星ソラリス』をご覧になった方なら覚えておいでだろう。あのソラリスという惑星では、思ったことが、ほんの少しの時間的ずれをおいて、すぐに現実になってしまった。あれはただのＳＦ映画ではない。原作者スタニスラフ・レムや監督のアンドレ・タルコフスキーがはたしてどのように考えていたのか、わたしは知らない。が、あの惑星ソラリスとはこの地球にほかならないのだ。

だから、映画でもそうだったように、少しでも否定的な現実を願えば、その否定的な現実が目の前に展開されてしまう。

願望実現とは、むしろこの地球の上では常態なのである。ただ、われわれは否定的なイメージで世界を、この宇宙を見続けてきすぎたのではないだろうか。

人類の有史以来の歴史は、その自己拘束の強さの反動なのか、確かに見ようによっては血塗られた歴史だ。それはこの世界が弱肉強食の世界であるとマインドでイメージして、それを現実化していたのだ。

だが、われわれは今、肯定的なイメージで世界を見始めている。

ベルリンの壁の崩壊は、ただの政治的事件ではない。人類が自己を拘束していたマインドの壁の崩壊を象徴しているのだ。おそらく、そう感じたのは、筆者だけではないだろう。願望は確かに、実現する。だが、いったいその目的は何だろうか。

ギリシアのデルフォイ神殿の入り口に記されていたという有名な言葉がある。

「汝、自身を知れ」

また、イエス・キリストはこういった。

「天国は、汝の内にある」

さて、次は誰がいったのかわからないのだが、こんな言葉もある。

「自己を知るものは、宇宙を知る」

チルチルとミチルは幸福の青い鳥を求めて遠い旅に出たが、どこにも発見できず、結局、我が家の中に幸福を発見した。
すべての答は自己の内側にあるのである。

（一九九〇年　日本実業出版社『瞑想法で心を強くする』初版より）

第2部　実践瞑想法講座

連載１　**実践瞑想法講座**

はじめに

最近の精神世界ブームで瞑想関係の本がたくさん出まわるようになってきたのは、取りあえず喜ばしい傾向だと私は考えています。ただ、その多くが理論や教えの解説書にとどまっているのは、淋しいかぎりです。私は常づね、瞑想の世界に評論家は要らないと考えてきました。瞑想は実践的でなければならないと思うのです。

したがってこの講座では、瞑想の実践面に主眼を置いて、私自身が過去二二年間にわたって体験し、また指導を通じて直面してきた問題点を取り上げながら進めていくつもりです。

有能な指導者を得がたい今日、書いたものを通じての指導が唯一のガイドである読者も多いと思います。ですから、この誌上講座が私からの一方通行でなく、瞑想者からの質問にも答える形にできれば理想的だと考えています。そこで文章で解答できるテーマについては取り上げますから、編集部を通じてお寄せください。

その1　まず、瞑想についての疑問に答えることから始めよう

瞑想の究極の目的は何か

本の中には、瞑想の目的についていろいろなことが書いてあります。ある本では「真の自己を発見すること」、また別の本では「意識拡大」、あるいは「宇宙意識の実現」など、いろいろな言葉で述べています。これらのどれも正しいと思うのですが、では「真の自己」というのは、いったいどんなことを指すのだろうかという疑問が当然出てきます。

ヴェーダンタ哲学ではこれを、「サット・チット・アーナンダ〈存在・意識・至福〉」という言葉で要約していますが、別の本では、「言葉の表現を超えたあるもの」といういい方もしています。結局、〈われわれの心〈マインド〉では捉えられないあるもの〉ということで、これを神といってもよいし、宇宙意識といってもよいのですが、それを言葉で説明すればするほど、真実から遠ざかってしまいます。

ここで一つハッキリいえることは、それは「心の活動を鎮めたときに現われるある存在の状態」であるということです。心の働きを鎮めることを、一般には無念無想になることだと受け取っていますが、これは眠った状態とはまったく違います。また眠らないまでも、意識がぼんやりし、肉体感覚のない受動的な状態になることもあります。これも雑念のない比較的恍惚とした気分ではありますが、無念無想の本来の意味とは違います。これは「ヨーギの眠り」といわれていますが、瞑想の目的は、決してこのような状態になること

ではありません。

思考がストップして心の活動が鎮まったとき、非常に鮮明な、一切の疑問が氷解した明らかな意識が出てきます。この状態になったとき、「本当の私」は未だかつて生まれたこともなければ死んだこともない意識＝光であることが、説明のしようのないほど明確に体験されます。そこでは日常の自分を、まるで下界にたなびく雲の一片を遙かに高い山頂から見下してでもいるかのように感じます。

また、〈世界は壮大なドラマを演じている映画の一コマであり、演出家は他でもない神だ〉という思いが、惚然と確かな手応えをもってわかってきて、〈カラクリ見たぞ！　宇宙や世界というと、「荘厳きわまりない神様」と感じている人も多いが、実際はあんがいズッコケていて、コッケイなもののようだ。神は宇宙をそのようにも展開して見せるらしい……〉という感じがしてきます。そして、他人と自分という区別もなく、すべてを平等に眺められます。

苦しみも悲しみも喜びも、たあいのないゲームなのです。苦しみたいから苦しんでいる、悲しむのが好きだから悲しんでいる、要は、みな好きな役どころを演じているのだということが、歴然として見えてきます。

「説明するほど真実から遠ざかる」といいながら、少し説明しすぎてしまいましたが、とにかく瞑想の究極の目的は、この状態を実現することにあると私は理解しています。

瞑想は、確かに努力するという精神的行為ではありますが、その目的は、このように努力のない至極あたりまえの平安な境地です。

そのような立場から見ると、人生は無意味で無価値なものということになりはしないだろうか

確かにこのような体験の後では、世俗的な努力、たとえば金もうけしたり、地位や名誉を得たりなどの努力は、取るに足りないものに感じられます。しかし、これらの価値判断、つまり人生に意味があるか無意味であるかは、世界の中に取り込まれている状態でいえることであって、超越した状態では、価値があるかないかという見方は成り立ちません。強いていえば、このような状態に到達しようという意志や、それを助けてくれる行為だけが価値あるものになります。

このような超越的な意識状態を保ちながら、なおかつふつうの日常生活を送ることは可能だと私は考えており、そしてこれこそが、「悟った生き方」だと思っています。それでは私はどうなのかと聞かれれば、残念ながら未だその途上にあるというのが正直な答です。

偶然（あるいは当然）私は何度かこの超越的状態を体験しながら、しだいに日常の世俗的な生活の波に浸されていってしまいました。つまり、日常的なことに再び執着が出てくるのです。しかし何回か体験を経たのちに、別の世界の見方があるという印象をしだいに強固にすることができたと感じています。それによって人生観がずいぶん変わり、人生にも余裕が出てきたことは確かです。何だかとても自由になって、〈最終的にはどっちだってかまわないんだけど、同じやるならさわやかに努力してみよう〉と、こんな気分で、若い時は悲観主義者でしたが、現在では根本的なところで完全な楽天家です。

超常体験をどう捉えていくか

日常性を超えてゆくという瞑想の性質上、そのプロセスの中には、超現実的な体験が含まれてくることがあります。不思議なヴィジョンを見たり、説明のつかない肉体の変調を体験したり、ふつうでは体験しないような知覚体験が起きることもしばしばです。

これらの体験のすべては、それがどれほど異常なものであっても、自己の一部、存在の一部なのです。もし、これらの体験を何の矛盾もなく日常の自我を超えたより大きな自己の中に統合できれば、意識の拡大を成就したことになります。不幸にして統合に失敗すれば、日常的自分と相容れない異質の自分との戦いが始まり、結果は精神分裂病ということで、誠に不幸な人生が始まります。

日常の感覚では説明のつかない超現実的な体験を突然して、精神異常の一歩手前のところで私のところに相談にくる人が少なくありません。肉体に突然燃えるような熱さを感じたり、強烈な光を体内で発光してしばらくの間盲のようになったり、理由もないのに体がガタガタふるえ出したり、妖精とは知らないで不思議な小人を見て自分は変なのではないかと思ったり、肉体から意識が抜け出して宇宙空間を旅したりなど、これらはほんの一例にすぎません。

体験自体は異常で超現実的なものではあるが、特別不快なものではなく、またそれによって反社会的な行動をとるわけでもないので、体験を無視していけば日常生活にはさしさわりがないわけです。しかし体験している当の本人にとっては、体験そのものが非常にリアルなので、何とかして友人や家族にも認めてもらいたいと思って話します。そこで、体験が個人の所有を越えて周囲に受け入れられるかどうかの試練が始まります。

だが不幸なことに、体験が茶の間のテレビで話題になるような心霊現象とは違って特殊なものであればあるほど、周囲から否定されます。このことが、彼らを病的な方向へとつき動かします。

現在の平均的な精神分析医やサイコセラピストは、これらを受け入れるほど包容力をもっていません。また宗教家や霊能者は、彼らなりの世界観で処理し、事実を歪曲してしまいます。

私自身、二〇代の前半はこのような心身症の一歩手前のきわどいところで生きてきたので、その苦しみに対して深い共感をもっています。それと同時に、甘美な誘惑の危険性も十分感じます。甘美な誘惑というのは、〝霊能者〟や〝超能力者〟として、特殊なエゴを形成するという危険性です。

すぐれた教師は、このようなきわどい体験を、より大きな自己を確立するための貴重なチャンスとして生かす方向に指導します。

超常体験は、意識拡大のチャンスでもある

超常体験に対して取り得る状態は、三つあるわけです。

1　体験を否定しようとして失敗し、自我の崩壊あるいは自己分裂の道をたどる。

これは、もともと感受性が強く主体性の弱い人に多い。言い換えれば、自我が崩壊し、あとには分裂した自己が残る。

２　体験を自分に有利に展開し、新たな自我を構築する。

これはエゴの平面移動で、一つのエゴから別のエゴに乗り換えたにすぎないから、本質的には自己変革には結びつかない。特殊な超能力者として認められれば認められるほど、乗り越え難いより強大なエゴができ上がり、進歩がストップする。これが、甘美な誘惑の罠に落ちた状態である。あらゆる真正のグルは、何度も言葉を尽くしてこのことを警告してきた。すなわち「神秘力を得ることが悟りではない」と。

３　もし幸運にも、体験を否定せずにありのままに見つめようとする真摯な態度があれば、やがては日常性を超えたより大きな意識に統合されるチャンスが訪れてくる。

超常体験が起きたとき、真正のグルならば、自我を崩壊させてより大いなる意識の中に自己を統合させるための手段としてこれを指導に生かす。禅のすぐれた老師は、絶妙なタイミングでもって、この自我の崩壊を引き起こさせた後に新たな拡大された意識に気づかせることをする。

未熟な指導者は、相手の機根を見誤り、自我を崩壊させるだけで責任逃れしてしまう。そしてその結果は、日常世界にもそれを超えた世界にも適応できない人間の誕生ということになります。

何でもかんでもエゴというものは捨てるべきものだと考えている人が居ますが、エゴは、個である魂が瞑想行を通じて独り旅を続ける際の核を成しており、進歩の節目を作る働きをしています。成長の拠点となっているエゴを、時節をわきまえず、ただなくしてしまってよいわけがありません。

完全にエゴを捨て去るときは、個としての存在を超えて宇宙と一体化していく、つまり宇宙そのものとして存在し始める時だと私は考えています。肉体をもって地上に在る間は、より洗練されたエゴへと意識の拡大を図って（はか）いくことが必要であり、それによってエゴを放棄する態勢を整えていくべきであるというのが私の考えです。

私は、未熟な指導者のもとで自我の崩壊が起こり、自己統合に失敗したケースを数人見てきました。一旦分裂病としての道をたどり始めた人を本来のプロセスに戻すのは、容易ではありません。

これを回避するためには、瞑想者自身が謙虚さ、忍耐強さ、勇気、真摯な向上心をもつことが必要で、さらにその上に何よりも大切なのは、〝愛〟です。また、もし瞑想の指導者を求めるとしたら、大きな愛（慈悲）を感じさせてくれる人を求めるべきです。愛はすべてをいやし、平安をもたらしてくれるもので、その中には謙虚さも忍耐も、すべての徳が含まれます。

私はこの講座で、超常体験を否定しないで正面から見つめ、これらを超えていく道を示していきたいと考えています。

超能力と瞑想とのかかわり

超能力と瞑想とは直接の関係はありませんが、超能力は私たちの心の特殊な働きによるものである関係上、瞑想の種類によっては、そのプロセスで必然的に超能力を開発してしまうものもあります。

たとえば、高度な呼吸法に重点を置いて、ヨーガでいうチャクラ（心霊エネルギーセンター）やクンダリニー・エネルギーの覚醒を目的とする行法を行っている人は、自然に超能力が目覚める場合があるかもしれません。このような場合に、瞑想の本質を見失わず、これに執着なく対処するならば、瞑想の途中の段階として無事通り抜けることができるでしょう。

しかし、超能力の開発を目的として瞑想する人は、ここで大きな障害につき当ることになります。超能力によって心が平安になるどころか、また真理が見えてくるどころか、とんでもないマーヤー（迷妄）の渦に巻き込まれることになります。なぜなら、超能力をもっているだけで、周囲の人はあたかも悟った人であるかのように尊敬するために、その人の名誉欲や権力欲を満足させ、謙虚さを失わせ、ますますエゴが強大になるからです。私は、超能力をもっていると称する人たちに何人か出会いましたが、ほとんどが尊大な態度をとります。

超能力の世界には、超能力者自身も気づかない落し穴のカラクリがあるので、十分注意してかからなければなりません。

聖者の使う法力も、魔術師が行う超能力も、真理の立場から見ると、どちらもたあいのない幻でしかありません。超能力は、その本質を見抜いた人のみが、悟りのための手段として生かすことができます。それ以外は、求めること自体が人生の浪費になります。

グルをどこに求めるべきか

何冊かの本を読んでそれに従って実践し始めた人は、期待されるような変化や体験が得られないで、やっていることがはたして正しいかどうか、まったく自信をなくしてしまうかもしれない。あるいは本の中に述べられていないことを体験して、それをどのように捉えたらよいのか、その後どのようにして進めていったらよいのか、迷路に入ってしまうことがあるかもしれない。

そのようなとき常に道を照らし、正しい方向を示してくれるのが、グル（導師）の存在です。

インドでは「弟子の準備ができたときグルが現われる」ということわざがありますが、これは、グルの発見が困難な現代においてもまったく真実です。なぜなら〝弟子の準備ができたとき〟というのは、弟子の意識がグルの存在を認め得る（受け入れる）段階に達したということを意味し、そのような意識に対しては、それに対応した状況が出てくるからです。

もし、弟子の意識がグルを認め得るまで進歩していなかったら、たとえグルに会っても、ただグルの肉体を見るだけか、あるいはグルと気づかずに通りすぎてしまうでしょう。反対に、肉体をもったグルにたとえ出会えなかったとしても、弟子の気持ちが真実で、真剣に指導を求めていたとしたら、あらゆるものから学ぶことができます。指導は、どのような機会を捉えてでも向こうからやってくるものです。「求めよ、さらば与えられん」という聖書の言葉は、まったく正しいという気がします。

たとえば夢も、このような指導の通路になることがあります。私が初めて精神世界の探究を志した一八歳のとき、入手できる瞑想の指導書はほとんどありませんでした。しかし間もなく、エドガー・ケイシーの本やその他の本によって、夢の中に瞑想のアドバイスが表われることを知りました。

当時私は、インドネシアの聖者パ・スブー師の創始したスブドという霊的修練を行っていたのですが、それがはたして聖者への道なのか、悪魔への道なのか、深刻に考え込んだ時期がありました。そのときに頼るべき指針は、自分の内部からやってくる夢だったのです。

修練を始めて半年ほどは、汚ないトイレの夢ばかり私は見ていました。これは肉体の浄化を意味しているのではないかと間もなく気づき、夢に注意を払うようにしました。

そして、この夢のシリーズも終わりに近づいた頃、きれいな日本座敷の中にトイルがある夢が表われました。便器の下を見ると、さらさらと小川が流れています。そこにマカロニ状の白い便を三個ほどして、この夢のシリーズは終わりました。この夢によって、私は肉体の浄化の段階が終了したことを知ったのです。

その次のシリーズは、お風呂に入っているという一連の夢でした。お風呂は、私にとって感情の浄化の必要性を意味していることが間もなくわかってきました。

あるときは、大衆浴場で気持ちの悪い虫が浮かんでいる湯船に入ったという夢もありました。これは、日常生活での人間関係（ある団体との）の中で不健全な雰囲気に染まったことを意味していました。

このように、瞑想の初期においては、頼るべきグルは夢と自分自身の判断しかなかったのです。今考えてみると、ずいぶん危険な精神状態の時期もありましたが、求める気持ちが真実だったので、必要な時には正に必要な導きを得たのだと思っています。

現在では、夢もときどき用いますが、ほとんどが、内なるグルの存在によって私の瞑想はガイドされています。それは、あるときは直感的なヒラメキであったり、かすかな想い（声）であったり、象徴的なヴィジョン（人物のイメージをとらないときは光）であったりしますが、いずれの場合であっても、内部の平安な意識の中で体験します。

本当のグルは外に求めるべきではなく、自己の内に求めるべきであるというのが、私の体験によって得た確信です。

この講座の後の方で、私は「内なるグルの発見」について詳しく述べたいと考えています。

連載２

実践瞑想法講座

その２　瞑想の第一ステップは肉体を私だと思い込む誤った自己同一視から離れることにある

前回は、瞑想についての一般的な疑問に答えることから出発し、その中で、瞑想の目的は超能力開発にあるのではないことを強調する一方で、瞑想の種類によっては、そのプロセスで超能力が開発されてしまうこともあり得ることを述べました。

したがってこの講座の姿勢としては、超能力も含めた超常体験一般を、禅のようにただ否定して避けるのではなく、正面から見つめて、それらを超えて行く道を示したいと考えています。単に否定するのが何故いけないかというと、問題を未解決のまま意識の隅に追いやることになり、疑問そのもの、あるいは問題そのものが消えたことにはならないからです。

真の否定は、体験の内容を冷静に見つめ、その本質をありのままに見抜いたときに、より深い認識の光によっておのずから影が消えるようにして成されます。しかもそれは、見つめる（観察する）という行為を通じて次のステップへ進む手がかりを得ることになるのです。

瞑想の方法にはいくつもの種類がありますが、まず最初に、ヨーガ哲学の三身説にしたがって、〝粗雑な知覚（肉体の五感）からより精妙（せいみょう）な知覚（微細身の知覚）へ〟と意識を内側へ内側へと向けていくことによって瞑想の究極の目的に到達しようとする方法を取り上げます。

真我がまとう五つのサヤ

瞑想のプロセスは、粗雑な知覚からより精妙な知覚へと向かう内なる旅として捉えることができます。心が鎮（しず）まり、精神集中力が高まるにつれて、肉体の五感を超えたより精妙な知覚力が目覚めてきます。これによって、日常知っている現実（リアリティ）だけが唯一の世界ではないことを直接体験によって知るようになるわけです。

古今東西の神秘家たちやインドのヨーガ行者は、特殊な訓練によって精妙な知覚力を発達させた人たちであり、その能力は、現代の精密科学が作り出したどんな精密側定器よりもすぐれた知覚力を発揮します。これによってヨーギ（ヨーガ行者）は、魂の科学ともいえる人間存在の精妙なメカニズムを発見し、伝えたのです。

次ページの表は、ヨーガ哲学に従って人間存在の精妙なメカニズムを簡潔にまとめたものですが、これは瞑想心理学の立場からみても、実にすぐれた実践的な知識を提供してくれます。私は、この表に上げた形而上の概念を、単なる知識としてではなく、瞑想による直接体験によって確認できる概念として示しています。

次にこれら五つのサヤについて、実践的な立場から簡単な説明をしてみましょう。

五つのサヤと三つの身体

真我（プルシャ、アートマン）

	五つのサヤ	三つの身体
5	アーナンダマヤ・コーシャ （至福のサヤ） 自我の原理、前世の記憶 生まれ変わりの本体	カーラナ・シャリーラ 原因身（霊体）
4	ビジュナーナマヤ・コーシャ （知性のサヤ） 識別、分析、思考、直感	スークシュマ・シャリーラ 微細身（幽体）
3	マノマーヤ・コーシャ （心のサヤ） 感覚、欲望	
2	プラーナマヤ・コーシャ （プラーナのサヤ、エーテル複体） 肉体の生命力、チャクラ 習慣的肉体機能、経絡	ストーラ・シャリーラ 粗大身（肉体）
1	アンナマヤ・コーシャ （食物のサヤ）	

アンナマヤ・コーシャ（肉体）とプラーナマヤ・コーシャ（エーテル複体）

アンナマヤ・コーシャは、ふつう私たちが肉体と呼んでいる体のことであり、これについては説明するまでもないと思います。

次に、瞑想体験の立場からこの肉体をもう少し注意深く観察したとき、西洋医学の立場からは見落されていた肉体の写しのような身体があることに気づきます。これがプラーナマヤ・コーシャ（エーテル複体）で、実は肉体の方がこの体の写しであるといった方がより正確です。

東洋医学では、この体の中を流れる気（プラーナ）の調和を図るのが病気治療の基本になっており、気の流れは、肉体における血液の流れに相当します。瞑想によってプラーナマヤ・コーシャや気の流れを感じとれるばかりでなく、視覚化することもできます。プラーナマヤ・コーシャは、多少密度の濃い気体の固まりとして感じられ、気の流れは、ピリピリしたりあるいはチクチクするような独特の感覚によって誰でも感じとることができます。

ヨーガでいうチャクラは、プラーナマヤ・コーシャの脊柱に相当する部分を流れるプラーナの流れによって生じる渦のことを指したものです。いずれこの講座でもチャクラを視覚化する方法に触れますが、チャクラを視覚化し、その働きをコントロールすることは、それほど難しいことではありません。

マノマーヤ・コーシャ（心のサヤ）

思考し、想像するという心的活動を営む基盤となるサヤで、感覚と欲望はこのサヤの機能から起こります。心の主要原理は、肉体感覚器官からの情報を受け取り、それを精妙なエネルギーに変換して次のビジュナーナマヤ・コーシャに伝えることと、ビジュナーナマヤ・コーシャからの判断の結果を肉体の行動器官に伝えて肉体に行動を司令するという二つの機能から成り立ちます。神智学でいうアストラル体は、このサヤに相当すると考えられます。

マノマーヤ・コーシャは、肉体の五感では知覚できない精妙なエネルギーから作られていて、このサヤは、肉体から数十センチの外部に広がる放射エネルギー場として視覚化できます。またこのサヤの核ともいえる中心部は、頭頂部にあるサハスラーラ・チャクラと連結されています。ここはブラーマ・ランドラ（梵の門）といわれているところで、ある条件の下で、あるいは肉体の死後に、ここから体外にマノマーヤ・コーシャが出て行きます。

通常このサヤは肉体の感覚器官と緊密につながっていて、物質世界の情報をキャッチしていますが、このサヤ独自の感覚で精妙な世界を知覚することができます。このことは、ＥＳＰ（Extrasensory Perception＝超感覚的知覚）の説明になるかもしれません。

ビジュナーナマヤ・コーシャ（知性のサヤ）

このサヤの主要機能は、肉体の感覚であれ精妙な感覚であれ、感覚の受けとった情報を分析し、識別するという知性の働きにあります。

この知性のサヤの機能は、浄化の状態によって、直観的に真実を見分け意味を理解する直観智から、動物にも劣るような鈍い知性まで、いろいろなレベルに分かれます。

私どもは比喩的に「知性の輝き」という言葉を使いますが、実際に瞑想状態では、知性の働きを頭部を中心とした変化する光の輝きとして視覚化できます。高度に発達した純粋な知性は、白色や黄金色の明るい輝きとして視覚化できます。これは特別に瞑想の訓練をしなくても、感受性の豊かな子どもは簡単な手ほどきをしただけでも見ることができます。

マノマーヤ・コーシャとビジュナーナマヤ・コーシャをいっしょにして微細身（幽体（ゆうたい））と呼び、肉体に浸透し、その輝きを外部に放射していますが、この体の中心の座は、共に肉体の頭脳の位置にあります。

ビジュナーナマヤ・コーシャは、メンタル体と呼ばれることもあります。

アーナンダマヤ・コーシャ（至福のサヤ）

サンスクリットで「カラナ・シャリーラ（原因身）」とも呼ばれ、個としての生まれ変わりの第一原因となる身体であることを意味します。

このサヤの主要機能は、「私」という観念、つまり自我意識を生じさせることにあります。五つのサヤのうちで最も精妙な存在で、胸の空間にその住み家があると考えられています。私たちは胸で愛と喜びを感じますが、この身体が至福のサヤとも呼ばれるのは、このサヤが深い瞑想の状態で味わう法悦（ほうえつ）の体験と直接の関係をもっているからかもしれません。

実際の瞑想では、喜びや悲しみや不安などの気持ちが感じられる場所としての胸の空間を手がかりに、自分自身の気持ちをどこまでも掘り下げていきます。そしてそのかすかな感じを見つめながら、それを見つめ感じている「私」という意識を探究していきます。この過程で思考はストップし、喜びの気持ちを感じている「私」が意識されてきます。また、胸の空間に見える光のイメージの探究によっても同じ体験を得ることができ、これについては「内なるグルの発見」に関連して講座の後半で取り上げます。

エーテル複体を知覚する

内面に向かう旅の第一歩は、五つのサヤのうちのエーテル複体の存在を感じることから始めます。生命活動の基盤であるこの体は、ふつう肉眼で見ることができませんが、二～三の簡単な訓練によってこの存在を自覚できるようになります。前に述べたようにこの体は、多少重さのある、半流動的な気体の固まりのようなものとして感じられます。この感覚を適切に説明する生理学的あるいは心理学的な表現を私は知りませんが、東洋医学にたずさわる人たちにとっては、よく知られた感覚に違いありません。

次に、この感覚を発達させる方法について述べてみます。

テクニック1・エーテル複体の知覚

楽な姿勢で座り、気持ちを落ちつけた上で、体全体の知覚にまんべんなく注意を向けてください。

それから、約10秒くらいの時間をかけて体をゆっくりと左側に約20度くらい傾けます。次に、同じくらいの時間をかけて右側に傾けます。これを10回くらい繰り返します。

次に、能動的に意志して動かそうとしないで、体が自然に左右へ傾く運動をしているという受動的な心持ちで体を動かしながら、同時に、その動きをまるで他人の体を眺めるように観察してください。これも10回くらい繰り返します。

次に、肉体の運動を止めますが、同時に心の中では、まだ運動が続いているような感覚を想像してください。

以上の簡単な訓練によって、気体の固まりのような、あるいは磁石に引っぱられるような、半流動的な力の場を意識できるようになってきます。また、気の流れる通路である経絡(けいらく)を、チクチクするような、あるいは軽く振動するような、独特の内部知覚として感じるようになるでしょう。

心身のリラックスと霊動法

私たちの生体は、体温や血糖値などを環境の変化に関係なく常に一定範囲に保とうとする機能をもっています。これはキャノンのホメオスタシス理論として知られているもので、生体を全体として統一的に機能させる複雑な自動調節機構が体内に存在することを明らかにしています。言い換えれば、私たちの肉体は生まれながらにして、肉体の健康を維持するための肉体の智恵をもっていることを意味しています。

この肉体の智恵は長い進化の過程で人類が獲得したもので、私は自分の瞑想体験から、エーテル複体の中にこの智恵が貯えられていると考えています。心身のリラックスの秘密は、エーテル複体のプラーナ（気）の流れを調和させ、本来の状態を回復させることにあります。

しかし私たちは、絶え間のない精神的緊張によって、本来の調和的なプラーナの流れを妨げています。したがって必要なことは、プラーナの自然な流れに対する意識の干渉をストップさせ、エーテル複体の智恵に任せるようにすることです。

たとえば、肉体にとってどんな食べものがよいかと頭であれこれ考えますが、本来の肉体の智恵は、自分自身の健康維持のためにどの食物がふさわしいか、本能的に知っています。また、もし脊柱（せきちゅう）に狂いがあれば、どんな体の動きをすればそれが矯正（きょうせい）されるか、体自身が知っています。

この肉体本来の無意識の智恵を発動させる運動を「霊動法」とか「生気療法」などと呼んでいますが、ヨーガを始め世界中のあらゆる瞑想の源流に、この原理を発見することができます。

テクニック２・霊動法によるリラックス

テクニック１を行った後でエーテル複体の存在を感じることができたら、この体の智恵を絶対的に信頼し、体がリラックスするような運動が自然に起きると強く意思し、そこでどのような動きが起きるか、ただ肉体の動きを観察してください。体の動きに対して、意識は絶体に干渉させないこと。これはテクニック１に続いて座ったまま行ってもよいし、広いスペースのある場合は立って行ってもよい。

またこの運動は、体の部分に限定することもできます。たとえば肩が凝っていたら、肩こりがとれるような運動が起きると強く意思して、ただ動きが起きるのを待ってください。

プラーナの流れは、思考あるいは想像力に従うという法則があります。ですから、最終的な結果だけを考えて、どうしたら肩こりがとれるだろうかとか、ある動きをさせて肩こりを治そうなどと考える必要はありません。

呼吸のコントロール

ハタ・ヨーガの行法には、複雑で高度な呼吸のテクニックが伝えられていますが、その中には初心者が行うと危険なものもありますから、独習は避けて、すぐれた指導の下で行うべきです。特に、ふいごの呼吸のような激しい呼吸法はしない方がよいでしょう。インドのヨーガ行者が行う呼吸法は、インド人の体質を考慮した上で発展させられてきたもので、つまり生活環境や食事習慣など、全体的な状況を考慮して初めて安全に効果を発揮することができます。私たち現代人が生活環境をそのままにしてテクニックだけを取り入れるのは、問題があります。

日本人には日本人に適したヨーガや呼吸法があるはずで、これは私たち自身の内なる智恵が一番よく知っています。

呼吸法についてのもう一つの重要なポイントは、肺をリズミカルに連動させて空気を吸ったり吐いたりだけの形に意味があるのではなくて、呼吸するときの意識がより重要なのです。肺の運動は結果であって、プラーナの活動が肺の運動を起こしているのだと捉えるべきです。心が鎮(しず)まったとき、呼吸も自然に静かになります。つまり、プラーナの活動が心の活動と対応しているわけです。

テクニック3・呼吸のコントロール

テクニック2の応用として、〈心が鎮まる呼吸法が自然に起きる〉とか、〈肉体の活力が増大するような呼吸が自然に起こる〉などと強く意思し、エーテル複体の感覚に注意を向けながら、静かに呼吸の運動を観察してください。

これによってプラーナの脈動が、まるで肉体の周囲の空気が膨張・収縮を繰り返しているように感じることがあります。

私たちが不安や心配をかかえているときには呼吸は自然に浅くなり、リズムが早くなるのは、精神状態と呼吸が密接に結びついていることを示しています。またこのようなときに深い嘆息が自然に起こったりするのは、この精神状感を改善しようとする体の無意識の智恵が働いていることを表わしています。私たちはもっとこの智恵を信頼して、既成の呼吸法の形にとらわれることなく、自分自信に適した呼吸の形を自ら（みずから）会得（えとく）すべきです。

以上のような一連のテクニックを練習していく過程で、肉体に対する意識が変化したことに気づくはずです。肉体を客観的に見つめることによって、見つめている「私」という存在に気づきます。肉体が「私」なのではなく、「私」の肉体であることに気づくでしょう。この発見が、肉体を私だと思う誤った自己同一視から離れる第一歩になります。そしてそれはさらに、感情や思考も私ではないと気づく過程につながってゆくのです。

連載3　実践瞑想法講座

質疑応答

　前回までの瞑想の段階で、読者の中にはさまざまな疑問が出てきて行きづまった人もいるかもしれません。このような人たちのために、これまで私のところに寄せられた質問の中から代表的なものを選び、質問に答えるという形で今までの講座で説明できなかった部分を補うことにします。

質問1　私は瞑想してリラックスするといつも眠くなるので、その後だいたい15分ぐらい眠ることにしています。瞑想そのものは気持ちがよく、眠った後もスッキリするので特別不満はありませんが、ここから先に進むことができません。私の瞑想はこれでよいのでしょうか。（三〇歳、女性）

答　瞑想の初期の段階では、リラックスすると同時に眠くなることが多いでしょう。特にこれまでストレスの多い生活を送っていた人や疲労のたまっていた人は、リラックスの際の反応としてやたら欠伸（あくび）が出たり、涙腺がゆるんで涙が出てきたりすることがあります。こういう状態の場合は、その次の反応として眠くなることが多いのです。

しかしこの状態がいつまでも続くとしたら、瞑想の意義が半減してしまいます。瞑想の本来の状態は、あくまでもリラックスしながら油断のないクリアーな意識を保つことにあります。リラックスし眠ることによって緊張や疲労がとれるのはよいのですが、いつまでもこのような瞑想パターンを許容していると、眠ることが条件づけされてしまいます。

対策としては、眠くなったら一度三〇分でも一時間でも一たん眠り、眠気がとれた後もう一度新たな気持ちで目醒めた瞑想をすることです。最初は努力がいりますが、やがては瞑想で眠くなることがなくなります。

なお、なぜ瞑想→リラックス→眠りへの移行というパターンが形成されやすいかというと、吸い込まれてゆくように眠りに落ちていく心地よさを、日常レベルでは誰も克服すべき快楽だとはみなしません。不眠症の人にとっては羨(うらや)むべきもったいない話でもあります。しかし瞑想を志す者にとっては、瞑想中における眠りこそ克服すべき第一のものであるといえます。

質問２　私はある団体で瞑想を習っていますが、そこの指導者から、一人で自己流の瞑想を続けていると悪い霊に憑霊(ひょうれい)される危険があるから、絶対一人で瞑想してはいけないと注意されました。（学生、男性）

答　これと似たような質問はたくさんの人から寄せられています。

憑霊現象というものがあるかないかという問題は、霊魂が存在するか否かという哲学的な根本問題にも関係し、複雑な側面をもっているのでここで詳しく説明することは省きますが、私個人の体験からいえば、確かに憑霊現象は存在します。

しかし、一部の宗教団体や霊能者が主張するように、肉体の不調や精神の変調をすべて憑霊に結びつけるのは明らかに行きすぎであり、このような態度は解決されるべき問題点をすり変えるだけで一歩も前進がありません。

神経症や精神分裂症の中には、憑霊現象として捉え、心霊的な立場から対処した方が明らかに早く問題が解決する場合が少なくありませんが、反対に、霊能者の立場から憑霊だと判断されたケースでも、心理的な原因として判断した方が妥当なことがあります。霊能者の霊眼に霊の姿が見えたからといって、それがそのまま霊（他の人格）の存在を証明することにはならないのです。

霊眼のメカニズムは夢を見るメカニズムとある点で似ていて、霊能者自身の主観を霊のイメージとして投影している場合が少くありません。たとえば霊能者が怨みや嫉妬（しっと）心のような粘着質の想念の印象を感受したとき、それを蛇（へび）のイメージとして視覚化するかもしれませんが、それを短絡的に蛇の霊がついているという判断をしたのでは、対応の仕方が横道にそれてしまうでしょう。ところが多くの霊能者はこのような情緒的なレベルにとどまっていて、問題の本質をすり替えているようです。

さて質問の本題に戻りますが、一人で瞑想したからという理由で憑霊されることは絶対にありません。瞑想の本質は、自己コントロールを失ったぼんやりした意識になることではなく、あくまでもクリアーな意識を保ち、より深く鮮明に自己を意識することにありますから、自己をより深く見つめようとする基本的姿勢を保って瞑想しさえすれば、むしろ憑霊のような低次の心霊現象を排除することになります。

自己をより深く見つめようとすれば、どうしても一人で瞑想することが必要になり、一人になることによって初めて本当の強さが得られるのです。イエス・キリストは一人荒野で祈りました。仏陀は菩提樹の下で一人座して悟りを開きました。どうして我々がイエスや仏陀にならって一人瞑想にふけるのが危険なのでしょうか。

瞑想の初期の段階では集団瞑想は大きな助けになりますが、ある程度進歩すると、例外なく一人で瞑想する必要が出てきます。瞑想の道を志す人は、もっと勇気をもって自分自身と対面すべきです。

質問３　どの本でも、寝ながら瞑想することをすすめていないのはどうしてでしょうか。（三八歳、男性）

答　健康人が瞑想する場合は、原則として背骨をなるべく真っ直ぐにして座った姿勢で行うのが理想的です。私たちは生まれつき横になった姿勢で〝眠る〟という条件づけがあり、寝て瞑想するとつい眠ってしまうことがあるからです。

背骨を真っ直ぐにすると、脳に適度な刺激が伝わり、瞑想の目的にかなった意識を得られやすくなります。また後に述べますが、クンダリニーのエネルギーの流れの関係からも、座った姿勢で瞑想する習慣をつけてください。瞑想テクニックの種類によっては、寝た姿勢で行う方がよい場合もあります（たとえばＯＯＢＥ〔Out of Body Experience〕＝幽体離脱など）。

質問４　瞑想に適した場所や時間などについて教えてください。（二八歳、男性）

答　静かな場所、人の出入りの少ない場所、空気のきれいな場所など、物理的な刺激の少ない場所を選ぶのがよいでしょう。特に呼吸法を行うときは、タバコの煙のたち込めた所では絶対にしないように気をつけてください。

時間は、日の出、夕方、深夜などが効果的です。そしてなるべく同じ時間に同じ場所で瞑想すると、気持ちを整えるのに効果があります。

しかし以上は一般的なことであって、あくまで補助的な意味しかありません。理想としては、どこにいても、何時でも、内面の平静さを保てるようになることが本質なのであって、場所や時間を気にしすぎる必要はありません。

もし適当な場所がなければ、以前に行ったことのある神社や聖地を思い描き、想像の中で瞑想の場所を定めると非常に効果的です。

質問5　瞑想中お腹のあたりが熱くなったり、背骨に沿ってピリピリするような感じがして熱くなったりしますが……（一六歳、男性）

答　まずお腹が熱くなることについてですが、心身がリラックスするとお腹の血行がよくなって温かく感じるのがふつうで、よい体験です。しかし温かさを通り越して熱を感じるのは、ヨーガでいうマニプーラ・チャクラが特に活性化した状態ですから、このチャクラのコントロールを心がけなければなりません。

誌面での指導だけでは十分ではありませんが、一応次のような瞑想を行ってください。お腹の熱を白または黄色の光として視覚化します。その光が胸の内部に上昇して、黄金色、白、白緑、青などの透明感のある光に変化するさまをイメージしてください。この瞑想法でほとんどの場合は状態を改善できますが、うまくいかない場合は個人指導が必要です。

マニプーラ・チャクラの異常な活性化によって心霊能力を発揮するようになることがありますが、これはもっと高度な活動に変容させなければ瞑想の障害になります。

次に背骨に沿って熱くなる場合ですが、エーテル複体のプラーナの通路（ナディス）が浄化されていないうちにクンダリニー（プラーナの上昇）が活性化したためと考えられます。肉体感覚に集中するのを止め、「私は肉体ではない。重さも熱さもない不滅の精神である」という自己の完全さを意識して、それに身をゆだねることによって克服できます（詳しくは、チャクラとクンダリニーに関する説明で取り上げます）。

では講座の続きに入ります。

その３　視覚化の力を使ってさらに精神集中を深める

リラックスから集中へ

肉体の刺激が少なくなり、肉体の感覚器官からくる刺激に完全に注意をうばわれていた心の状態が内面に向かうことによって、肉体はしだいにリラックスするようになってきます（このプロセスは、これまでのいくつかのテクニックを実践することによって達成されます）。

心理的ヨーガといわれているラージャ・ヨーガでは、この段階を感覚抑制（プラチャハーラ）と呼んでいます。ラージャ・ヨーガは、大聖パタンジャリーが著わしたといわれている『ヨーガスートラ』に従って、解脱に至るプロセスを――

一　禁戒（ヤーマ）
二　勧戒（ニヤーマ）
三　体位（アーサナ）
四　呼吸法（プラーナヤーマ）
五　感覚抑制（プラチャハーラ）
六　一心集中（ダーラナ）
七　静慮（ディアーナ）
八　三昧（サマーディ）

の八段階に分けて実修していきますが、この体系では感覚抑制の次に一心集中の段階がやってきます。

感覚抑制の段階をマスターした瞑想者は、エーテル複体を含めた肉体意識から心が解放されて心身のリラックスを成就したことになりますが、これだけではまだ目的を成就したことにはならないわけです。眠りに近いうっとりした状態や霊媒のトランス状態は感覚抑制の段階に相当しますが、ここからは何の自覚も啓発も生まれてきません。言い換えれば、これはただの無関心の状態なのです。感覚抑制の次になぜ一心集中の段階が来るかというと、精神の集中なしに私たちは何事も知ることができないからです。

精神集中の意味

客観世界であれ、主観世界であれ、何かの印象を感じとり意識化するためには、必ず精神集中という行為が介在してきます。一般に、精神集中は意識をせばめることで、無念無想の悟りの達成の妨げになることだと考えている人もいますが、事実はまったく反対で、精神集中によって意識拡大が行われるのです。

精神集中は、集中の対象と共に集中している主体が存在しなければ成り立ちません。その主体は「自己」という中心です。自己という中心は、力学でいえばテコが働くための支点に相当するもので、支点が不安定だったり、支点に働く力が分散していたのでは、テコによって仕事を遂行することはできません。これは不安定な自己や散漫な自己にたとえられるでしょう。反対に強大な力が集中された支点は、大きな仕事を成し遂げることができます。これは強い精神集中力をもった、より大きな自己にたとえられます。

ここで結論としていえることは、強い精神集中力によってより大きな自己、つまり意識拡大が達成されるのであるということ。そして、たくさんの印象に対して精神集中することなくただ雑然と対処するような精神状態では、何事も知ることができないということです。

精神集中の対象物

散漫な心の働きを制御し統一する手段が精神集中という方法ですが、では何に対して精神を集中すればよいのかということになります。

ヨーガの瞑想法では、まず精神集中の対象物として、肉体の五感で知ることのできる粗雑な対象物と、肉体の五感では知ることのできない微細な対象の二つに大別します。

肉体の五感で知ることのできる対象物とは、ローソクの火、水晶の玉、花、香りや鐘の音など、五感の具体的な対象物すべてを意味します。維摩経（ゆいまきょう）の中には、香りによって瞑想三昧に入る最上香台如来の仏国土の話が出てきます。茶道も香道も瞑想道になり得るし、瞑想の手段として食道だってあってもおかしくはありません。

瞑想の初期段階では粗雑な対象物を集中の目標に選びますが、瞑想の段階が進むにつれて、肉体の五感では知ることのできないより精妙な対象へと心は向かいます。たとえば、夢の中の人物や出来事、チャクラ、色や形や音のイメージ、神のイメージなどです。精神集中の対象が精妙になればなるほど、心の作用もより微妙になり、精妙な知覚が生じてきます。

このようにして私たちは、肉体から幽体、幽体から霊体へと意識を深めていくのです。

視覚化の力による精神集中について

精神がある対象物に集中し統一するには、対象物に対する現実感、つまりリアリティーの感覚を生じさせる必要があります。私たちはこの物質世界を実在すると実感しますが、一体この現実感（リアリティー）は、どの感覚によって生じているのでしょうか。これについては、視覚こそが一番強い現実感を生じさせている感覚であると多くの人が答えるでしょう。「百聞は一見にしかず」ということわざは、聴覚よりも視覚に優位性を認めたものです。実際瞑想の世界では、視覚的なイメージによって心のエネルギーが一番強く方向づけられます。

ここに、精神集中の手段として形と色の視覚的イメージを使った瞑想法が大きな効果を発揮する理由があるのです。読者の中には、気分や感情の状態はすぐ色に結びつくからよいとして、形がどうして心のエネルギーを方向づけるのか、不思議に思う人もいることでしょう。これについては、一、二、三の単純な図形の象徴的な意味を考えていただけば納得できるでしょう。

たとえば円は、始めと終わりが一つになり完結を表わすと同時に、完全、無限、平等、全体をも表わします。これは神を象徴するのに最もふさわしい図形です。また円は、中心を含みます。円とその中心は切り離せないもので、それは一体です。したがって私たちは円をイメージするとき、同時にその中心をも無意識のうちに認めていることになります。ですから私たちは人の輪の中心に位置したとき、輪を成している人々全員を統合した雰囲気や心的エネルギーの集中したものを感じとることになるのです。

私たちはこのように形をある概念の象徴として捉え、さらに進んでそこに一つの観念を生じさせるとき、形は単なる象徴ではなく、一つの精神作用を引き起こす具体的な瞑想手段になるのです。

連載4　**実践瞑想法講座**

視覚イメージ力を養う基本訓練

瞑想を深めるために視覚的イメージが大いに役立つことはわかっていても、いざイメージを思い浮かべようとすると浮かんでこないという人が少なくありません。そのような人たちのために、ここで簡単な視覚イメージ練習法を述べることにします。これは三段階に分かれており、段階を踏んで練習していくことによって精妙な知覚体験を得るのに役立つ視覚イメージ力を養えるように工夫してあります。またこれらの一連の練習は、単に視覚イメージ力を強めるだけではなく、それと意識しなくても自然にチャクラの開発につながっていくことを目的にしています。

第一段階　視覚的記憶を心の中で再現する

第一段階の練習の目的は、実際に肉眼で見た視覚刺激をしっかりと記憶することによってイメージ力を強めようということにあります。またそれと同時に、肉眼で見るという日常の習慣から離れて、心の眼で見るという新たな物の見方との違いに気づいてもらいたいという目的もあります。

視覚イメージ力は本来誰でももっている能力なので、個人差はあってもできないということはまずありません。できないという人の原因を調べてみると、ほとんどの人は次の三つに当てはまります。

1　視覚イメージを思い浮かべることは特殊な能力であると思い違いをして、自分にはその能力がないと初めから否定している。

2　かつて肉眼で見るのと同じくらい鮮やかなヴィジョンを見たことがあって、それと同じ鮮やかさで見えないと視覚化したことにはならないと思い込んでいる。

3　残像やまぶたを通して入ってくる光の刺激を追いかけ、肉眼で見る習慣にこだわっている。

次の練習１は、このような点を考慮した上で行うようにした基本的な練習です。

練習１

身の周りにあるもの、たとえば茶わん、ペン、本、みかん、りんごなどから何か一つを選んで目の前に置いてください。それを約一分間、できるだけリラックスしながら肉眼で観察してください。

次に目を閉じ、頭の中で今見た映像を思い出してください。形や色がどんなであったかを。無理に見ようとしないで、思い出すつもりで、自然に映像が思い浮かぶように思い出します。

残像を追いかける習慣から離れるためには、目を閉じたときに顔を90度横に向けて、映像をまぶたの正面に見るのではなく顔の横に見えるように感じとってください。

イメージを思い浮かべられない場合は、また目を開けて一分間ぐらいその物体を見て、再び同じことを繰り返します。
残像（註）の場合は、目を閉じてしばらくすると映像はうすれてきたり、時間経過と共に映像が変化します。そしてまぶたの正面の方にしか見えません。ところが視覚イメージの場合には、一たん映像を思い浮かべられるようになると、その映像の見える方向は左右、前後、上下、どの方向にでも移動させることができますから、そのように移動できるかどうか確認してみてください。
また残像は一般に、その投影面までの距離に正比例して大きさが増減するという、エンメルトの法則があります。しかし主観的な視覚イメージである場合は、大きさは意識的（主観的）に自由に拡大したり小さくしたりできますから、この点で残像と区別できるでしょう。

註　残像という言葉については、心理学でも必ずしも明確に定義されているとは思えない。ここでは私の経験から、残像を〝客観的な感覚刺激によって生じた知覚像〟として捉え、過去の知覚経験の記憶の再現による記憶像や心像（メンタル・イメージ）と区別して用いています。
　しかしこれはあくまでも私の考えによるもので、厳密な心理学の立場を考慮した言葉ではありません。また瞑想という目的に関してはその必要がないように感じます。この点に関しもっと深く追究してみたい方には、『イメイジ』（成瀬悟策編、誠信書房）をすすめます。

練習2
過去に見たことのある物を思い出すことによって、色のイメージを想像の中で再現します。それには虹の色である赤、橙（だいだい）、黄、緑、青、藍（あい）、紫の七色について、たとえば次のようにそれぞれの色のついた物をイメージします。

赤　日の丸、赤いりんご、赤い夕陽

橙　みかん、にんじん、柿

黄　レモン、茶の花、バナナ

緑　緑の草原、緑の樹

青　青空

藍　インクの青、紺碧の海

紫　ききょうの花、紫の茄子

ここに上げたものはほんの一例です。各自思い浮かべやすい物であれば、これらの物にこだわらず七色のそれぞれについてイメージの練習をしてみます。

第二段階　イメージを変化させる

第一段階での練習は記憶を頼りにイメージを思い浮かべることでしたが、この第二段階では、浮かんできたイメージを記憶像と違った形に自由に構成する練習を行います。これは創造性の開発にも役立ちます。

天才発明家のニコラ・テスラは、ありありと物を視覚化する能力をもっていたといわれており、彼の交流発電機の発明も、この能力を使って心の中の実験室で細部にわたるまで視覚化してその通りに作ったのだといわれています。彼の発明は非常に完璧だったので、現在に至るまで基本的な部分はほとんど改良の余地がないほどです。

このように、ありありと視覚化する能力は天才的な発明家や芸術家がもっていた主要能力の一つで、瞑想にかぎらず、創造力の発揮にも役立つものです。

練習1　イメージの大きさを変える

第一段階で練習したイメージを使って、そのイメージを自由に大きくしたり小さくしたりします。たとえば、夕陽を遥か遠くに小さくイメージしたり、近づいていって大きくイメージしたりします。また、最初満月を遠くにイメージし、しだいに近づいていって望遠鏡で見えるような大きな月のイメージを描く練習もよいでしょう。

この練習は、光を想像してその中に入っていくことによって光と一体化するという瞑想テクニックに役立ちます。

練習2　色の組み合わせと変化

〝みかん〟をイメージし、それをオレンジ色から黄色や緑や青に次々と変化させていきます。また、青空を背景にみかんが宙空に浮かんでいるイメージや、大きな夕陽の中に富士山が映っているのをイメージしたりします。この他、天井に時計がかかっていたり、部屋内の空間に茶わんが浮かんでいたりなど、現実には存在しない状景をイメージの中で構成してください。

練習3　幾何学的な図形を思い描く

黒を背景に、赤、白、青、黄、緑色をした丸を順々にイメージしていきます。

同じ色で、それぞれ三角形、六芒星形（✡）、十字、ピラミッド形についてイメージの練習をします。

これらの視覚イメージは、後に述べますが、プラーナのコントロールに利用できます。

第三段階　イメージの投映と集中強化

ここまでの練習によって、視覚化の能力がある程度まで得られたはずです。この第三段階では、思い浮かべた視覚イメージをさらに強めて、瞑想の進歩につながるような集中力を養うことを目的にしています。

私はこれまでたくさんの人に視覚化を使って瞑想する方法を教えてきました。その中で経験したことですが、視覚化が上手にできないと訴える人の中に、長い間ローソクの炎を見る練習を続けてきたが一向に進歩しないという人が数人いました。その原因の一つは、ローソクの炎を見て残像を追い続けることが集中であるという誤った考えをその人たちがもっていることに私は気づきました。第一段階の練習で説明したように、肉眼で見るという習慣から離れないかぎり、ただローソクの光を見つめていても心の進歩にはつながらないものです。

本当の精神集中力は、外的感覚刺激に対する集中ではなく、より内的な意識へと向かう集中でなくてはなりません。したがってこの場合は、肉眼で見たローソクの炎の視覚像を、目を閉じていったんイメージの空間に投映し、イメージの中で炎を大きくしたり色を変えたり（第二段階での練習）した後、目を開けてその内的なイメージを現実の炎に投映してみるという訓練が必要なのです。内的なイメージを消すことなく外部に投映してみるにはかなりの訓練が必要ですが、いったんコツをつかむとそれほど難しいものではありません。

練習1

目を閉じて、花やくだものなど第一段階の練習で用いたイメージを思い描きます。ハッキリとイメージしたら、そのイメージに集中したまま目を開けて、白や黒の壁などの背景にそのイメージを投映します。何もない壁にそのイメージが映っているように想像します。このとき、自然にまばたきをしなくなり、目の焦点がぼけて壁の知覚がぼんやりしてくるのがふつうです。最初は、光を背後にしてあまり明るくない部屋で行います。目を閉じても開けても、イメージが消えなくなるまで練習します。

練習2

最後に、総合的に視覚イメージ力を強めるために次のような練習を行います。

自分の座っている部屋の場所から、想像の中で立ち上がり、歩いて玄関のドアのところに行く。それから靴を履(は)き、ドアを開けて外に出て行きます。いつも行く駅とか近所のお店屋さんまで出かけて行きます。途中の風景や建物など、記憶にある内容をできるだけ細かくイメージで再現してみます。また自分の服装や身体像もイメージしてみてください。10分間ぐらい外を歩きまわったら、また家に帰ってきます。そして自分の座っている部屋に入る前に一度部屋の前で立ち止まり、中に座っている自分の姿を想像してみます。それからゆっくりと自分自身の肉体の場所に近づいてきます。

この一連のイメージの中で歩くときの感覚や手足の感覚などの身体感覚をイメージすることができれば、単なるメンタル・プロジェクション（精神投影）にとどまらずに、幽体機能の訓練に結びついてきます。そうなると、肉体に近づくときに1メートルぐらいの距離まで接近すると急に磁石で引っぱられるような引力を感じるようになります。

視覚化によってプラーナの活動をコントロールする

これまでの練習を忍耐づよく続けてきた方は、鮮やかに視覚的イメージを想像できるようになったと思います。

しかし視覚的イメージを瞑想の手段として用いるには、それが鮮やかなだけでは十分とはいえないのです。イメージがいくら鮮やかであっても、それが現実とまったく関係のない空想なのだという意識をもっていたのでは、瞑想効果を生み出しません。大切なのは、思い浮かべたイメージが、空想の次元で終わるのではなく実際に瞑想の中で作用を生み出すような現実性をもっているのだという確信をもつことです。

私は長い瞑想生活の中で、想像するという行為がいったいどのようなリアリティをもっているのか、興味を抱いてきました。そして瞑想行の初期の頃に、二〜三の本から得た知識をもとに自己流でプラーナのコントロールを試みるようになりました。それは、夜寝ながらただ漠然と体のあちこちに意識を集中してみるという単純なものでした。ヨーガの瞑想では、脊柱を中心に主要な七つのプラーナの渦が存在し、この渦（チャクラ）を大きくすることが超知覚力を開発する原動力になると力説しています。それを私は、チャクラと対応する肉体のそれぞれの位置に意識を集中してそこにプラーナを集めることが必要なのだと単純に理解していたのです。

さてこのようにしてプラーナのコントロールを始めたわけですが、プラーナは感覚できるものなのかどうか、その頃はまったくわかりませんでした。しかし間もなく、集中した肉体の部分にチクチクしたりピリピリするような独特の感覚を意識できることに気づきました。これら独特の感覚は、本連載の第2回で述べた訓練によって誰でも体験できるはずです。

　最初これらの感覚によって私はプラーナの存在を実感するようになったのですが、ある頃から、肉体の弱った部分に注意を集中すると、その部分が何となく暗いイメージを伴なうことに気づきました。そしてその部分が、プラーナの集中と共に明るく輝く視覚的イメージに変化していくのを発見しました。その後さらに瞑想を続けていくうちに、プラーナの存在はピリピリしたり振動するような触覚的感覚だけではなく、視覚的なイメージとして直接捉えることができることを確信するようになったわけです。

　霊視能力者は身体の周囲にオーラという輝く霧を見ることができますが、これはプラーナが放射している状態を視覚的なイメージとして捉えたものです。私はその後さらに慎重な実験を繰り返した結果、これらプラーナの活動状態は私たちの想像力によって直接左右されることに気づいたのです。つまり身体の周りが青い光で包まれていることを強烈にイメージすると、オーラの中に青い光の成分が増加してくるのです。オーラの色彩や形は私たちの感情や意識状態と密接に関連していて、肉体の健康状態さえも反映しています。したがって色や光を適切にイメージするならば、私たちの意識状態や健康状態を変えることができます。

　以上を要約すると、次のように述べることができます。

プラーナは光（および色）として視覚化することができる。言い換えれば、光はプラーナを象徴する普遍的

なイメージである。プラーナの活動は、思考または想像力によって直接コントロールできる。

ここに述べた原理を使えば、視覚的イメージを用いた非常に効果的な瞑想テクニックを考え出すことができます。次に紹介する二つのテクニックは、私が瞑想クラスで教えているものの中でも特に効果のあるテクニックです。

メルクリウスの杖
（図・松本健一）

テクニック1　メルクリウスの杖の視覚化

〝メルクリウスの杖〟といわれる象徴を、白色または黄金色で視覚化します。これを等身大の大きさで想像し、座って瞑想している自分の身体像に重ね合わせてください。これは、脊柱に沿ったプラーナの流れを活性化し、チャクラの開発を促す優れた効果を秘めたテクニックです。

私はあるとき、自己の存在を深く見究めたいという欲求を抱いて瞑想に入りました。すると私の心の眼に何か黒板のようなものが映ってきて、そこに白衣を着た人物の右腕だけが一本現われ、黒板に「𠆢」という白く輝く形象が書かれました。それが「全」なのか「金」なのか、「𠆢」の中の部分がハッキリしないのでなおも注視していると、形象はしだいに変化していって、やがてメルクリウスの杖であることがわかりました。私がさらに注視していると、その形象は輝きを増し、私の身体がそのイメージと融合していきました。そのとき、肉体の中に脊柱を中心に微妙な感覚が走り、肉体の感覚は感じながらも肉体の存在感はほとんど気にならない軽快な意識が現われてきて、やがて現実の世界がまるで存在しないで夢のように感じられ、意識はますます鮮明になり、時間の観念がうすれてきました。それまで何度か経験したことのある同じ意識の地点に到達したことを私は知りました。「私は始めからこうだったのだ」という奇妙な意識なのです。

そしてこれを経験しているとき、その形象を描いたその人物が誰なのか、全体の姿がイメージされてきました。それはギリシャ人のような白衣を着ていて、体格はがっしりしており、髭を生やしている、どこかプラトンを思わせるような人物でした。それからその人物と私はしだいに一体化し、私はその人物自身なのだという奇妙な意識にとらわれ始めました。その人物が私になったのか、私がその人物になったのか、どちらも本当に思えるのです。そのギリシャ人は、人びとに道を説く哲学者でもありグル（導師）でもありました。彼は、宇宙の究極の実在を知ったと確信し、そして自己の確信に基づいて多くの人びとに「地上の現実は非実在であり、人々が共同で見ている夢なのだ」と教えていたことを私は直観的に知りました。しかし私の意識の片すみでは、このギリシャ人のグルの確信はまだ不退転の境地にまで至っていない多少の弱さが感じとれました。このグル（体験の中では彼は私でもある）は、自らの確信をさらに確固としたものにするためにもう一度地上生活の非実在性を確認したいというわずかな欲求をもっているのが感じられました。この欲求は、体験の中の私の意識を横切った私自身の問題でもありました。

この高揚した鮮明な意識は、このときのように深いレベルで訪れることはないまでも、メルクリウスの杖を視覚化して瞑想する場合はこれに近い意識状態と力強さを私は体験します。

テクニック２　白い十字路の視覚化

これもテクニック１と同じような効果をもっていますが、もっと一般的で多くの人が体験できるテクニックです。

体の幅かあるいはそれ以上の幅をもった無限に続く白い道路が十字に交差しているのを視覚化します。その交差点の中央に座っているようにあなた自身を想像します。

白い十字路は、プラーナが四方から流れ込んでくるように働きかける作用があります。十字やその変形である卍(まんじ)は、インドにかぎらず、古代エジプトや古代ギリシャなど、世界中いたるところで用いられてきた元型的シンボルです。マンダラの中では四角や円と共に十字がよく使われますが、これは物質世界を構成する四大エネルギーを象徴しており、タントラ・ヨーガでは、肉体体験の基礎を意味するムーラーダーラ・チャクラと深い関係をもっています。

この視覚化による瞑想体験では、十字の中心にピラミッド形のイメージが自然に浮かんだり、十字の中心から垂直に左回転の光が上昇するように感じる人もいます。肉体の活力――つまりプラーナを全体的に増強し、中でも上昇性のプラーナ（クンダリニー・シャクティと同義）を活性化するので、治癒能力が高められ、健康改善にも知能の強化にも役立ちます。

連載5

実践瞑想法講座

その4　チャクラとは何か、またどのように開発するか

これまで、〝チャクラ〟という言葉を何カ所かで用いてきました。精神世界に興味をもつ読者のほとんどは、一度はこの言葉を聞いたことがあるでしょう。もともとチャクラというのはヨーガ生理学独特の概念なのですが、今日では洋の東西を問わず、精神世界の本ではふつうに見かける用語になってしまいました。

しかし、チャクラがはたして実体のあるものなのか、それとも単なる象徴にすぎないのかという点になると、相変らず推論の域を出ていないように思います。今回は、このチャクラがはたして存在するのかどうかも含めて、その性質や開発方法、体験の仕方、瞑想における役割などについて述べることにします。

タントラ・ヨーガの伝統とチャクラ

一般にチャクラの解説は、発祥（はっしょう）の地であるインドにおいても高度に象徴化され、教派や経典によってさま

ざまな説があって、細かいところでは食い違っています。私は文献学者ではないので、これらの経典にしたがってチャクラの詳細を解説することは不可能ですが、タントラ・ヨーガの中で説かれている一般的な概念を紹介すると、次のようになります。

タントラ・ヨーガは別名密教ヨーガともいわれていますが、このヨーガでは、人間の身体を小宇宙と考え、自己の身体と宇宙とを完全に同一視しようとする努力がなされてきました。それによると、エーテル複体の中にはプラーナの流れる無数の通路（ナーディ＝経絡）があり、そのうち、脊柱に沿って走るスシュムナーとそれに沿って左右に交互になりながら走るイダーとピンガラーという三つのナーディが最も重要視されています。これは宇宙にそびえるスメール山（須彌山）に象徴されています。またこの三つのうち、ピンガラーはインドのヤムナー川に、イダーはガンガーに、スシュムナーはサラスワティに象徴されることもあります。

さてチャクラは、スシュムナーに沿って存在するといわれる七つのプラーナの渦のことを指したものですが、この七つのチャクラは、本来はエーテル複体に属するものと考えられ、肉体と微細身（幽体）あるいは原因身（霊体）とを連結する仲介の役割をもつとされています。したがって、七つのチャクラが完全に活動することによって、肉体の上に物質次元を超えた霊的意識を反映させることが可能になるわけですが、七つのチャクラを完全に活動させるために、前記の三つのナーディが重要な役割を演じるのです。

チャクラとナーディについてのこれ以上の伝統的な説明は、文末に上げたそれぞれの解説書にゆずることにして、ここでは一般的な事柄だけを表で示すにとどめ、次に私自身の体験から得た見解を述べることにします。

チャクラについての疑問に答える

チャクラはどの次元の身体にあるか

私の考えでは、エーテル複体の中央部を流れるプラーナ、特にスシュムナーに沿って流れるプラーナの活動で生ずる複雑な渦がチャクラであり、その意味で物質次元に基盤をもつものだと考えています（エーテル複体は肉体に属する）。この輝きは肉眼では見えず、またその他の肉体の五感でも直接知覚することはできません。一部に神経叢（そう）とチャクラを同一視する人もいますが、この理由からいってそれは間違いです。

チャクラはすでに述べたように、肉体と微細身あるいは原因身とをつなぐ仲介の役割をするもので、肉体の神経業よりも、むしろ内分泌系との対応関係が密接であるように思えます。

チャクラの大きさ・形・色について

チャクラの大きさは、その人のチャクラの発達状態によって違います。未発達な人の場合は、その輝きがほとんど認められず、わずか1センチくらいの暗い光としてしか見えないこともあります。チャクラが発達しているかどうかは大雑把（おおざっぱ）にその大きさで判断しますが、発達している人の場合は、10センチほどか、あるいはそれ以上の大きさで感じられます。しかしこの見え方は主観的な認識、つまり心の眼で見るわけですから、厳密に大きさを判断することは不可能です。

同様に、色についても主観的要素が入り、また人によっても色が違います。しかし一応のパターンは存在

チャクラの特徴（タントラ・ヨーガの伝統的説明から）

チャクラの名前	（おおよその）位置	花弁の数	元素	感覚	種子マントラ	ヤントラ	色（個人的体験から）	存在界
サハスラーラ	頭頂	1,000	―	―	―	満月	無色	サチャロカ
アージュナー	額	2	―	―	オーム	楕円	白	タパーロカ
ヴィシュッダ	喉	16	空	聴覚	ハム	円	赤	ジャナーロカ
アナーハタ	胸	12	風	触覚	ヤム	六芒星形	黄金	マハーロカ
マニプーラ	臍	10	火	視覚	ラム	三角	オレンジ	スヴァーロカ
スワジスターナ	仙骨	6	水	味覚	ヴァム	半月	青	ブーヴァロカ
ムーラーダーラ	尾骶骨	4	地	臭覚	ラム	四角	赤	ブーロカ

し、たとえばムーラーダーラ・チャクラについては、赤系統の色が感じられ、十字の光線によってこの赤い光が四分されているのが特徴です。

形は、だいたい円形か球状になっていますが、想像力が加わってチャクラに意識が同化していった場合には、さまざまな形やイメージが見えることもあります。

また、一つのチャクラは何種類かの色で構成されているのがふつうなので、どのチャクラが何色であるという具合に単純に決めることは不可能です。一般に、ムーラーダーラ・チャクラから頭頂部のサハスラーラ・チャクラまで、それぞれ赤から紫までの虹の七色に対応させる人もいますが、これも象徴としてならよいですが、完全な対応関係は成り立ちません。

このように、チャクラの形や色などについての見解は、正確にいうならば体験した人の数だけ存在するというのが真実かもしれません。

タントラ・ヨーガの説くチャクラの図は単なる象徴か、それとも実体があるのか

タントラ・ヨーガの伝統的なチャクラの図では、チャクラは四角や三角などの幾何学図形（ヤントラ）や、梵字、男女の神々、花弁などで描かれています。これは実際に見える形と大きく異なっているため、チャクラは単なる象徴であると誤って受けとる人も少なくありません。

私もある時期には、これと似た象徴的イメージを見たことがありました。一例を上げると、ムーラーダーラ・チャクラの位置といわれる尾骶骨のあたりに精神集中することによって、四つの花弁をもった木蓮の花を見たり、四角い祭壇や円に十字のシンボルを見たりしました。このことから私は、チャクラというのはインド人が考え出した独特のシンボルで、インド民族の集合的無意識の中に在る元型的イメージであると解釈していたのです。

しかしその後体験が深まるにつれ、また周囲にすぐれた霊視能力者が数多く現われたため、共通の体験パターンが存在することに私は気づきました。それは、チャクラの知識がない人にも似たような形で霊視されるのです。そこで結論としては、インド特有の神々や梵字はインド人にだけ通用する象徴ですが、蓮の花は、実際の形に近い象徴だといえます。

ヨーロッパにおける薔薇十字団では、バラの花を秘密の象徴として用いますが、これもチャクラの象徴と同一のものとみなすことができます。このようにチャクラの存在は普遍的な意義をもつものだと考えられ、心霊的次元ではあるが実体のあるものだと考えるのが正しいようです。

チャクラはいくつあるのか

重要なチャクラは表に上げた七つですが、インドの経典には、これ以外にもいくつかのチャクラを上げているものがあります。

一例を上げると、肝臓のあたりにスールヤ・チャクラ、脾臓のあたりにチャンドラ・チャクラ、頭部のアージュナー・チャクラとサハスラーラの間にマナシュ・チャクラとソーマ・チャクラが、それぞれあるといわれています。

アナーハタ・チャクラ
（Arthur Avalon “The Serpent Power” より）

また、アナーハタ・チャクラの図の下の方に小さく八葉の花弁をもったチャクラが描かれていますが、このチャクラについての名称を私はさがし出すことはできませんでした。しかし私の体験によると、ちょうど鳩尾のあたりに百円玉ぐらいの白っぽい光が見え

山田孝男によるチャクラの図

リードビーターによる
チャクラの図
（『チャクラ』平河出版社より）

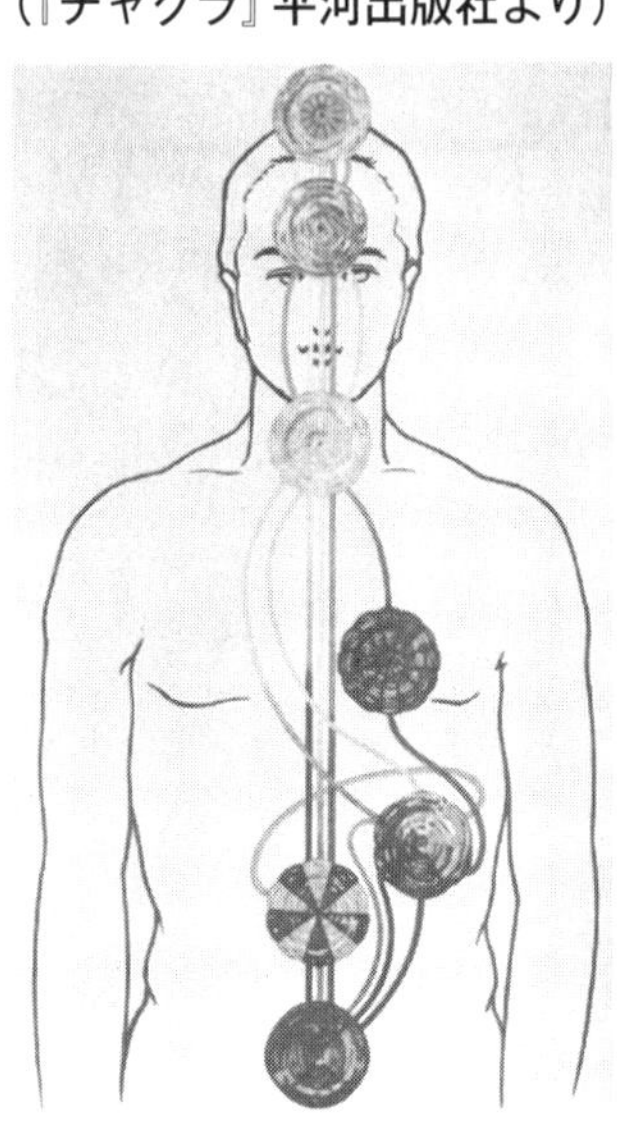

ることがあり、これがそのチャクラではないかと考えています。

チャクラの見え方

チャクラを見るということは主観的な体験に属するので、人によって多少の違いがあるのが当然です。したがってここに述べるのはそのうちの一例であり、絶対的なものとして受けとらないでください。

神智学者のリードビーターは、自ら霊視能力を用いて見たチャクラを画家に描かせ、その図を『チャクラ』（平河出版社）という本の中で紹介しています。この本には、チャクラはエーテル体の表面にラッパ状に拡がっているプラーナの渦として描かれています。しかし私の体験では、体の中心部を垂直に流れるプラーナの流れを軸として竹の節状に、円形に渦巻く無数の光線から成る円盤状、または球状の渦として見えます。これは、他にも多くの体験者が同様のことを述べているので、ほぼ間違いないと私は考えています。すぐれた霊視能力者といわれていたリードビーターの見解と食いちがっている点について、私は体験者に尋ねてみることにしていますが、まだリードビーターの見解を裏づける体験者に出会ったことがありません。

一般に形而上的な事柄に関してはある権威者の見解をそのまま信じてしまいがちですが、私はむしろ自分自身の体験を信頼した方が賢明だと考えます。特に主観的な体験領域に属するものは、象徴に満ちており、個人の主観と印象が体験の主要部分を占めますから、その道の権威者の見解と違うからといって間違いだとはいい切れません。

視覚化によってチャクラを開発する

チャクラが発達することによって特に人格が向上するということはありませんが、新しい知覚が開かれてきたり、潜在能力が開発されることはあるようです。もっとも、文献にあるように驚異的な超能力が目覚めたり超人的な知覚力を発揮できたりということは、私の経験からいうとかなり大げさに宣伝されているように感じますが、これらに類した小さな体験は期待できます。

チャクラの発達の状態は、一般に形の大きさと輝きによって判断され、チャクラが開発されたことは蓮の花のつぼみが開いたことにたとえられています。

チャクラの開発は、ふつう高度なプラーナヤーマや、肉体に対する激しい精神集中、アーサナなどの行法に頼って行われていますが、肉体をベースにしたこれらの行法は、よい指導者につかないと危険が伴います。私はインドの道場にいたとき、五日間の蜂蜜断食を行いながらアーサナとプラーナヤーマを実修し、同時に、ムーラーダーラ・チャクラの部位に精神集中する瞑想を続けていました。この期間中のある瞑想のとき、とつぜん体が真赤な炎につつまれたような内的ヴィジョンを見て、それと同時に体も熱くなり、特に脊柱に焼けるような熱を感じました。その熱さはがまんできないほどではありませんでしたが、瞑想が終わった後でも、背骨の背中の左側の部分に熱い感じが残り、それが何日間も続きました。

この不快な感じから完全に逃れるのに、インドから帰ってから十年かかりました。これは、スシュムナーやイダーやピンガラーなどのナーディが完全に浄化されていないのに、激しい集中によって突然クンダリニーが上昇したためだと解釈していますが、極端な場合には、実際にヤケドのような体験をする人もいるといわれています。

私の場合、日ごろから脊柱の背中のあたりと仙骨（脊柱の下端部の骨）の部分に狂いがあるのを感じていましたが、それがこのような体験結果を生じさせたのだと考えています。この程度で終わったのは不幸中の幸いだったというべきかもしれません。ただこの体験で不動明王のような力強さを体験し、不動明王がなぜあのように火炎につつまれているのか、私なりによく納得できました。

このような体験から私は、肉体感覚をベースにした精神集中は避けるようにし、次に述べるような視覚イメージを主体にしたチャクラの開発法を採用することにしています。これは、まず微細身の次元に働きかけ、それから除々に肉体次元にその作用が及ぶというやり方なので、独習しても危険性はほとんどありません。

テクニック

深くリラックスします。そして肉体の感覚から注意を離し、一日のうちで一番ハッキリと思い出せる自分自身の姿を想像します。会社で仕事中の自分でもよいし、台所で炊事中の自分でもかまいません。また、誰かと会話中のときの姿でも、うしろ姿でも横向きでもかまいません。とにかく、一番鮮やかに思い描ける自分自身の姿を想像してください。

次に、想像した自分の姿の上半身の周りに注意を向けます。そして、体の表面から10～20センチぐらいの範囲で水蒸気のような霧が立ちのぼり、体を取り巻いているのを視覚化します。霧が視覚化できたら次に、霧に何色でもよいから色がついていると想像します。いくつかの色を思い浮かべて、一番たやすく気持ちよく浮かんでくる色にします。

色のついた霧を視覚化できたら、今度は受身の状態になって視覚化した霧の姿を観察します。もし、自然に色彩が変化したり、形が変ったりしたら、あなたの意識はオーラの見えるレヴェル、つまり微細身のレヴェルに焦点が合わされたことを意味します。見ている姿は、自分自身の微細身の状態を投影していることになります。

次に、その姿のチャクラの部分にあなたの望む光を投映します。たとえば胸のチャクラを開発したいと思うなら、胸の中央部に金色または白っぽい円形の光が輝いているように視覚化します。もし想像した姿と一体感が得られない場合は、その姿の胸と肉体の胸とが一本の光のケーブルでつながっているのを想像します。

このやり方でうまくいかない人は、次のやり方を試してみてください。

目を閉じ、体の前方1メートルぐらいのところに、自分自身と同じ姿をしたシルエットを思い描きます。この場合、霧の深い夜に背後からライトを浴びたときに前方に黒く体のシルエットが映し出されるのと似たイメージを思い出してください。次に、このシルエットの脊柱に相当する部分にチャクラの光を視覚化します。黒いシルエットは、自分自身のエーテル複体の投映であることがしばしばあります。

夢の中に出てくるチャクラの象徴

瞑想の焦点がチャクラの開発に向けられるにつれて、夢の中にその進歩の状況や必要なアドバイスが現われ始めます。

私自身の夢の中から、チャクラや三つの主要なナーディを象徴すると思われる夢のシンボルを上げると、次のようなものがあります。

・七階建のビルとエレベーター及び階段
・炉ばた……四角で中央に火があるため、ムーラーダーラ・チャクラのシンボルとして何度も現われた
・灯台のらせん階段
・梯子（はしご）

・らせん状の登山道
・蛇……ある場合にはクンダリニーの象徴としても使われる
・ぶどうの木
・ハンマーを額に当てる……アージュナー・チャクラのシンボル
・神社の石段と急な山
・二本の川が合流する

一例を上げると、神社の石段のシンボルに関して、私は変った夢を見たことがありました。

山田孝男のチャクラに関する夢
（図・居島春生）

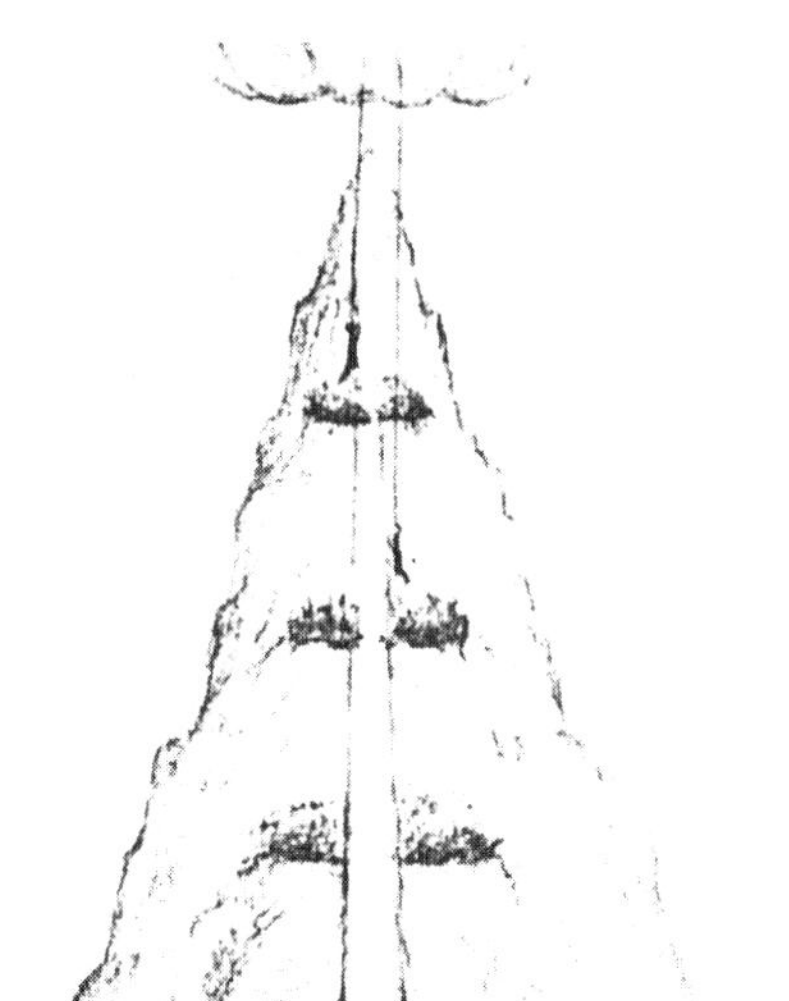

夢の中に、山水画にでも出てきそうな、とんがった急な岩山がありました。山のふもとにはこんもりとした森があり、その中央に鳥居があって、神社の参道のように鳥居のところから急な石段がありました。上を見上げると目もくらみそうな高い山で、急な石段でしたが、私は何とか登っていきます。石段の途中には何カ所か森があり、小さな平地がありました。そのような場所をいくつか通り越して、私はとうとう山の

頂上までたどり着きました。見ると、山のすぐ上には、灰色っぽい多少ピンク色をしたカボチャのような気球が浮かんでいます。その下から二本のロープが、石段の両わきの方にたれさがっていました。ロープの両はしには、私のよく知っている二人の学者がぶらさがっていました。一人は数ケ国語を話せるおだやかな人物で、もう一人はかなり頑固で意志の強い攻撃型の人物でした。私はそのロープを頼りにして何とか気球にたどり着き、その中に入ることができました。気球の部屋の中央には一人の老人が居て、私にはその人が予言者だということが直観的にわかりました。その老人は私の手相を見て、個人的なことを二〜三アドバイスしてくれました。

この夢の解釈は、比較的容易にできました。岩山は、私の身体でもあり存在そのものでもあります。これは、スメール山と相通じるシンボルです。中央の石段は脊柱を表わし、スシュムナーを意味していました。入口の鳥居と森は、ムーラーダーラ・チャクラであり、性器の場所に相当しています。途中の森と小さな平地は、途中のチャクラを意味しています。山の上の気球は大脳を表わし、そこからたれさがる二本のロープはイダーとピンガラーを象徴し、また副交感神経と交感神経にも対応するように考えられます。ロープにぶらさがっている人物は、この二つの性質と働きを象徴していました。気性の激しい人物の方が短いロープにぶらさがっていて、あぶなっかしげでした。これはピンガラーナーディの方のバランスがくずれていることを意味していましたが、現実に瞑想中これを暗示するような状態を経験していたところだったのです。気球にやっとの思いでたどりついたのは、現実の首の部分でプラーナの通りが悪くなっていて、脳との連結がスムーズになっていない状況をよく表わしていました。気球の中の老人は、頭の部分にあるチャクラの働き、つまり高度な意識の作用を意味しています。

この夢によって、私は瞑想上の適切なアドバイスを得たことはいうまでもありません。このように夢は、瞑想におけるすぐれたガイドであり、本では得られない個人的なアドバイスを得る通路になります。

チャクラに関する参考文献

『チャクラ』リードビーター著、本山他訳、平河出版社

『チャクラ・異次元への接点』本山博著、宗教心理学研究所出版部（チャクラについての総合的見解を得るための良書）

『タントラ仏教入門』Ｓ・Ｂ・ダスグプタ著、宮坂他訳、人文書院（タントラ仏教とチャクラの関係についての参考書）

『山田孝男全集第1巻・瞑想のススメ』、ナチュラルスピリット（もっと詳しく筆者の見解を知りたい方は本書を参照ください）

『霊・魂・体』デーヴィット・タンズリー著、笠井訳、平凡社

連載6 **実践瞑想法講座**

その5 クンダリニーの神秘と体験の方法

クンダリニーの解説を取り上げた理由

クンダリニーや、これと密接な関係にあるチャクラについての理論や体験は、瞑想の実践の中でも最も神秘な部分に属しています。それだけに、明らかに空想の産物としか思えないようなコジツケや推論を含めて、多くのまぎらわしい理論が紹介されてきました。まじめな動機からたまたまこの分野に分け入った瞑想者は、いったいどの理論が正しいのか、とほうにくれてしまうはずです。多くの権威者がいて、それぞれ異なった見解を述べているからです。

私は、このような状況の中で新たな異論をつけ加えることになりはしないかと多少危惧（きぐ）しつつも、あえてこのテーマを取り上げることにしました。その理由は、後で紹介するように、好むと好まざるとにかかわらず瞑想を実践している多くの人がチャクラやクンダリニーに関係あると思われる体験をし、それがつまづきの石になっているケースが非常に多いことを見てきたからです。心の平安を与えるはずの瞑想が、身心のバランスをくずす結果を招き、袋小路に陥っている様子を見るにつけ、もしそこでほんの少しだけでも適切なアドバイスが与えられていたら、そんなに苦しまないでも済んだろうに、というのが私のいつわらざる感想です。

以下に述べる見解は、私が過去二十年間の試行錯誤を経て到達した結論ですが、私の見解が完全に正しいものであると主張するつもりは毛頭ありません。私の見解は読者の皆さんに考える材料として提供するもので、それをもとに皆さんが各々瞑想の工夫をこらし、独自の境地を開拓してほしいと願うものです。

クンダリニーについてのさまざまな見解

まず、クンダリニーに関してどのような見解があるのかを知っておくことは有益だと思いますので、以下に私の手元にある数冊の本を参考にしていくつかの見解を簡単に紹介することにします。

アーサー・アヴァロンの解説から

アーサー・アヴァロン（本名：ジョン・ウッドロッフ卿）は、タントラ・ヨーガについての文献を英訳して西洋世界にタントラ・ヨーガの内容を紹介した学者として高く評価されています。彼は著書の〝The Serpent Power（蛇の力）〟の中でクンダリニーについて非常に適切な解説をしていますので、ここにかいつまんで紹介することにします。

一なる宇宙意識は、創造の目的のために、その静的状態であるシヴァ神と、動的状態であるシャクティ（力）の二極に分かれた。タントラ・ヨーガ、またはクンダリニー・ヨーガは、この二つを再び結合させることによって、二元性を解消しようとするヨーガである。言い換えれば、宇宙の男性原理としてのシヴァと女性原理としてのシャクティの結合によって二元性を解消しようとするわけである。至高のシヴァの周りをコイル状に巻いているシャクティ（力）をマハー・クンダリニー（偉大なる巻かれた力）と呼ぶが、この同じ宇宙的な力が人間の身体の中にも存在し、これをクンダリニー・シャクティと呼んでいる。創造力としてのクンダリニー力は、このように宇宙の絶対界から放射し、精神界や物質界を次々と創造したが、最後に物質界を創造した後彼女の創造活動は止み、地の原理の中に休息し眠る存在となった。これがクンダリニー力である。人間の身体の中では、地の中枢であるムーラーダーラ・チャクラがその住み家である。

さらに彼は同書中の『サット・チャクラ・ニルーパナ（六つのチャクラの記述）』の英訳と注釈の部分で、ムーラーダーラ・チャクラとクンダリニーの関係について次のように述べています。

脊柱の外側にイダー（月）とピンガラー（太陽）の二つのナーディ（＝経絡）があり、ムーラーダーラから左右交互になり、チャクラを巡りながら両鼻穴に達する。左の鼻穴にはイダー、右の鼻穴にはピンガラーが、それぞれつながっている。イダーは青く、ピンガラーは赤である。この二つのナーディの中央にスシュムナー・ナーディがあり、これは三重層になったひもから作られている。一番外側は

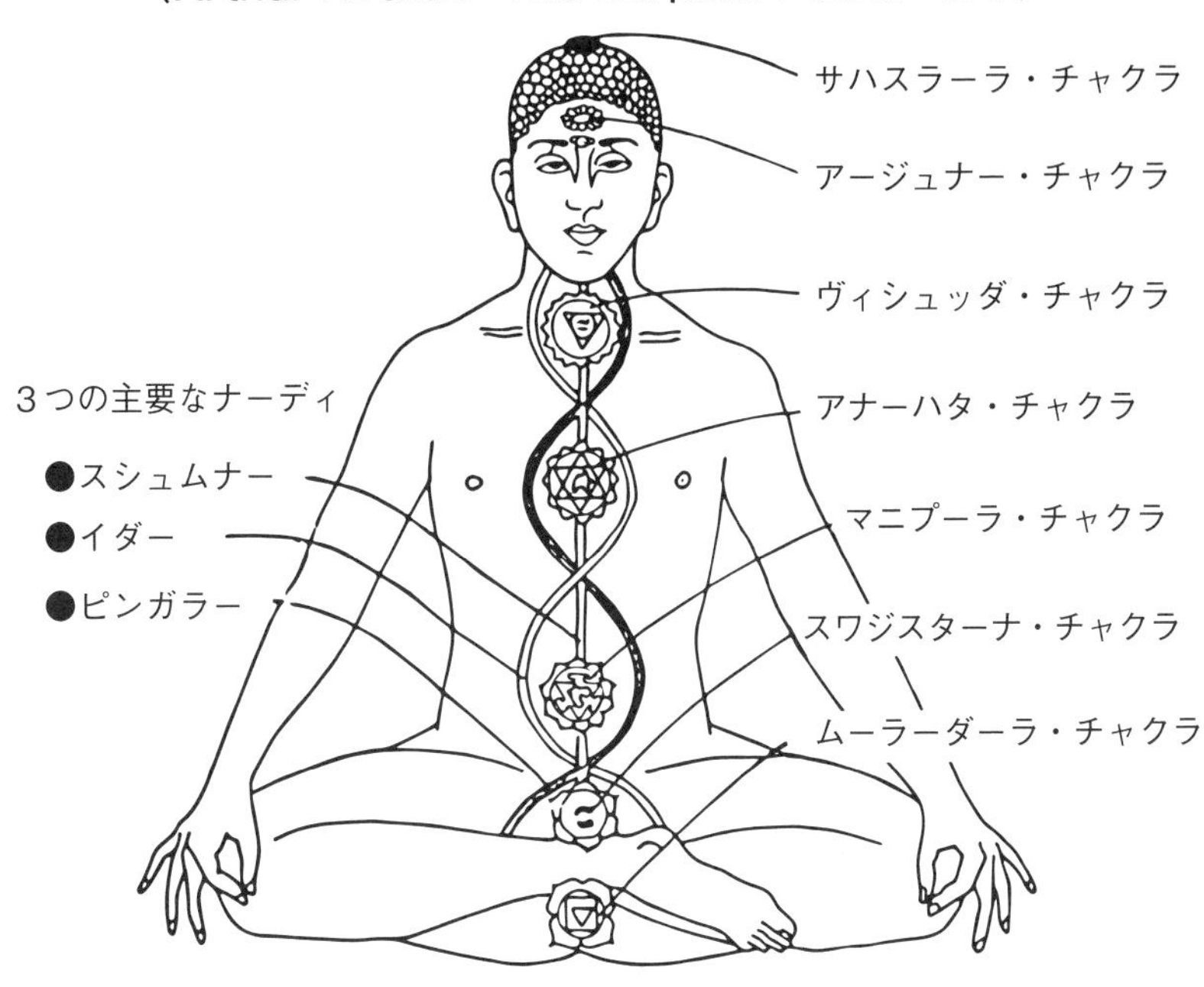

スシュムナー、中層はバジュリニー、内層はチトリニーという（図参照）。

ムーラーダーラの内部には三角形（註　象徴として受け取るのが正しいと思う）があり、その中にシヴァリンガム（シヴァ神を象徴する男根型の石）があり、それに三回半とぐろを巻いた形でクンダリニーが眠っている。このシヴァリンガムのところからスシュムナーは始まっていて（次ページ図参照）、頭頂のサハスラーラまで一直線に走っている。クンダリニーが目覚めると、スシュムナーの中をサハスラーラまで上昇していくのである。

以上が、タントラ・ヨーガにおける伝統的な説明です。ここにはほんの一部しか紹介することができませんでしたが、もっと詳しくこのテーマについて究明したい方は、ぜひ同書を読まれることをおすすめします。

ヴィベーカーナンダ

ヴィベーカーナンダによる説明は次の通りです。

ムーラーダーラ・チャクラとスシュムナー
（“The Serpent Power”より）

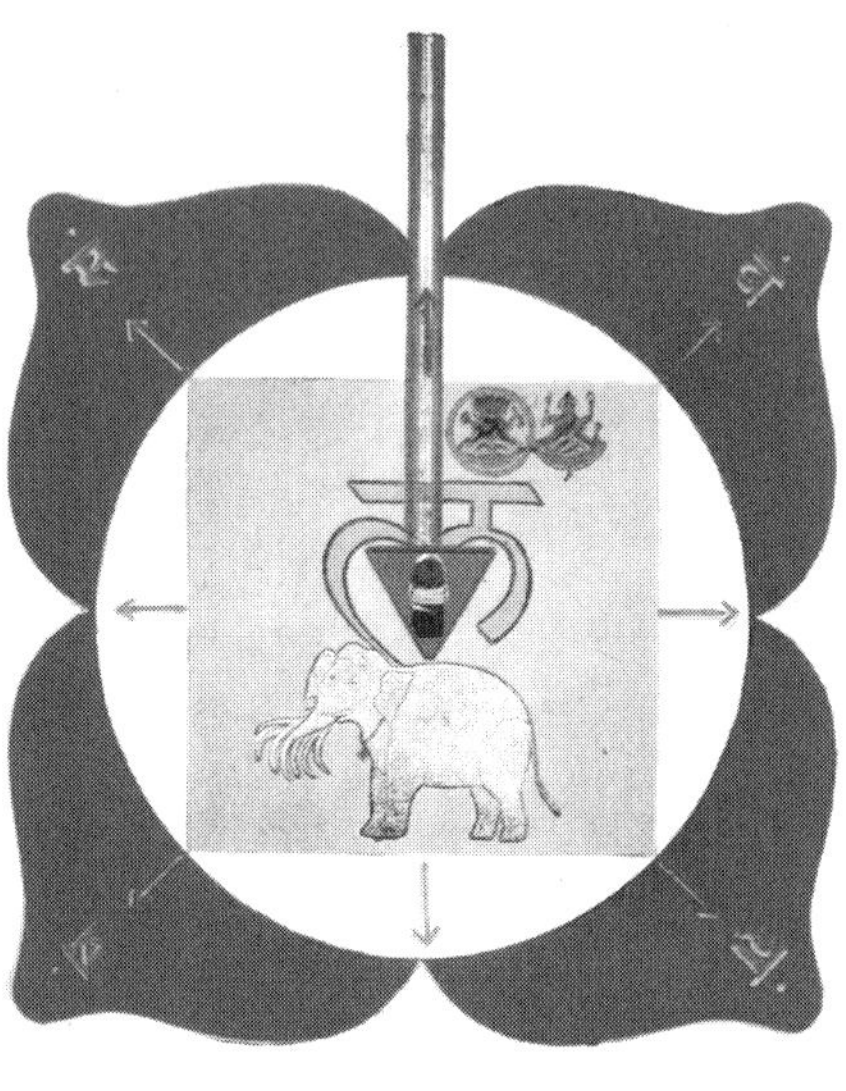

　ムーラーダーラの中に三角形の形で、コイル状に巻かれたクンダリニーが眠っており、これが目覚めると脊柱のスシュムナーの中をしだいに上昇していく。それに伴って心のさまざまなヴィジョンや素晴しい力がヨーギ（ヨーガ行者）にやってくる。クンダリニーが頭脳に到達したとき、ヨーギは肉体と心から完全に離れ、魂は本来の自由を得る（註　以上は一般にヨーギに知られている見解）。クンダリニーと密接な関係にあるイダー、ピンガラー、スシュムナーの三つのナーディは、∞（無限大の記号）で表わすことができる。左がイダーで、右がピンガラーを表わし（註　左・右は人体の側からみたもの）、中央の交わる部分がスシュムナーを表わす。

　われわれが知覚するものは、それが夢であれイメージであれ、通常の空間で体験される。これをマハーカーシャ（元素の空間）と呼び、これに対して、ヨーギが他人の想念を読んだり超感覚的な対象を知覚するのは、チッダーカーシャといわれる精神的空間においてである。知覚が対象をもたなくなったとき、魂はそれ自身の本性で輝き、それはチッダーカーシャと呼ばれる。クンダリニーが目覚め、スシュムナーの通路に入ったとき、すべての知覚は精神的空間に在り、クンダリニーが頭脳に到達し目覚めさせると、対象のない知覚が起こり、知識の空間に入る。

ヴィベーカーナンダは、クンダリニーの上昇は、神への愛、完成した聖者の慈悲、哲学者の分析的な意志の力などさまざまな方法によって可能であるが、超自然的な力や知恵が現われる場合はどんな場合でも、少量のクンダリニーの流れが発見されるはずであるという。そして彼は、大多数の人がこのような一時的かつ部分的なクンダリニーの目覚めを経験するだけの無知な状態でつまづいていると警告しています。

ケイシー・リーディングから

偉大な超知覚能力者であり、また真摯なクリスチャンでもあったエドガー・ケイシーは、そのリーディングの中でヨーギの見解と似たようなクンダリニーやチャクラの概念を述べており、たいへん興味深い。

ケイシー・リーディングは次のように述べています。

クングリニー力は第一原因である神または宇宙の創造力であり、これは肉体の中で脊柱に沿って働く力である。心霊中枢＝チャクラは十二あり、そのうちの重要なものは七つで、肉体の中でこれらは内分泌腺として表われている。クンダリニー力の活動はこれらの内分泌腺を通じて行われており、そ

脳下垂体と松果腺
（C.W. リードビーター『チャクラ』平河出版社より）

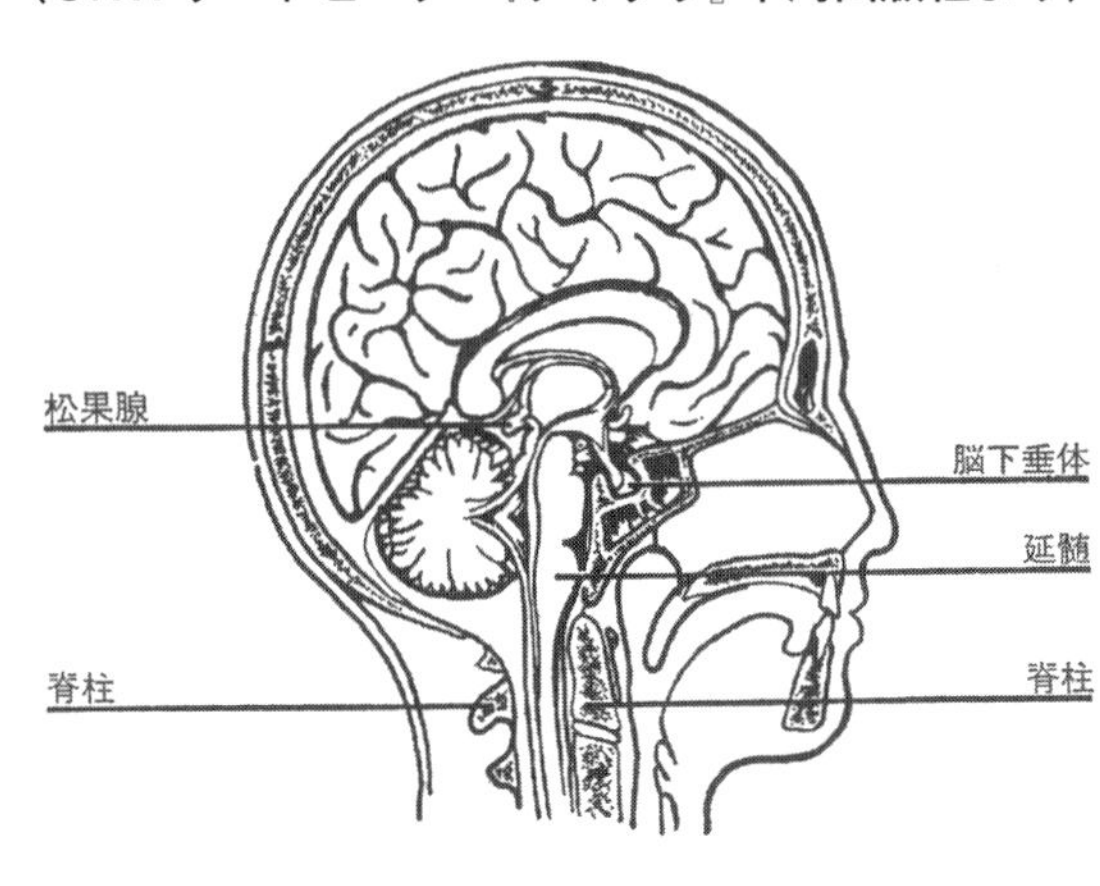

のうち霊的な力として活動する場合に最も重要な内分泌腺が三つあり、これはライデン腺、脳下垂体、松果腺の三つである（図参照）。さらに「銀のひも（シルバー・コード）」と呼ばれているものは、これら三つの内分泌腺を結ぶ力の流れである。

そしてケイシー・リーディングの中には、「銀のひも」という力の流れがクンダリニーの上昇と同一のものと思えるような言及があります。

問　次の見解は正しいでしょうか。つまり、生命力はライディック（ライデン）腺から生殖腺を通って松果腺に直接に上昇し、そしてそれから他の中枢に行くのでしょうか。

答　これは正しい。いかにも、それは上昇して他の中枢に配分されていくが、それはそのインパルスがシステム（身体）を通じて太陽神経叢（次ページ図参照）の領域に帰ってゆく。

註　「ライデン腺」はケイシー・リーディングの造語で、生殖腺の中と上、つまり睾丸の内部及び上、女性では男性の睾丸に対応する腺の内部及び上であるという。

チャクラと神経系
（C.W. リードビーター『チャクラ』より）

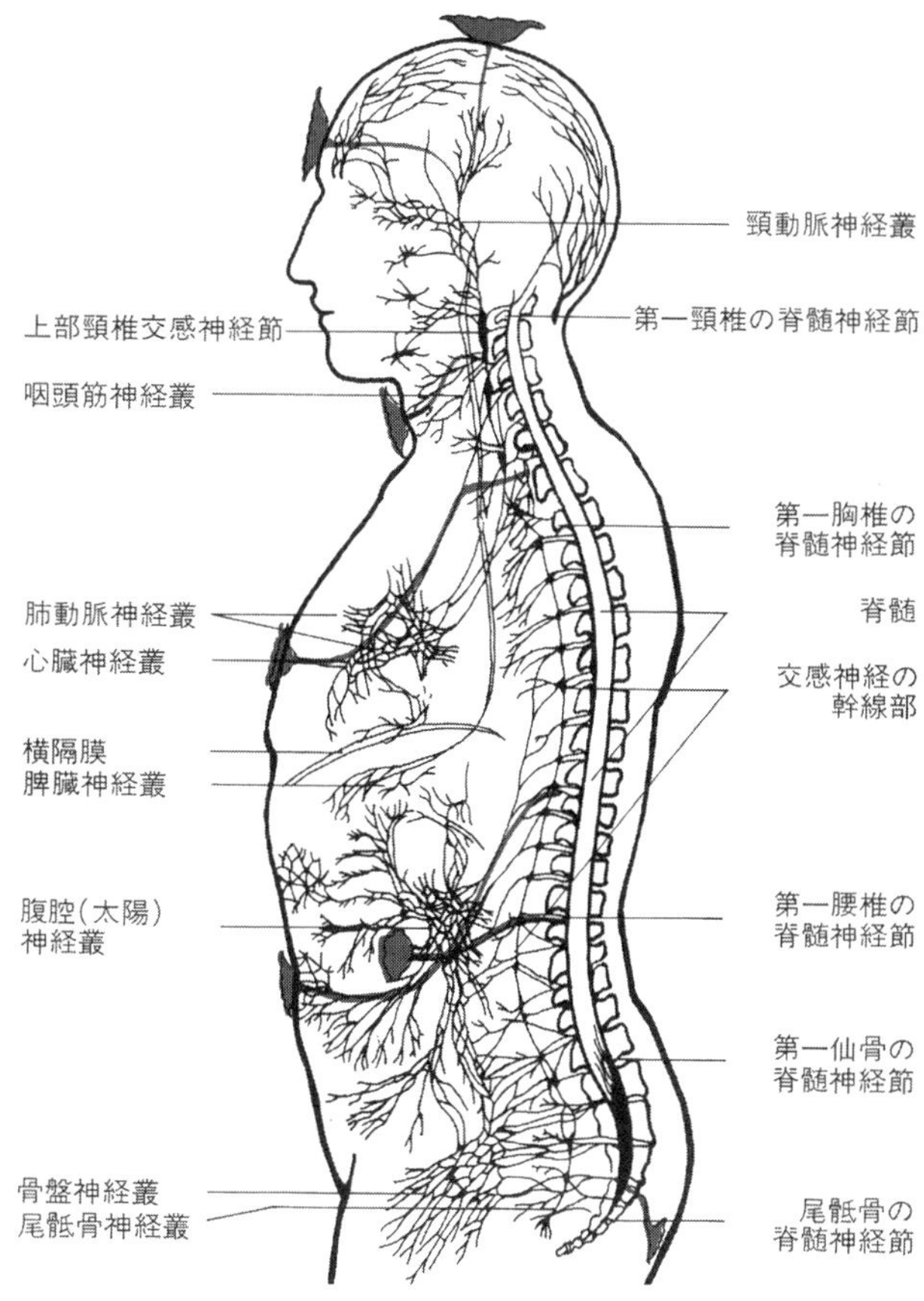

ケイシー・リーディングのこの見解は、道教の「小周天」という内観法と比較してみるとおもしろい一致が見られます。リーディングによると、松果腺まで上昇した生命力（これは〝プラーナ〟、または〝気〟と同じ）が、お腹の辺りに流れ下り、生命力や精神を強め、体を浄化するというのです。この下向への流れを方向づけるのが脳下垂体で、ケイシー・リーディングはこれを「第三の眼」と関係づけています。道教では、脊柱を通じて頭部まで体の背後を上昇する気の通路を督脈といい、体の前面を通り下腹部に通じる気の通路を任脈と呼んでいて、脊柱を通

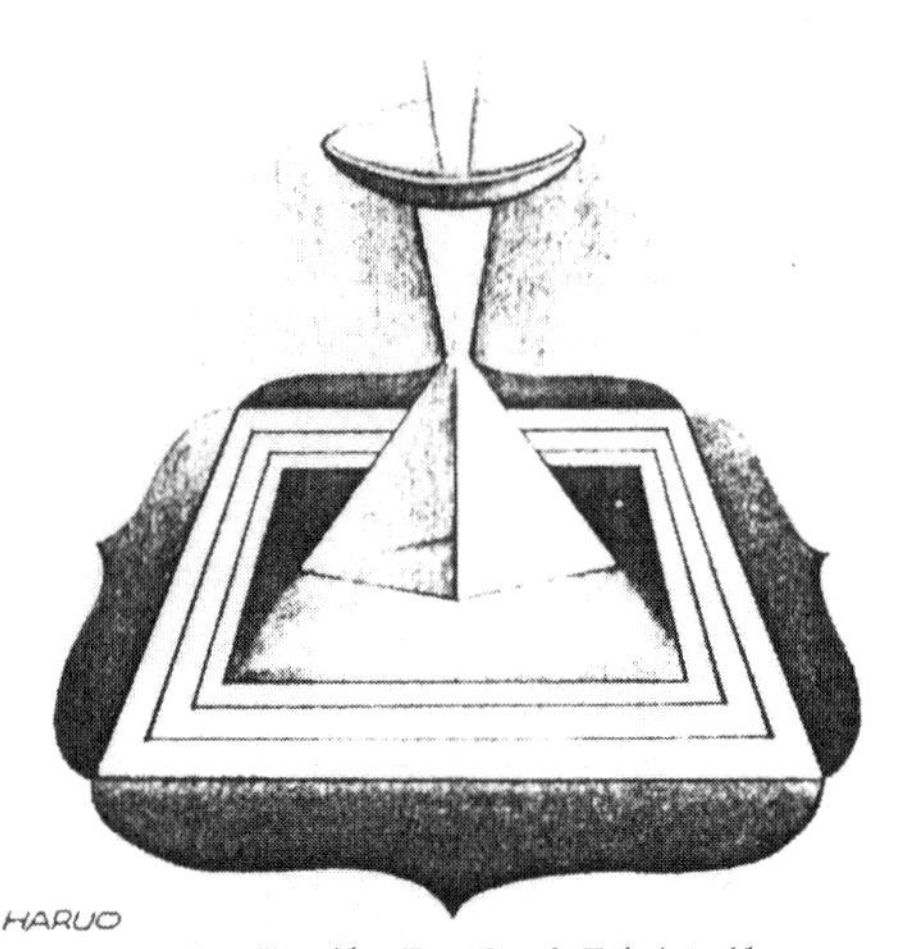

ムーラーダーラ・チャクラとクンダリニーの象徴的ヴィジョン――山田

地の原理を表わす四角の中にピラミッドが出現し、その頂点からクンダリニー力を示す白色の光線が噴出している。上に見える聖火台は、下腹部に位置する生命力の中枢を示すように思えた。

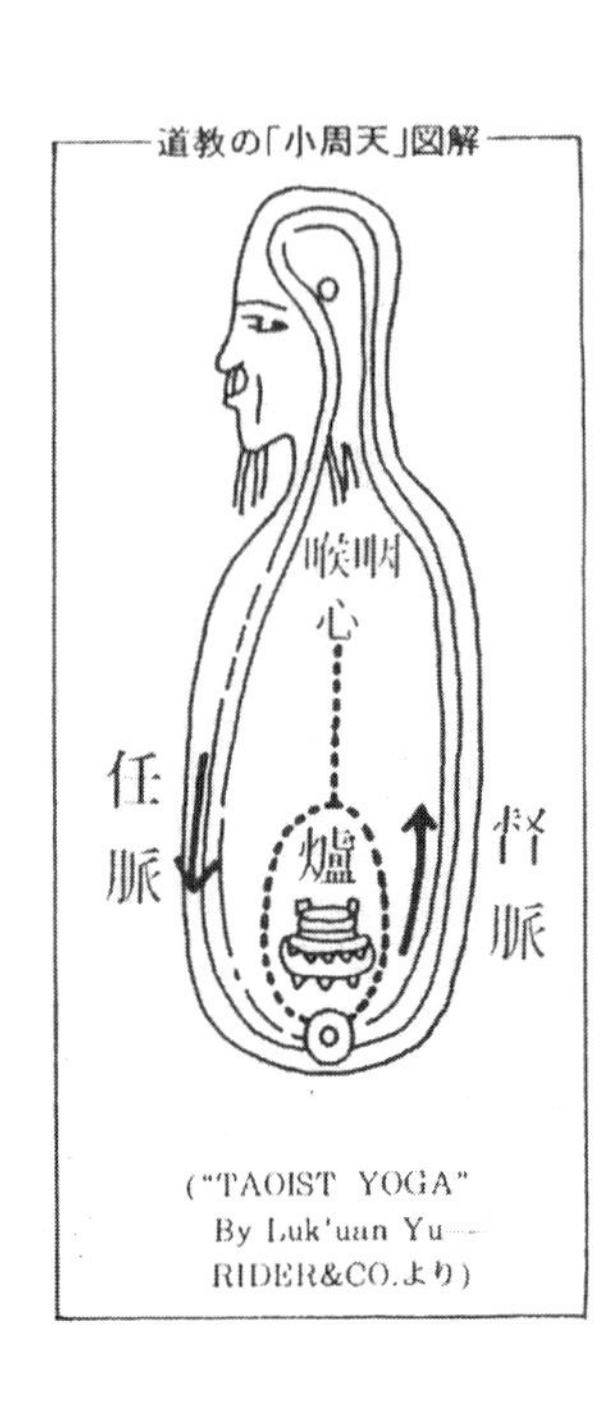

("TAOIST YOGA" By Luk'uan Yu―RIDER&CO.より)

じて気を上昇させ、任脈を通じてその気を下腹部におろす内観法を「小周天」と称していますが、これは非常に重要な行法の一つとされています(図参照)。

ラマナ・マハリシとクンダリニー

ラマナ・マハリシは「自己探究」という独特の方法で悟りに到達した聖者ですが、他のインドの聖者たちと比較したとき、まったく超能力を用いなかったという点でもユニークな存在でした。ヨーギの見解によれば、クンダリニーを目覚めさせ、サハスラーラまで上昇させたときに解脱が得られることになっていますが、マハリシはこのような行法をまったくしませんでした。また、クンダリニー・ヨーガで説くような超自然的な体験についてもほとんど語っていません。これについてマハリシはどのように考えていたのか、私は興味を感じて調べてみることにしました。そして、マハリシは何回かクンダリニーについての見解をたずねられていることを知りました。彼はこう述べています。

「ヨーギは、クンダリニーを目覚めさせ、スシュムナーを上昇させようと意識的に努力するかもしれない。ジュナーニ（智者）は、このような目的はもっていないだろう。しかし両者は同じ結果を成就し、スシュムナーの中をその生命力を上昇させ、チット・ジャダ・グランティ（肉体と自己＝真我を結びつけている結び目）を分離させる。クンダリニーは、アートマ、自己、またはシャクティに対する別名にすぎない」

要するにマハリシの見解によれば、信仰の道であれ、知識の道であれ、自己実現を成就した結果は、ヨーギの説くクンダリニーの目覚めとまったく同じであるというわけです。

82年2月に、私を含め五人のメンバーでアルナーチャラ山のふもとにあるスリ・ラマナアシュラムを訪れたとき、マハリシの古くからの信者であるアーサー・オズボーン夫人に、マハリシのいう自己の座としてのハート（心臓、これは胸の右側であるという）は、アナーハタ・チャクラと同じなのかどうか尋ねてみました。彼女の答はマハリシの見解を代弁したもので、マハリシのいうハートはチャクラとは無関係であること、たとえクンダリニーをサハスラーラに上昇させても、そこからもう一度胸の位置まで降ろしてきて、そこで自己実現を達成することができると答えてくれました。

さて、以上に紹介したのはほんの少数の見解であり、これ以外にも神智学関係のものやゴーピ・クリシュナの体験（『クンダリニー』中島巌訳、平河出版社）など、多くの見解があります。しかしここでの目的は、これらの見解をすべて紹介することにあるのではなく、クンダリニーについてのおおよその概念を知っていただくことにあります。

ところで読者の皆さんは、自身の瞑想とクンダリニーがどのようにかかわってくるのか、どのような体験がクンダリニーの目覚めなのか……など、さまざまな疑問をもたれることでしょう。そこで次に、私自身の見解も交えて、もっと身近かな角度からこれらの問題を取り上げてみましょう。

クンダリニーの目覚めに伴う種々の体験

文献から想像するかぎりでは、クンダリニーの目覚めは非常にまれな体験であり、特別に才能にめぐまれた霊的天才にだけ起こる現象であって、ふつうの瞑想者にとって無縁のもののように考えられがちですが、これは誤解です。またもう一つの誤解は、クンダリニーが目覚めるとただちに悟りの体験が得られ、偉大なヨーギがもつような神秘力が得られると信じられていることです。これは何をクンダリニーの目覚めとするかという見解の相違にもよりますが、私の考えでは、次に述べるようにクンダリニーの目覚めにはそれぞれに程度や質の違いがあり、また体験者が何を求めているのかという基本的姿勢とも関係するものであって、クンダリニーの目覚め＝悟りという単純な図式は成り立ちません。したがって、アーサナ（ヨーガの体位）や呼吸法などの肉体的手段だけを用いてクンダリニーを上昇させようとするのは、非常に無謀な行為であるといわなければなりません。

さて、『瞑想術入門』（山田孝男地著、大陸書房）と一部重複しますが、クンダリニーの目覚めに伴ういくつかの体験を上げると次のようなものがあります。

① 尾骶骨のあたりに熱を感じて、それと共に脊髄のあたりを熱いお湯、または冷たい水が昇っていくような感じ。

② 脊柱に沿って蟻が這いのぼるような、ムズムズするような触感。あるいは電気が走るような、チクチクしたりピリピリする感じが走る。

③ 体中が炎に包まれて燃え上がるような熱さを感じ、それに伴って発汗現象がおきる。

④ 尾骶骨のあたりや会陰（えいん）あたりに軽い振動を感じ、間もなくそれが腰から上の方にしだいに昇ってくる。

⑤ 小鳥のさえずり、ドラムやシンバルの音、あるいは電子音のような軽やかな音、蝉（せみ）や虫の鳴き声、雷鳴のような音などが、現実には音がしていないのに体の内部や周囲から聞こえてくる。

⑥ 体が突然空中に浮揚したようなリアルな感覚を伴った知覚体験。あるいは部分的に、上半身、特に首から上の部分が持ち上げられたような感じがすることもある。

⑦ 寒くもないのに、体がガタガタ震え始める。

⑧ 脊柱に沿って白や黄金色、あるいは虹色の閃光（せんこう）が噴水のように吹き上げてくる光のヴィジョン。全身が火炎に包まれるヴィジョン。頭の中でフラッシュを焚（た）いたような光の炸裂（さくれつ）。

これらの体験は単独で起きる場合もありますが、いくつかの体験が同時に起きる場合の方が多いかもしれません。私の場合は、⑦を除くここに述べたすべての体験を一八歳のときからしてきました。そしてその大部分は、いくつかの特徴が重複して体験が起きています。

読者の中には、⑧の体験は別として、その他の体験がどうしてクンダリニーの目覚めといえるのか、疑問に思う人がいるかもしれません。これについては、断言するつもりはありませんが、私自身の次のような体験によります。――私は最初、クンダリニーの目覚めとは知らないで一連の体験をくり返していました。それがあるとき、⑧の体験を数回するようになり、そのときにそれに先立つ徴候やそれに伴う他の体験を冷静に観察しているうちに、それらがクンダリニーの目覚めに関係あることに思い当たったのです。また、文献から得た知識や他人の瞑想指導を通じてこの結論への確信が強められました。

深夜に鳥の鳴き声を聞く

以上に上げたような体験をした人の中には、その体験をいったい何なのかを理解できないで、自分は異常なのではないかとひそかに悩んでいる人も少なくありません。私はこれまで何人もそのような人に出会いました。――「賢者はこれらの力をコントロールし、それによって最高の霊的力を得、完成に至るのに対して、無知な人たちはこれらの力を解放し、それらによって破壊されるだろう」とラマ・アナガリカ・ゴヴィンダは述べていますが、この言葉からもわかるように、これらの体験をした場合に何よりも大切なのは、冷静な判断力と純粋な精神を維持することによって心を平安に保つということです。それには、似たような体験をしている人が他にもいるということを知り、特殊ではあるが異常ではないのだということを理解していれば大いに役立つでしょう。その意味で、次に私自身の体験を簡単に記しておきます。

この体験は、まだヨーガの知識もクンダリニーの知識も皆無だった一八歳のときに起こりました。九月のある深夜、私は一人小さな裸電球をつけた部屋で寝ていました。すると、眠りに落ちる寸前、急に、そしてまったく自然に呼吸が深くなり、それと共に周りの物音が小さくなって、意識は鮮明になってきました。私は別の空間にでも迷い込んだような心持ちになって、何が起こったのか確かめようと、目を開けて様子を見ていました。部屋の中に紫色の光がたち込めてきて、その光のため次第に部屋が暗くなっていくのです。そのとき、耳元で鳥のさえずる声が聞こえ始めました。最初は左の耳の近くで聞こえているような感じでしたが、それが頭の中から出てくる音なのか、それとも外で実際に鳥が鳴いているのか、判断がつきませんでした。一羽だけではなく、数十羽ぐらいが一斉にさえずっているような感じなのです。深夜にこのようなことはとてもあり得ないことだし、とにかく事の成りゆきを冷静に観察することにしました。間もなくその声は、右の耳にも聞こえるようになり、頭の周囲に広がっていきました。意識は非常に鮮明で、恐怖心も起こらず、高揚した静かな気分が一時間ぐらいも続いたかと思われる頃、自然に眠りに入っていきました。

このときは、肉体的に脊柱やその他に特別な感覚を経験したという記憶はありません。ただ、肉体の存在はあまり気にならず、壁が透明に感じられ、頭の背後のとなりの部屋の様子が何となく頭の中に見えてきたのが、当時としては不思議な感じがしました。

この鳥のさえずりを聞く体験は、その後瞑想によって意識的に生じさせることができるようになり、さらに①②④⑥などの現象も同時に体験することから、これらはクンダリニーの目覚めと関係があるということ

を私は認識するようになりました。（次回に続く）

参考文献

Arthur Avalon “The Serpent Power” Dover Publications, Inc. 1974.
Swami Vivekananda “Raja-Yoga” Advaita Ashrama, 1969.
Edgar Cayce Foundation “Meditation Part Ⅱ：The Edgar Cayce Readings” Association for Research and Enlightenment, Inc. 1975.（これには約40ページにわたって、クンダリニーやチャクラに関するリーディングが収めてある）
T.N. Venkataraman “Day By Day With Bhagavan” Sri Ramanasraman, 1977.
Lama Anagarika Govinda “Foundations of Tibetan Mysticism” Rider and Company, 1960.
『黄金の華の秘密』C・G・ユング、R・ヴィルヘルム井著、湯浅・定方共訳、人文書院
『ラマナ・マハリシの教え』アーサー・オズボーン著、山尾三省訳、めるくまーる社

連載７　実践瞑想法講座

クンダリニーの目覚めに伴う種々の体験（前回からの続き）

モールス信号のような神経音を聞く

前回に述べた一八歳のときの体験のせいかどうかはわかりませんが、その後の私は、少しずつ超常体験といわれる体験をするようになっていきました。内的な光を見る体験はその後一年ほどはありませんでしたが、鳥の鳴き声は、精神を集中して心を静めるだけでほとんどいつでも聞こえるようになりました。ただ当時不可解だったのは、鳥の鳴き声とは別個に、右の耳の近くでかすかなモールス信号のような音が聞こえるようになったことです。

当時の私は、ＵＦＯに興味をもち始め、宇宙人の存在を真面目に考えるようになっていました。それで、このモールス信号は外宇宙から発せられた超知性的な通信かもしれないと、やや本気で考え始めたのです。今思えば笑い話ですが、高校を出てから無線学校に入った理由の一つは、このモールス信号を解読したいという動機も手伝っていました。しかしその結果は、少年の夢とロマンを刺激しただけで、この期待は見事に裏切られてしまいました。

その後ヨーガの知識と体験が深まるにつれてわかってきたのですが、このモールス信号は、初期の不完全なクンダリニーの目覚めに伴って頭部のナーディの一つが開かれ、そこにプラーナのインパルスが作用して起こる神経音の一種であるという結論に達しました。そして今では、鳥の鳴き声もプラーナのインパルスによる内的音であると解釈しています。

タントリズムではこれらの精妙な音を「ナーダ」と呼んでいますが、ナーダはプラーナの活動によって生じる内的な音で、通常は光として体験されるプラーナの活動を、音として捉えたにすぎません。体験者に対してはまったく説明の必要のないことですが、チャクラの輝きは、音としても体験することができます。音と光（色彩）は、内的次元において容易に交換できるものであり、感受性をもった人にとっては、音楽は色彩をもっているように感じることが可能です。

頭部から放射される光の脈動

私は自分自身のことを、人一倍心霊的な感受性に恵まれた霊能者だと思ったことは一度もなく、事実、瞑想の世界に入るまでは一度も超常現象を体験した記憶はありません。したがって、霊能者が肉眼では見えない光のヴィジョンを見たり、耳には聞こえない音を聞いたりするということを、とても不思議なことのように思っていました。そこで当然の結果として、私の初期の瞑想の方向は、内的なヴィジョンを見たい、鮮かなメンタル・イメージを体験したい、という欲求にかられていました。

一八歳のときの体験が契機になって、その後の私は自己流の瞑想を始めるようになり、またそれと並行してスブドのラティハン（霊的修練）を行うようになってから、私の感受性は少しずつ開発されていったように思います。

この頃の私の自己流の瞑想は、肉体の感覚を頼りに体のアチコチに注意を向けて集中するという簡単なものでした。それでもこれによってプラーナの流れを少しずつ意識できるようになり、注意力をその部分に向けるだけで、体のどの部分にでも、ピリピリ振動するような独特の感覚を生じさせることができるようになっていました。特に脊柱を中心にして尾骶骨から頭部に向けて順々に、このピリピリする感覚を走らせる方法を行っていました。ピリピリする感覚が頭部まで上昇したとき、たいていの場合心地良い意識状態になってきます。

これらの一連の瞑想を続けて一年位たった頃、スブドの修練中に、頭上の暗黒の空間にポツンと青白い星が出現するようになり、その星の光からやわらかいシャワーのような光線が降りそそぐ体験が起こりました。その頃から次第に閉

頭部に現れる光の脈動
人形のシルエットは微細身の投影

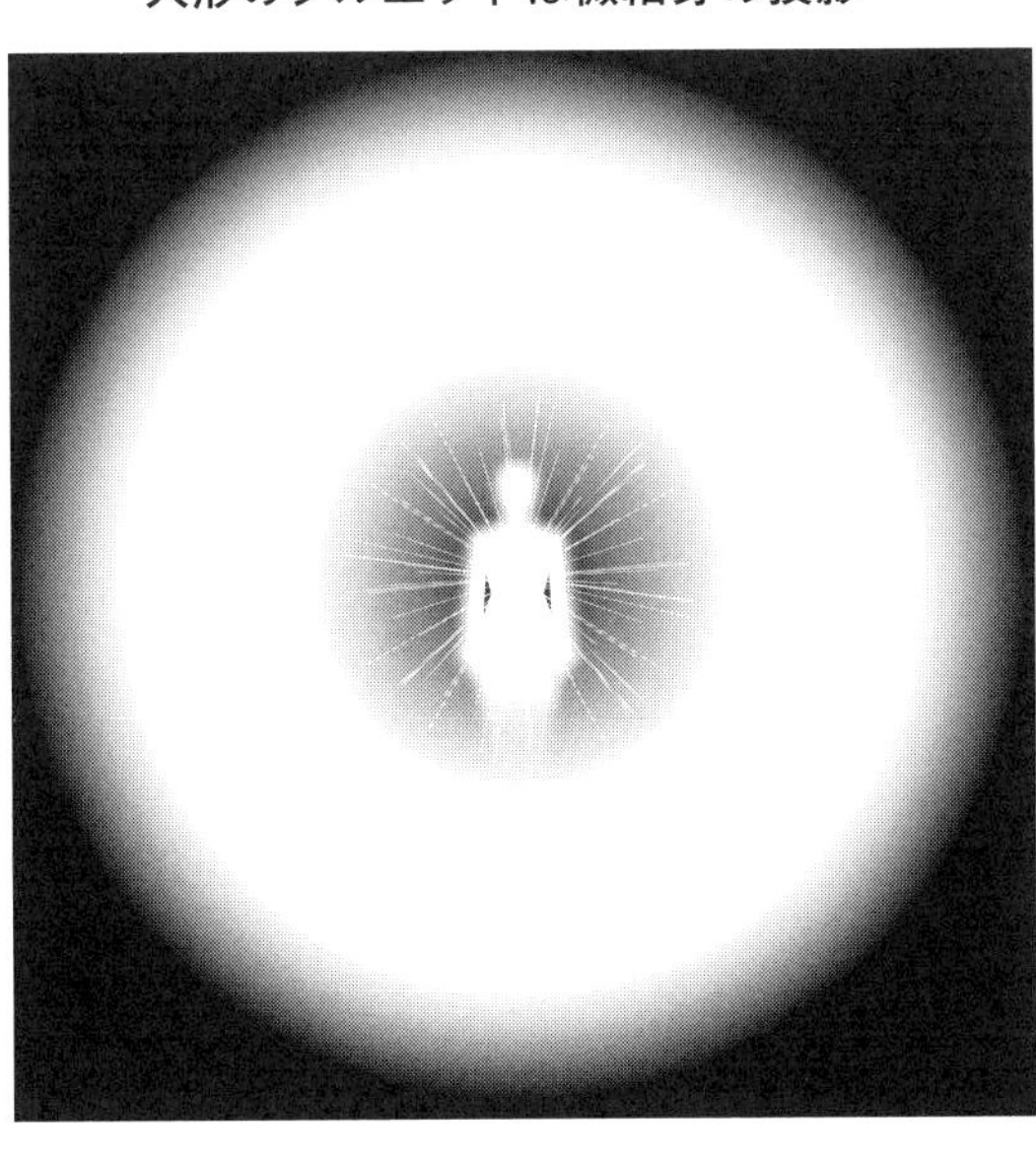

眼した視界が明るくなり、やがて、顔の前面から視界の前方に向かって脈動する光の輪や円盤状の光が出現するようになりました。その光を冷静に観察してみると、内側が紫や青や青白い円形の光で、その縁（ふち）がドーナッツ状の金色あるいは濃い黄色のふちどりで、全体の光が脈動しながら大きくなったり小さくなったりします。脈動のリズムは、呼吸のリズムと一致していることもあり、一致していないこともあります。また周囲のドーナッツ状の黄金色は、回転することもあります。

現在では、精神の集中を高め心を静めることによってこの光の脈動を静止させることができるようになり、さらに光の中心部に意識を同調させることが可能になっていますが、当時は、発光現象の意味や瞑想への利用の仕方については知りませんでした。この発光現象の意味を、現在の私は次のように理解しています。

これは瞑想を始めた初期の頃からかなりの人が経験する体験であり、体験自体はそれほどまれなものではありません。精神集中力が高まってきた証拠でもあります。私はこれを、肉体下部のプラーナが頭部に上昇して頭部の神経細胞を活性化したために発光現象を起こしたのだと解釈しています。このようにして出現した光は、単なる想像上の光とはハッキリ区別できるほど強力なので、暗闇で目を開けて見ると、ぼんやりとですが光を投影して見ることが可能です。光の脈動はプラーナのインパルスによって生じており、したがって呼吸のリズムと同期する傾向があります。

ヨーガ哲学によれば、体内で最も高次のエネルギーは「オージャス」と呼ばれており、これは頭部にあって精神活動の源泉となっているエネルギーだと考えられています。肉体活力、特に性エネルギーをオージャスに変換することが、ヨーガ哲学の主目的になっています。これは、クンダリニーの上昇によって完璧になされます。ヨーガ哲学では、下腹部から下を支配しているプラーナを「アパーナ気」と呼んでいますが、アパーナ気が上昇して頭部に達するときオージャスに変えられ、このとき前述のような発光現象が現われるのだと考えられます。私はクンダリニーの上昇のことを、広義にはプラーナの上昇であると解釈していますが、適度にコントロールされた状態でプラーナの上昇が起こる場合には、ここに述べたような気持ちのよい発光現象が現われます。

この脈動する光は、体力が消耗しているときとか、雑念があって心が散漫な状態では出現しません。これは知力を強め、直感力や洞察力を高める作用があるようです。体験者たちの多くは、この光の出現後、目的意識がハッキリしてきて、自分は何を成すべきなのか、また何をしたいのかなど、人生目標がより鮮明に意識されるようになってきたと語っています。

クンダリニーの目覚めと関係ある象徴的ヴィジョン

一般にクンダリニー力（シャクティ）の活動は、最初に目覚めてから四六時中継続して活動するという例は極くまれです。しかし最初の衝撃が強力な場合は、瞑想やその他引き金となり得るような心理的キッカケがあれば、その後も簡単に活動するようになります。

何度も強調しますが、クンダリニーの目覚めが即高度な悟りの体験に結びつくという例はまれです。しかし内的には確実に変化が進行しており、冷静に自己を見つめている人は、その変化に気づくようになるでしょう。

このような変化の一つとして、以前に体験しなかったような象徴的なイメージを瞑想中に見たり、また「ヤントラ」といわれるシンボリックな幾何学紋様を見たりすることがあります。これらのイメージは、ユング心理学で「元型的イメージ」といわれているものと共通します。単純なものを上げると、次のようなものがあります。

○ 円に十字。卍紋様。十字か、または十字路。五芒星形。三角。∞の記号。

○ 六芒星形。

○ コブのある杖。ヘルメスの杖（メルクリウスの杖）〔215ページの図〕。垂直にかま首を持ち上げた蛇、または龍。噴水。

○ 行く手に光が見えるトンネル。丸や四角の窓。ピラミッド。噴火する火山。

○ 一つ眼（これは第三の眼を象徴していることもあるし、憑霊現象を意味することもある。この眼から敵意や無気味な感じを受けたら、後者の可能性が出てくる）。UFO型の光。

これらのシンボルは、瞑想中のヴィジョンに出てくるだけではありません。日常生活でそれまで意識にとどめなかったものが、内面の変化に伴ってやたら目にとどまるようになったり、気になったりします。ある場合には、無意識に何気なく書いている落書きの中にもこれらのシンボルが多くなります。

クンダリニーの目覚めの体験と特定のシンボルが関係しているのではないかという事実に私が気づいたのは、体験があってから何年も後のことでした。クンダリニー力はムーラーダーラ・チャクラから目覚め上昇しますが、このチャクラに精神集中することによって、十字、丸に十字、卍、四角、ピラミッドなどの特定のイメージがこのチャクラと関連していることを初めて知るようになりました。それはインドでのヨーガ修業の後のことで、このようなシンボルを何度も見始めるようになってから十年も後のことです。シンボルを見始めるようになった頃は、神秘世界の知識がだんだんわかり始める段階に達した印（しるし）ではないかと漠然と感じていただけでした。

クンダリニーの上昇に伴う象徴的ヴィジョン

数年前に起こったある体験によって私は、ムーラーダーラ・チャクラ及びクンダリニーの上昇と特定のシンボルが明らかに関連していることを確信するようになりました。

私はある深夜、二人の友人と瞑想に関する話をしていました。そのとき私は、何気なくムーラーダーラ・チャクラに注意を振り向けていました。まず最初に見えてきたイメージは、四角に関係したものでした。どこかの茶室にでもありそうな、四つの蓮の花弁をあしらった窓を見ていました。するとその中が四角の囲炉裏（いろり）のイメージに変化し、さらにそれが変化していって、奥行と高さのある四角の祭壇になっていきました。イメージに立体感が出てくると同時に、そのイメージにリアリティが出てきて、別の空間に私の意識がどんどん入り込んでゆくような感じになりました。なおも注意して見ていると、四角の中央には半透明のピラミッドが現われ、その頂点から白い光線が噴出していました。その光線の上部には聖火台のようなものがあり、その聖火台からは、一段と強い光線が炎のように上昇しているのが見えました（240ページの図）。

この一連のヴィジョンを見ているとき、肉体の存在感はしだいに希薄になっていきました。そしてその代わりに、下半身の方から軽やかなプラーナの振動が上昇してくるのが感じられました。それは波打つように脈動しながら、体全体を上昇してくるのです。その脈動は音にならない音、強いて表現すれば梵鐘の余韻のようなウネリ、あるいはゴォーと吹いている風のウネリのような振動にも感じられます。このウネリのリズムは、脈拍のリズムに近かったように記憶しています。この振動が頭部まで達したとき、私の思考活動は完全にストップしたように感じました。

私がその意識状態を二〜三言表現したのに対して友人が話しかけてきましたが、まるで映画の中の自分があやつり人形のように受け答えしている感じなのです。思考も感情も静止した状態で、ただ一切の出来事を、永遠の現在とでもいうべき時間のない状態で意識しているだけです。過去から引きずってきた歴史的な私（自我意識）は、まるで存在していなかったかのように消え去っていました。一切のものが、ただそこに存るのです。私はこの意識状態を、これまでの数回に及ぶ体験から「第五の意識」と仮に名づけています。それは、「生まれる前から私はこうであった」と感じられる意識であり、一切の概念、物の名前や形などからまったく自由になって、ただ物そのものの存在を意識している状態なのです。

そのとき私は、友人の質問に答えて、何とかその意識状態を説明してみようと試みました。私はそばにある湯呑み茶碗を例にとって、通常の意識状態でこの茶碗を見るとき、茶碗そのものを見ているのではないこと、つまり通常の見方は、さっき誰かがお茶を入れて、それを飲んだので半分ほどのお茶が残っており、茶碗は陶器で、台所から何分か前にもってきてこの場所に置いたもので……など、物の名称とそれに付随した概念、時間の流れの中で捉えた物の見方にすぎないことなどを説明しました。それに対して時間のストップしたこの意識状態では、「お茶が半分入った茶碗が在る」、ただそれだけなのです。名前は説明のために用いただけで、物それ自体がただそこに在るだけなのです。そしてその茶碗は、「私が存在する」のと同じ強烈さの存在感で存在しているのです。

この体験は私にとって、一年に一度あるかないかのかなり強烈な体験でした。これは、カルロス・カスタネダのいう「世界を止める」体験と同じものだと私は理解しています。（カルロス・カスタネダ著、真崎義博訳、二見書房『呪師に成る』）

さて次に、クンダリニーの目覚めはそれほどまれな体験ではないという事実を示すために、私が相談を受けたケースの中から二つの例を紹介することにします。

火山の噴火のイメージと共に脊柱が熱くなる

これは、高校二年の男子がシルバ・マインド・コントロール（ＳＭＣ）セミナーの受講中に体験したものです。

彼は瞑想中に、海の中にポツンと火山島が浮かんでいるイメージを見ていました。その火山島に、船で一人たどり着きました。火山の中央部からは、今にもマグマが噴出しそうに登ってくるのが見えました。このイメージを見ているとき、周囲の物音は聞こえなくなり、それによって何ともいえない孤独感を味わい、恐怖心が湧いてきました。周囲の音が聞こえなくなった代わりに、火山からはマグマが吹き上げてくるような、ゴォーッという音が聞こえていました。この体験と並行して、尾骶骨の部分から脊柱に沿って背中のあたりまで熱くなり、気持ちが落ち着かなくなってきました。

この体験について相談を受けた私は、彼にもう一度瞑想状態に入ってもらい、このイメージを火山島にたどり着くところから再現してもらうことにしました。そしてイメージを再現しながら、彼自身に直感的にそのイメージを分析させてみました。彼の直感によると、船はＳＭＣを表わし、ＳＭＣの受講は火山島にたどり着くための手段を提供したことを意味していました。火山島は彼自身の内部、尾骶骨のあたりに位置していることを知りました。私は彼に、瞑想の中で再びマグマを火山から上昇させるように指示しました。今度は恐怖心が起こらず、無事イメージの中で火山が噴火し、光のように吹き上げているさまを視覚化することができました。このイメージを創った後、一切のヴィジョンは消え、落ち着いた意識状態を体験することができました。

イダーとピンガラーの霊視

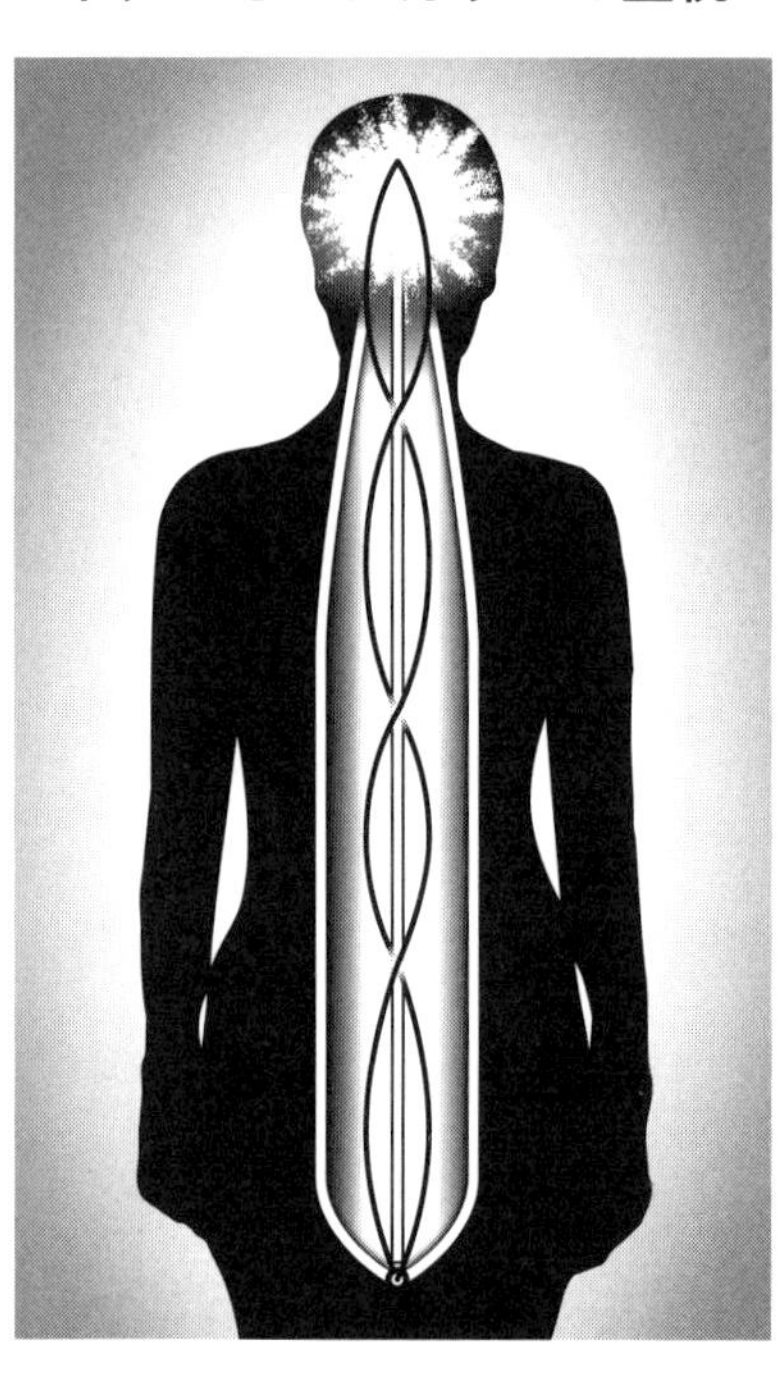

彼はその後、「内なるグル」の指導によって、オーラを見たり、超感覚的な次元を知覚できるようになりました。現在では、自身の微細身（幽体）を投影して霊視できるようになり、微細身の中のナーディ（心霊エネルギーの通路）をハッキリと見ることができるということです。彼の霊視によると、イダーは左の鼻穴の奥と連結していて、そこには薄い紫かあ

るいはうすい青色の光が流れているということです。またピンガラーは右の鼻穴と連結していて、ピンク色の光が流れているのがわかるということです。スシュムナーには黄色の光が昇っており、それをさらに拡大してみると、黄色の真中が白い細い光線になっていて、この光、つまりクンダリニーは、意志の力で背中まで上昇させることはできましたが、首のところから上へはどうしても昇らせることができませんでした。イダーとピンガラーは、クンダリニーの上昇と共に、それより少し遅れてねじれて昇るということです。

瞑想中に強烈なクンダリニーの上昇を体験する

次に紹介するのは、数年前に東北に住む四一歳の男性から送られてきた報告です。彼は『瞑想術入門』を読んで、半信半疑のうちに瞑想を始めました。そして短期間のうちにここに紹介するような強烈な体験を繰り返し、それについての解釈と瞑想についてのアドバイスを求めてきたものです。この便りには、クンダリニーの目覚めとそれに付随して起こっている種々の障害が、便箋三十枚にわたって事細かに記してありました。ここに紹介するのはその一部ですが、似たような体験をしている人の参考のために簡単な解説をつけました。

……（略）……初めはやったりやらなかったり、三日も忘れていたり、寝ころんで集中の練習をしたりでした。ところがわずか十日か半月で、閉じた目の視界がボンヤリと明るんでいることを発見したのです。きっと何かが見えてくると、そのとき確信しました。……（略）……九月に入ってすぐ（註瞑想を始めたのは八月半ば頃）、それまでは薄ボンヤリした色や単なる明るさ（何も映っていないテレビ画面様の）しか見えなかったものが、いきなりとんでもない開眼に見舞われました（ボンヤリした色は、自己催眠による方法によってやっと浮かぶようになったばかりでした）。神秘とも何ともいえない素晴しい空色の地に、もえぎ色の柳の葉（と思われる細長い葉）が規則的に並んだ模様でした。テーブル・クロスのようなので、寺院の祭壇の机掛けかと思いました。あるいは密教の読物で読んだマンダラのどこか一部にこんな模様があるのかなと思いました。それは三分か五分か、あるいはもっと長くか、全然見当がつかないながら、私が十分堪能できる間とどまっていて、次いで仏像だかただの黄金色だかわからぬまぶしい光が、雲の大海原の上（中？）で輝いている画面となりました。これは先生が「ヴィジョンによる意識の深化」のところで書いておられるのをすぐに思い出し、「まさかそれが暗示となって……」と疑いましたが、ただの幻想にしては余りに神々（こうごう）しく、また長い時間でした。いつか光は消え、私は荘厳な恍惚にひたりながら、いつまでも雲の中に座っていました。〝とんでもないもの〟はその次に現われるのですが、これは画面がパッと変わったのか、ゆるやかに変わったのか、それとも一度目を開けたのか、変わり目は一切覚えていません。〝まったくとんでもないもの〟、それはたくましい黒い大キンタマなのです。リンカクが少しぼやけ、そして水平に現われましたが、怒張しているアレだと、はっきり分りました……

註　黄金色の仏像のイメージは、自己の原因身（霊体）を投影して見たもので、深い瞑想状態で体験できる。黒い男根のイメージは、クンダリニーの象徴的ヴィジョンとして多くの人が体験するイメージ。

……（略）……それが消えて目を開いてしまったのですが、こんなに好調ならと再び目を閉じるや、今度は体、特に腰が燃えるように熱くなり、ガクガクと烈しく震え出し、次第にベットリと汗ばんできました。必死で閉じている目の中が、メラメラと燃え上がりました。私はすでにクンダリニー上昇の状態についての説明を読んでいましたので、懸命に目を閉じていましたが、シートのバネが伸び、背もたれに衣服がこすれるほどに体が引っ張り上げられる感じが襲ってくると、もう耐えられるのはそこまででした。私が瞑想していたその場所は、山と山が迫った深い谷川の崖の上、時間も暗くなりかけの、タダでさえ気持ちのよい頃合いではないので、恐怖はいっそうあおられました。

今思うとあの大キン像は、やっぱり暗赤色のバックがあったような気がします。とすると、大キンを望む私の希みもさりながら、あれはムーラーダーラ・チャクラのヴィジョンであろうと考えます。

……（略）……

あり得ることか得ないことかわかりませんが、私は霊眼とクンダリニーが一度に目覚めたと判断するほかはありません。それといい、余りに早すぎることといい、私は自分の素地、下地について考えないわけには参りません。というのは、私は七～八年も前から異常な体の震えに悩まされています。今もこれを書きながら断続的に震えています。山の中で味わったあの恐怖の震えは、この震えとまったく同種のもの、日常の震えをそのまま拡大したものであると、私にはどうしても思えるのです。先生は「肉体の強打」とか「精神的ショック」によるクンダリニーの目覚めについて言及しておられます。私はその両方とも、立派な有資格者であると想っています。……（略）……

……毎日山行きを続け、今ではどのチャクラもどうにか見えます。クンダリニー上昇様の体験も、初日から七～八日続きました。それから三～四日無反応の日が続いて失望しましたが、また体験するようになり、それからは強弱の差はあってもほとんど毎日、同様の現象があります。現在では、目を閉じるや否やクンダリニー上昇様のガクガクが始まってしまうか、脳ミソがうごめくような感じがし……（略）……集中にも呼吸法が不要なことが多く、目を閉じただけで肉体意識がかすかになってしまいます。

ここまでは我ながら上出来だったと思います。ところが十月二十日ごろになると、三日、四日と光も見えない、見えてもボンヤリの日が続き、耳の奥で何かささやくようなヒソヒソ声が聞こえるようになりました。二十二日には、ロクな光が見えなかったあと、再びの集中でやっと体がクンダリニー上昇様の状態になりましたが、ゆっくりと昇った空気の大きな塊りのようなものが途中で動かなくなり、意識でマニプーラから押し上げ、アナハタから引っ張るという作業をくり返して、何とか頭頂まで押し上げるという、ヘンな瞑想をしてしまいました。もう一塊り、同じようにして押し上げ、三度目に入ったとき、首から下、特に手足がサッと冷たくなりました。それは肉体意識が稀弱な上に冷たいのですから、まるで死体のような感じで、あわてて中止しました。

むりやり引き上げた先ほどの塊りも、頭頂から無数の放射線となって頭全体にゆっくりと拡がるのが、一種の重さが拡がる感じで、よい感じのものではありませんでした。腰か腹にいたバケモノが頭に棲家を替えたような気がし、これから頭痛に悩まされることになるかも知れぬと思いました。

註　彼は体の震えを経験するようになる前に、階段から転落する事故に会っており、それが原因と思われる腰椎ヘルニアを患っていたということである。クンダリニー力の上昇の際には、脊椎の狂いが重大な障害を引き起こすことがある。イダーとピンガラーのナーディのバランスが、クンダリニー力の上昇をスムーズに達成する鍵になっており、脊椎の狂いがこの二つのナーディをアンバランスにさせる原因になる。体が極端に熱くなったり、冷たくなったり、あるいは震えたりするのは、全体のプラーナの流れがスムーズに流れていないことを意味している。言い換えれば、肉体がプラーナの流れに抵抗している状態である。またこのような場合は、感情が著しく不安定になる。彼の場合にはナーディが浄化されていない状態でクンダリニーが上昇したので、腰の部分が過敏になり、そこに外部の心霊的影響が入り込む接点ができたと考えられる。これは一般に、オーラの裂け目と呼ばれている。

連載8 **実践瞑想法講座**

クンダリニー覚醒を志す前に

これまで、クンダリニーの目覚めに伴う種々の現象を取り上げてきたわけですが、次の段階として、どうしたらクンダリニーを目覚めさせることができるのか、また、どのようにしてその体験をコントロールすればよいのか、という疑問が出てくるはずです。

どうしたらクンダリニーを目覚めさせることができるかというテーマに関して、私は当然述べる必要を感じていますが、ここでそれを取り上げるに際して、慎重にならざるを得ません。その理由は、以前共著で書いた『瞑想術入門』に、私がインドで実修したクンダリニー覚醒のためのテクニックを紹介したところ、一部の識者から、あのようなテクニックをあからさまに取り上げて紹介するのは危険ではないかという批判があったからです。当時の私の考えとしては、インドで出版されているヨーガの本には他にも似たようなテクニックが紹介されているし、現に道場では、外人の修業者に対しても教えられていることなのだから、秘密にしておくこともないだろうと、単純に考えていたわけです。

しかしその後の瞑想指導体験から、私はその考えをしだいに修正せざるを得なくなりました。なぜなら、やみくもに超能力を得たいと望む人が、心の姿勢をなおざりにしたまま、形としてのテクニックだけに夢中になるからです。インドのことわざ――「弟子の準備ができたときグルが現われる」は、クンダリニーに関してはあてはまらないこともあるのです。「弟子の準備ができていなくても、クンダリニーは目覚めることがある」というのが真相です。心の姿勢を無視して形だけの行法に熱中する場合は、クンダリニーの目覚めは恩恵になるどころか、むしろ混乱と苦悩をもたらすことを、私は実際にいくつか見てきました。

具体的なトラブルについては別のところで触れることにして、ここでは、クンダリニーの覚醒にとりかかる前に、どのような精神的態度をもつことが望ましいかについて述べてみます。

1　無意識の中に抑圧された感情が存在すると仮定して、それと直面したとき、乗り越えていく覚悟があるかどうか。

無意識の中に抑圧された感情は、多くの場合、その人の最も見たくないもの、最も怖れているものであり、それと直面して醒めた意識で直視するのは、大きな勇気を必要とします。クンダリニーの目覚めは、心地良い体験ばかりでは決してなく、初期の体験では、無意識の中にある感情がリアルに感じられてくるような、強烈な想像力を解放することがあります。

2　クンダリニーを目覚めさせたいという動機が、純粋な気持ちから発しているかどうか、チェックすること。

次のような動機から実践する場合、たとえば、人生に不満をもっていて、これを実践すれば何かよいことがあるかもしれないという漠然とした（現実逃避のための）動機、あるいは、超能力者になって他人よりも優位に立ちたいという動機などは、見当はずれの動機であって、ほとんどの場合、逆の結果を生みます。
反対に、存在の神秘を解き明かしたい、自己をより深く知りたい、自我を超えたより大きな力に触れたい、などの動機は、意識を拡大するための大きなキッカケを与えることになるでしょう。

3　何が起こっているのか、冷静に見つめようとする心の姿勢。

この点に関して私は、ラマナ・マハリシの「自己探究」の教えが大きな力になると考えます。マハリシは、如何(いか)なる体験であれ、「体験している私は誰なのか」に注意を向けるようにすすめています。神々のヴィジョンや神秘な幻覚を見たとき、「これを見ている私は誰なのか」に注意を向けるべきで、それによってより深い意識に到達できます。私自身の瞑想体験のほとんどは、この方法によって深い認識に到達することができました。

いずれにせよクンダリニーは、われわれの中に眠っている最強のエネルギーであり、ほんのちょっとした不純があっても、焼き尽くさずにはおかない強大な火力です。その不純とは、肉体だけではなく心の不純も意味します。神の火に焼かれるとはどういうことなのか、それが恐しい苦痛になるか、心地良い光浴になるかは、ひとえに心の姿勢にかかっています。クンダリニー上昇を志す人は、後戻りのきかない旅に出ることを覚悟しなければなりません。

クンダリニーを覚醒させる

どんな場合にクンダリニーが目覚めるか

前にも述べましたが、クンダリニーの目覚めはそれほどまれな現象ではなく、目覚めるときはどんな方法でも目覚めます。しかし、一時的に目覚めることと、その目覚めの体験を意識的にコントロールして自己の中に統合していくことの間には、大きな違いがあります。偶発的に目覚めたり、また何かの行法によって一時的に活動することはめずらしくはありませんが、望むときにいつでも頭頂までクンダリニーを上昇させることができる人は極くまれであると考えます。

さて、コントロールされたクンダリニーの活動はさておいて、偶発的、一時的なクンダリニーの目覚めは、次のような場合や手段によって起こり得ます。

①　ヨーガのアーサナやプラーナヤーマによって。あるいは、合気道、太極拳などの武道や、特殊な舞踏によっても目覚めるかもしれない。
②　熱烈な信仰や念仏などの称名によって。
③　哲学や宗教などについて深く思索することによって。つまり、深遠な問題に対し精神集中することによって。
④　音のイメージや特殊な視覚イメージに集中することによって。
⑤　宗教的あるいは魔術的な儀式によって。
⑥　グル（または神）の恩寵（おんちょう）によって。
⑦　ペヨーテやキノコなどの幻覚植物、またはＬＳＤやメスカリンなどの幻覚剤の摂取によって。

⑧　頭部や尾骨の強打によるもの、その他事故などによる肉体的ショック。
⑨　ある種の心理的葛藤や精神的ショック。

最後の⑨については疑問に思う人もいるかもしれませんが、私は明らかにこれに該当すると思われるケースに出会ったことがあります。

私はあるとき、ピラミッドの秘密に関して重要な知識をもっているのでぜひ聞いてもらいたいという一青年に会ったことがあります。その話によると彼は、ある事情で少年院の独房に入るはめになり、自分の境遇について深く考えているうちに、突然、強烈な光が体内に発光し、彼の表現によると「目から光のウロコが飛び散り」、そのときから二週間ほど目やにが出て盲目に近い状態を体験しました。そのとき、宇宙空間に彼の意識が飛び出し、そこに大きなピラミッドが出現しました。そしてピラミッドの四隅に四人の神人が立ち、そのうちの一人は角をはやしたモーゼで、もう一人はキリストであることが直感的にわかりました。この体験がキッカケで彼は、ピラミッドや宇宙の秘密について直感的にわかるようになり、その知識を何とかして人に伝えたいと、熱意を燃やすようなりました。

私は彼の話を聞きながら、簡単な瞑想の手ほどきをしましたが、それは明らかに強烈なクンダリニーの目覚めによるものであることがわかりました。彼の話は、直感的なヒラメキと、神話や個人の幻想とをゴチャまぜにした混乱した内容でしたが、通常の意識ではとても思いつかないような天才的な独創性も秘めていました。瞑想中、彼は小きざみに体の震えを示しましたが、これもクンダリニーの活動中にしばしば見られる現象です。

肉体を基盤にした覚醒法について

この多くは、ムドラー（印契）とプラーナヤーマを組み合わせたテクニック、つまり、肉体の動作と呼吸法によるテクニックです。ハタ・ヨーガに含まれるテクニックの一部が、肉体や神経系の浄化を促してクンダリニーの覚醒を目的にしていることは明らかであり、一般にクンダリニー・ヨーガと呼ばれているヨーガのテクニックは、主にハタ・ヨーガのテクニックとマントラを採用しています。

ここにそれらのテクニックを詳細に紹介することは、あまりにも危険が多すぎるので避けますが、このテーマについて完全を期するため、比較的容易なテクニックを紹介することにします。

クンダリニー・ヨーガを実修する場合、本来ならば、すでにクンダリニー上昇を何回も体験している有能な指導者のもとで行うのが原則で、本を読んで実修するのは避けた方が賢明です。その理由は、再び繰り返しますが、「弟子の準備ができていなくても、クンダリニーが目覚めることがある」からです。心身の浄化が進み、クンダリニーが覚醒しても十分対処できるような精神の強さが得られてから目覚めるのなら問題ありませんが、肉体的な激しい行法を続けていると、突然強力なショックを伴った覚醒が起こるからです。

とはいっても、心身を浄化することは、いずれの方法を採用するにしろ、クンダリニーの覚醒を安全に達成するには不可欠の条件になります。それには呼吸法（プラーナヤーマ）の実修は大いに役立つことはいうまでもありません。

次に述べるのは、心身の浄化と、陰・陽の生体エネルギーの調和を目的とした呼吸法ですが、比較的安全なものです。しかし、実修の場所や回数の制限は忠実に守ってください。

テクニック1　プラーナヤーマ

場所は、清浄な空気の部屋を選び、タバコの煙がたち込めていたり、密閉されてよどんだ空気の部屋は避けなければいけない。屋外で行うときは、風のないときを選ぶこと。

時間は、原則として朝に行う。特に、日の出前の一時間以内がすすめられる。朝夕行ってもよい。就寝前の深夜に行うのはさけること。また、食事後三時間たってから行うのが望ましい。消化のよい軽い食事ならば、二時間後でも差しつかえない。食後すぐに行うことは絶対さけること。

座り方は、結跏趺座、半跏趺座、正座。椅子の場合は、背骨をまっすぐにし、椅子の背にもたれかからないようにする。

まず、右の親指で右の鼻をおさえてふさぎ、左の鼻穴から息を吸い込む。吸い終わったら、右の薬指で左の鼻穴をふさぎ（つまり、両鼻穴をふさぐ）、そのまましばらく、苦しくない程度に息を止めておく。次に親指を離し、左の鼻穴はふさいだまま、右の鼻孔からゆっくり息を吐き出す。息を吐き終わったら、同じ右の鼻穴から息を吸い込み、吸い終わったら、親指と薬指で両鼻をふさぎ。しばらく息を止めておく。次に薬指を離し、左の鼻穴から息を吐き出す。

これが一回の呼吸であり、同じことを数回くり返す。最初は、朝夕行うときは四回ずつにし、一週間に一回ずつ回数を増やしていく。

この呼吸法は、吸う時間、止めておく時間、吐く時間のリズムが大切である。最初の頃は、吸うのに四秒、止めておくのに四秒、吐くのに八秒の、1・1・2の比率くらいにし、馴れてきたら、四秒、八秒、八秒、さらに八秒、一六秒、八秒にするとよい。このリズムは各自の体質によって適否があり、無理のない、苦しくないリズムをさがすべきである。リズムが確立するまで、秒数を数えるかわりに、心の中で「アウム」を唱えるとよい。

テクニック２　プラーナヤーマ

場所、時間、座り方については、テクニック1と同じである。

まず、両方の鼻穴から四～八秒かけてゆっくり息を吸い込む。そのとき、吸気と共にプラーナが、頭部を一巡して体の尾骨の方までゆっくり流れくだっていくと想像すること。それには、注意力を頭の方から順を追ってしだいに体の下の方へ移していくとよい。

吸い終わったら、しばらく息を止め、取り入れたプラーナが肉体という容器にたまっていくさまを想像すること。

次に息を吐き出すとき、口は閉じたまま、鼻の奥でかすかな「ムー」というハミング音を出しながら、ゆっくり吐き出す。このとき、ハミング音の振動が脊髄に沿って頭部まで、しだいに上昇してくるように想像する。この振動を、同時に白い光として視覚化しながら行うのは非常に効果がある。

安全で確実な視覚化による方法

肉体と精神（心）の相互関係については、道元の「身心一如（いちにょ）」の思想を取り上げるまでもなく、心身医学の立場からも十分実証されています。

肉体と精神の相互関係の強さと係わり方については、それぞれ個人差があるものの、心のあり方がいずれ何らかの形で肉体に作用を及ぼすことについては、疑問の余地がありません。同様に、この逆についても真実です。つまり、肉体の状態が何らかの形で精神に影響を与えずにはおきません。この原理を使ったのがハタ・ヨーガのテクニックであるといえます。すなわち、肉体の動作や呼吸法によって精神に影響を与え、ある種の意識状態を創りだそうとする立場です。

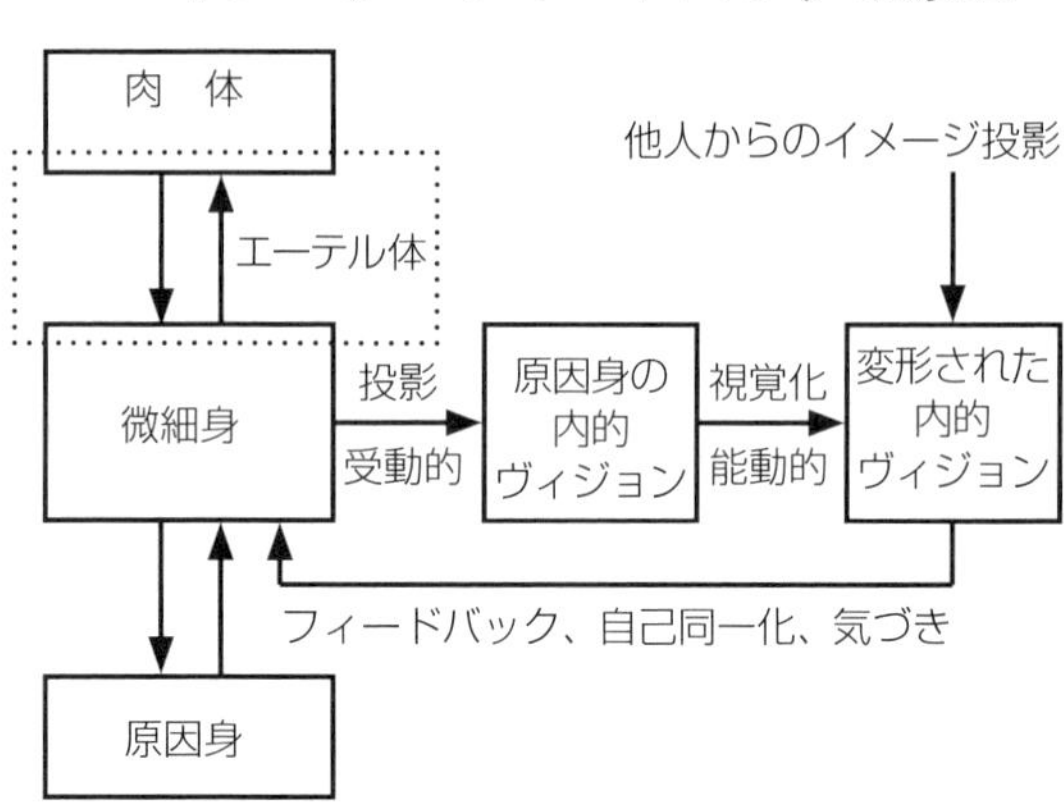

これに対して、視覚化や音などのイメージに精神集中することによって、精神と肉体にある状態を創りだそうというのが、これから述べるテクニックの目的です。このテクニックの原理は、ヨーガ哲学の概念を使って説明することができます。

図（註1）は、簡潔な形でこの原理を説明したものです。まず、人間の存在は、肉体と精神という二元的な分け方ではなく、肉体、微細身、原因身というヨーガ三身説に従って考えると、より明確に説明することができます。三つの身体については、この講座の始めの方でも取り上げましたが、微細身と原因身は肉体の死後も存在することのできる身体であり、超物理的次元に属しています。微細身と肉体のつながりは、エーテル複体（プラーナマヤ・コーシャ）によって維持されています。特に、エーテル複体の中にあるプラーナの渦であるチャクラが、このつながりの中枢部になっていて、肉体次元のエネルギーを心霊次元（微細身の次元）のエネルギーに、また逆に心霊次元のエネルギーを肉体次元のエネルギーに、変換する働きを行っています。

微細身は、知性および想像力として知られる心のエネルギーの座であって、この中核部分が頭部に位置しています。脳の働きは、心として知られる微細身の援助があって初めて完全な精神機能を営むことができます。瞑想体験の立場から見ると、心は脳の働き以上のものであり、それは、ペンフィールド博士が到達した結論（註２）と同じです。

深い瞑想状態で心の働きを観察したとき、それは、頭部を中心に拡がるさまざまな色彩の光のモヤとして視覚化することができます。この光は、心の状態によってさまざまに変化しますが、まるで、『未知との遭遇』のラストシーンに出てくる巨大なＵＦＯの光を思わせるものがあります。

原因身は、自我意識を生じさせる基になる身体であり、これと微細身とのつながりのメカニズムは、アンターカラナー（内なる器官）と呼ばれています。これはさしあたっての説明の目的には必要ないので、ここでは、微細身と肉体の関係を理解していれば十分です。

さて、想像力を使ってクンダリニーを覚醒させようとする試みは、微細身と肉体の関係を理解することによって、十分可能性のあるものであることを納得していただけたと思います。結論としていえることは、想像力は微細身の主要機能の一つであり、イメージすることは直接微細身の上に何らかの作用を及ぼし、その作用がエーテル複体内のプラーナの活動を左右し、肉体上に結果を生じさせるということです。したがって適切なイメージを使ったならば、クンダリニーの覚醒を促すことができるのです。

次に、クンダリニーの覚醒に役立つ視覚イメージをいくつか述べますが、実行に際して以下の要点を心にとどめておいてください。

(1) 運動が肉体に直接作用を及ぼすように、想像力は微細身に直接作用を及ぼす。

(2) 微細身の変化が、エーテル複体に変化をもたらし、それが肉体にも影響を与える。

(3) プラーナは光（および色）として視覚化することができる。また、想像力（とりわけ視覚イメージ）によってプラーナの活動をコントロールできる。

テクニック3　微細身とスシュムナーの投影

① 自分自身の上半身または全身を鏡に写し、その姿をよく記憶し、次に目を閉じて、その記憶像を再現できるようにする。

② イメージした姿の周りに、霧状のモヤが10～20センチの範囲でたち込めているのを想像する。

③ そのモヤに、何色でもよいから色がついていると思うこと。自然に出てきた色、または簡単に思い浮かべられる色がオーラの基本色と一致していることが多い。

④ いったん想像した色を受け身の状態で観察し、自然に色やモヤの形が変化するかどうか確かめる。もし変化すれば、その変化に対応して気分や意識も変化するかどうかに注意して観察する。対応していれば、想像したイメージは微細身の投影である。

⑤ そのイメージ（この時点で、細かい肉体の特徴や服装のイメージは消えている）に、次ページの図のよ

微細身とスシュムナーの投影

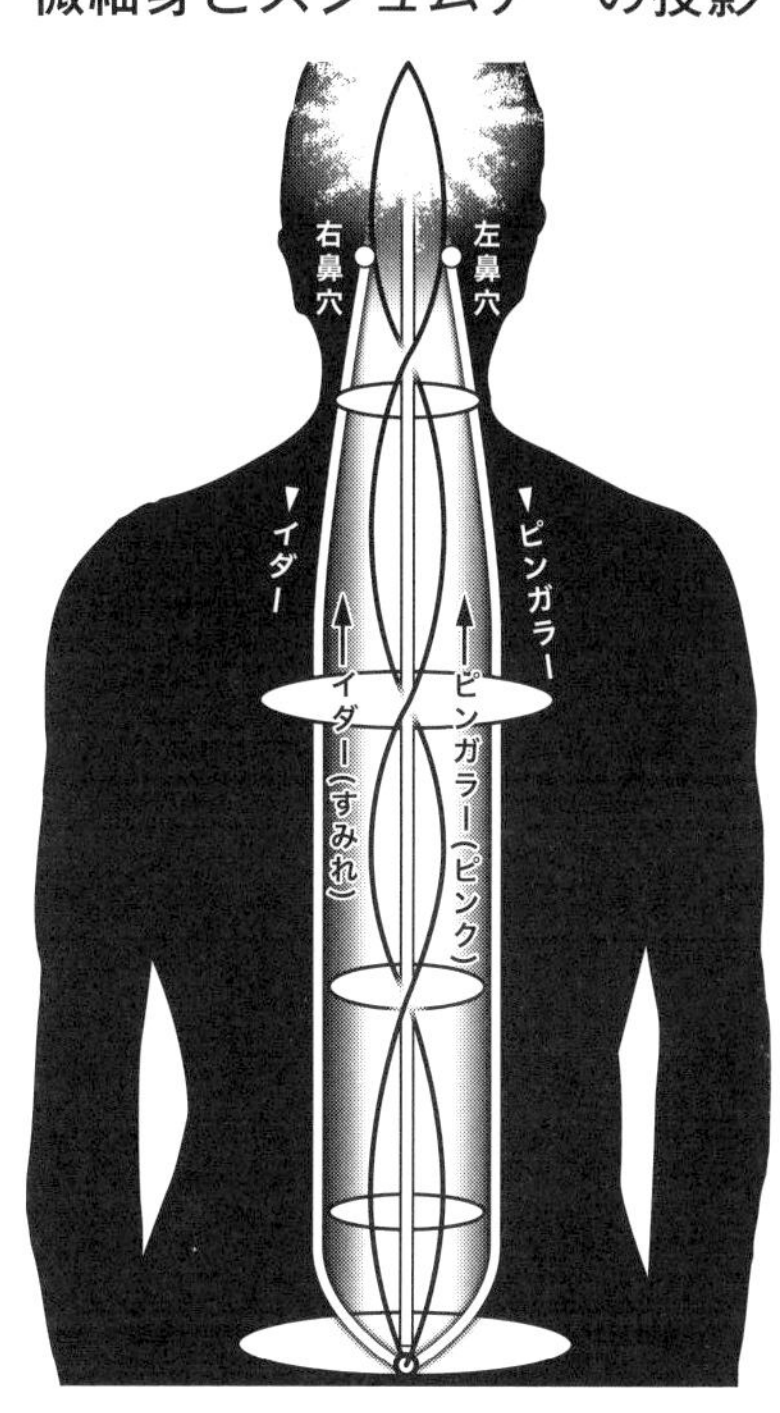

うに、スシュムナー、イダー、ピンガラーのナーディを投影する。スシュムナーは白で、イダーはすみれ色、ピンガラーはピンク色にする。

⑥　投影したイメージとの自己同一化を深めるために、そのイメージを肉体意識に重ね合わせる。

この視覚イメージを使った方法は、内的次元→外的次元へ、つまり精妙な次元→粗雑な次元へと展開する方法なので、肉体に無理なストレスを生じさせる危険はない。まずナーディが少しずつ浄化されてゆき、準備ができたときに、自然にクンダリニーが目覚めるようになる。

テクニック4　スシュムナーの浄化

このテクニックは、本連載4回で述べた「メルクリウスの杖」と「白い十字路の視覚化」の二つと基本的には同じですが、これらのイメージの視覚化をもっと容易にするために工夫したものです。

①　幅30センチ、長さ1メートル80センチの白い紙を二枚用意する。この二枚の紙を十字になるように張り合わせ、「白い十字路」を作る。

②　「白い十字路」を部屋の中央に、東西南北に合わせて敷き、その中央に座る。どちらの方向を向いて座る

かは、それほど重要ではない。気持ちのよい方角を各自直感によって決定すること。次に、目を閉じて、「白い十字路」の四方からエネルギーが中心に流れてくると思うこと。

③ 白い十字の中心から垂直に、体の中を貫いて幅5～10センチの白い柱が立っていると想像する。この想像を助けるために、幅5センチくらいの白いテープが、尾骨の部分から脊髄に沿って頭部まで、体に貼りついているのを想像するとよい。

イメージの中で、白い十字と柱が光のように輝いているのを想像することによって、効果も強まる。この他、体の中心部を直径10センチくらいのガラスのパイプがつらぬいていて、中心が真空になっているのを想像する方法もある。

グルの恩寵による方法

これは、瞑想者が意志して行うテクニックとはいえませんが、瞑想者の心の姿勢によって、このようなチャンスに誘(いざな)われることは起こり得ます。

完成されたグルが、もし弟子にクンダリニー覚醒の体験をさずけようと意志すれば、伝えることができるといわれています。歴史上、このようなグルのエピソードがいくつか伝えられています。イエス・キリストは、このようなグルの一人であり、おそらく仏陀もこのような伝達法を数多く行ったに違いありません。近代になってからは、ラーマクリシュナがそのような力をもっていた聖者の一人であり、彼は弟子のヴィベーカーナンダの体に触れることによって、無分別三昧(さんまい)の体験に導いたことは有名な話です。また、ラマナ・マハリシは、弟子をじっと見つめるだけで、その弟子がサマーディの体験をしたというエピソードがいくつか伝わっています。私が昨年ラマナアシュラムを訪れ、マハリシの遺影の前に座って瞑想したとき、涙があふれ出そうな至福の波に満たされたのは、同じような力に触れたのではないかと考えています。

では、このような体験はグルが意志しさえすれば誰にでも起こり得るのかというと、その答はイエスです。なぜなら、弟子の心の準備が整っていれば、グルの意志通り伝達が起こるであろうし、整っていなければ起こらないでしょう。しかし逆に考えれば、弟子の準備が整わないとき、グルはそのようなことを意志しないだろうともいえます。その意味でイエスなのです。

グルがそのような体験を伝えようと意志する、そのときを得るためには、弟子の側の準備として、真理を体験したいという真摯な気持ちをもつこと、エゴを捨て、より大きな意志に自分をゆだねようとする帰依の気持ちを抱くことが大切なようです。たとえ、肉体をもったグルが現われなくても、「内なるグル」が背後から導くことがあります。私がこれまで瞑想指導してきた人の中で、「内なるグル」を自覚できるような深い体験をした人に、「なぜ私のところに指導を受けに来たのか」とたずねてみると、「内なるグル」の答として、私のところに行くように背後から導かれたのだと答える人がほとんどです。これは私の関心をひくための無意識のコジツケなのかどうかはわかりませんが、私はそうではないと素直に受けとっています。そしてこのようなケースに限って、私の瞑想指導がベストな形で行われるのです。ここにおいて、自力と他力の壁がとりはらわれてしまったように感じます。

クンダリニー力の制御と障害の克服法

最後に、クンダリニーのテーマのしめくくりとして、クンダリニーの目覚めに伴って種々のトラブルを体験している人について、簡単にふれてみたいと思います。

これらのトラブルとしてよくあるのは、次のようなものです。

①　体が震える。
②　体がジリジリ熱っぽくなったり、逆に冷たくなったりする。
③　背骨の一部が痛かったり、脳の一部がひっかきまわされるような不快な感じ。
④　さまざまな不快な音が聞こえる。時には、くだらない話し声が聞こえる。
⑤　突然意識が変化し、体から力が抜け、トランス状態になる。
⑥　不快な光や幻覚がおそってくる。

これらの症状は、現象だけ見ると心身症や精神病と見分けがつかないほど類似していますが、直感的な洞察力があれば、ハッキリと見分けがつきます。

リー・サネラ博士は、これらの症状の克服法として、「緊張や不均衡というこのような結果は、そのプロセス自体から生み出されるのではなく、意志や無意志がそのプロセスを妨害することから生み出されるのである」といっています（『クンダリニーとは何か』ジョン・ホワイト編、川村悦郎訳、めるくまーる杜）。

私もこの考えにほとんど同感であり、トラブルの多くは、意識がその体験を受け入れることを拒否し、あるいは肉体意識が新しいエネルギーの流れに抵抗した結果、事情を複雑にしていると考えています。前にも何カ所かでふれたように、「体験している私は誰なのか」に注意を向け、より大きな意志や力（神）を信頼して、それに自分をゆだねることによって容易に克服できるケースがたくさんあります。

また症状の多くは、脊髄の狂いによったり、また心身の未浄化によりますから、健全な思想をもち、食事に気を配り、生活のリズムを健康にすることが大切です。心身のアンバランスは、イダー、ピンガラーの流れのアンバランスによることが多いので、二つのナーディの浄化を心がける瞑想はおおいに役立ちます。

詳しくは、有能な指導者、できれば高度の霊視能力をもった指導者に相談するのが一番確実です。

註1　雑誌『メビウス・3号』（たま出版）51ページに掲載された図。図の解説については、同誌の「ヨーガ神秘主義と視覚イメージによる瞑想法」を参照ください。

註2　『脳と心の正体』ワイルダー・ペンフィールド著、塚田・山河共訳、文化放送出版局

連載9 実践瞑想法講座

その6 微細身（幽体）を知覚する

これまで、意識を内側へ向けることによって、より精妙な内的次元が存在することを自覚し、それによって意識の根源にせまろうとする方法を取り上げてきました。今回は、このプロセスをさらに内側へと進め、微細身（幽体）のメカニズムを体験し、この知覚をコントロールして、一般に幽界とか霊界といわれている精妙な次元を探究することにします。

ただし、ここでことわっておかなければならないことは、この次元は、多くの欺瞞と幻想に満ちており、細心の注意を傾けてこのレベルの瞑想内容をチェックしないかぎり、瞑想の障害になるということです。この次元の知覚を通してもたらされる情報の多くは錯綜しており、普遍的な真実からほど遠いものばかりです。一般に、霊能者といわれる人たちのほとんどはこの次元に留まっていて、それ以上先に進もうとはしていないように私には思えます。霊界通信のほとんどは、普遍性を欠いた、いかにくだらない内容が多いかは、この分野に深く分け入った探究者なら痛感しているはずです。聖典『沈黙の声』（註１）で、「第二の世界を横切るに当っては、咲く花の香りを吸うため止まることなかれ。因果の鎖より放たれんとしなば、幻影のこの領域に汝の師を求むることなかれ」と警告しているのは、この辺の事情を物語っています。

「内なるグル」からの真実の声を聞き分けるようになるためには、以上の点に留意し、微細身の知覚を浄化し、コントロールして、障害をすみやかに乗り越えてゆくように心がけなければなりません。

アンターカラナーと微細身のメカニズム

アンターカラナーというのは、「内的器官」という意味で、意識および心の性質を説明するために、インドの哲学で用いられている用語です。これは、微細身のメカニズムや、原因身と微細身の相互関係を合理的に説明するためのすぐれた概念であると私は考えています。

多くの哲学者にとって、アンターカラナーの原理は哲学的思弁以外の何ものでもありませんが、瞑想者にとっては、肉体のメカニズムと同じように具体的な存在なのです。瞑想者は、自分の体験した微細身のメカニズムを、アンターカラナーの概念を採用することによって合理的に説明することができ、その体験を矛盾なく自己の中に統合することができるのです。

私は二〇代のときから、頭の中に輝くような光の塊を見たり、いくつかの星のような輝きを見たり、千変万化するマンダラ様の光を見たり、というような体験をしていましたが、それはいったい何なのか、それにどのような意味があるのか、長い間わかりませんでした。したがって、意味がわからないために、その体験を瞑想に利用することは思ってもみませんでした。しかし、一九七〇年、インドのリシュケシュにあるヨーガ・ニケタン道場に入ったときに、この謎は初めて解明され、瞑想を方向づける重要な体験であることを知ったのです。この道場の長老であった、ヨーゲシュワラナンダ・サラスワティ師は、〝Science of Soul〟（魂の科学）（註２）の中で、アンターカラナーについて詳細に説明し、しかもそれが、視覚化できる具体的な瞑想体験の内容であることを力説しています。

アンターカラナーの構成要素

ヨーゲシュワラナンダ・サラスワティ師によれば、アンターカラナーは、次に述べるように、四つの構成要素が四重に重なり、混りあった器官であると説明しています。

(1) マナス（意・マインド）
(2) ブッディ（知性）　　　　　微細身
(3) アハンカーラ（自我）
(4) チッタ（心の資料・記憶）　原因身

しかしこの点に関しては、インドの哲学諸派の中で必ずしも意見が一致しているわけではありません。ある場合は、この四つの他にジュナーナ（知識）を加えて、五つの構成要素として説明されることもあり、またサンキャ哲学では、チッタの中にブッディも含めて、三重の器官であると説明しています。

いずれにしても、私の目にしたかぎりでは、アンターカラナーを自己の体験をもとに詳細に論じているのは、ヨーゲシュワラナンダ師の著書だけであり、この点で、私たち瞑想者にとって重要な指針になる説です。これによって、瞑想中に体験する光のヴィジョンにはどんな意味があるのか、瞑想を深めるためにそれをどのように利用していけばよいか、が理解できます。

ここでは、この説の哲学的側面を捉えて詳細に論じるのは複雑になるので省き、体験的側面について説明していきます。

アンターカラナーの働きとその視覚化

内的体験を図に示すのは、チャクラの図示と同様、とても難しいものです。したがって次ページの図１も、内的体験を正確に反映するものではありませんが、説明のための役割は十分はたすことができます。

マナスの光

まず頭部の光ですが、これは微細身（幽体）の中心部（核）を示します。ヨーゲシュワラナンダ師によると、卵型の頂部にあるのは、マナス（マインド）の光だということです。私の場合、通常は、透明感のある白や、少し青味がかった白、金色の少し入った白い光として見えます。これはかなり強い光で、頭頂部に注意を振り向けると、そんなに深い瞑想状態に入らなくても、視覚的に感じとることができます。これは、スシュ

図1 アンターカラナーの視覚化

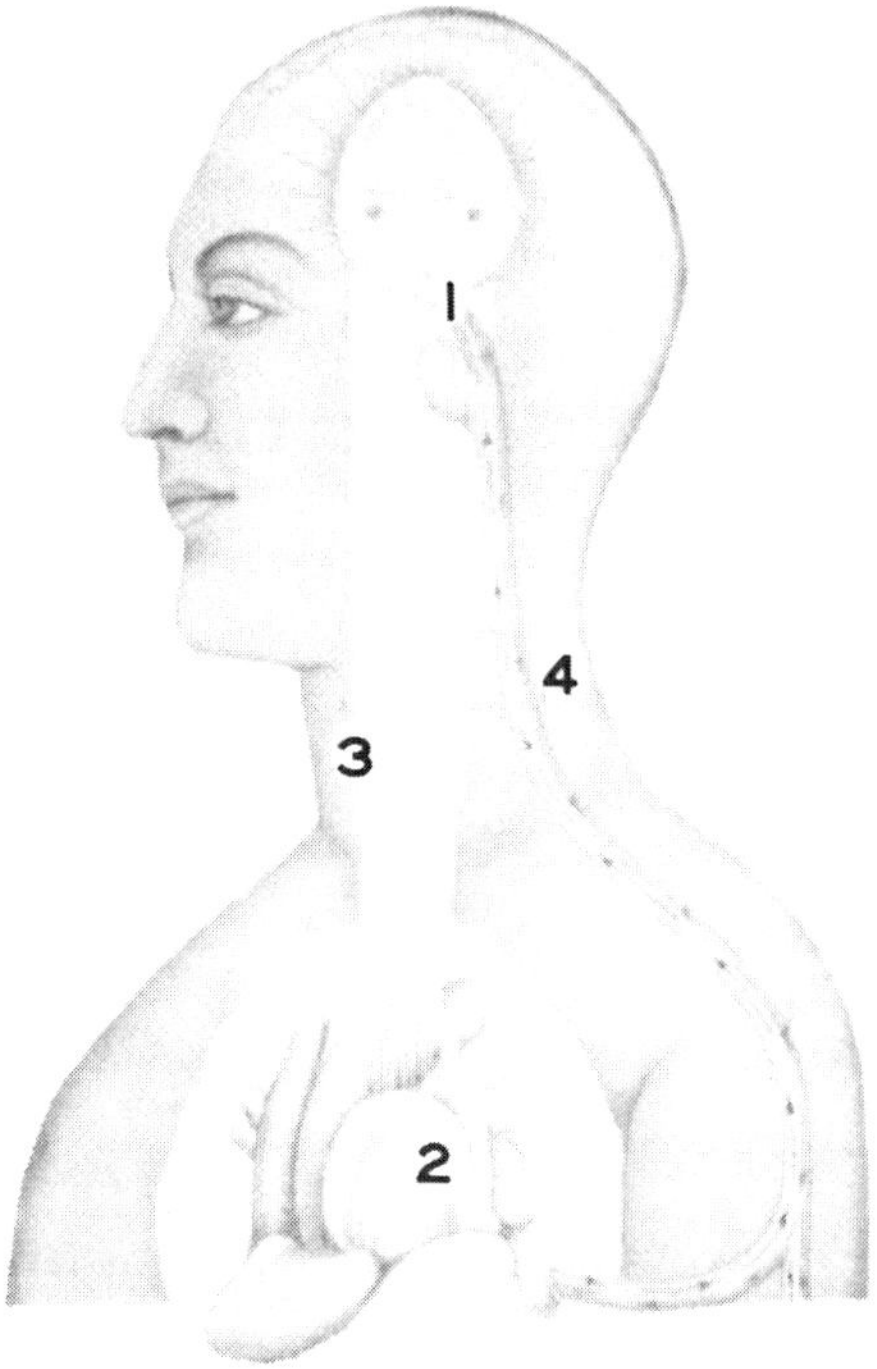

1. 頭部の卵型の光（黄色）は、ブッディ（知性）を表わす。この頂部の光（金星のように輝く）は、マナス（心）を表わす。卵型の中央部にある帯状の光の中にある円い光は、感覚の中枢を表わす。これは、5つの知覚器官（白い円）と、5つの行動器官（橙色の円）で、合計10個の円がある。
2. 心臓部の光は、アーナンダマヤ·コーシャ（190ページ参照）を示す。これは外側から各々、ブラフマンの光球（白）、プラクリティの光球（黄）、精妙なプラーナ（バラ色）、自我の光球（青）、チッタ（輝く白）、ジヴァアートマン＝個我（中心の輝く点）を表わす。
3. 頭部と心臓部をつなぐ光線は、微細身と原因身を関係づける光線で、赤、白、青で示されている。
4. 背中を通って頭部と心臓部を結ぶ光の管は、スシュムナーを表わす。
（“Science of Soul” から引用）

ムナーのエネルギーと直接関係があるように思われます。なぜなら、スシュムナーの中をプラーナを上昇させたときに、一段とこの光度は増し、ここから放射された光は、頭脳内部に拡がっていくのが感じられるからです。

ヨーゲシュワラナンダ師によると、マナス（意・マインド）は、サットヴァ（純粋性）、ラジャス（活動性）、タマス（暗黒性）のそれぞれの属性の影響下にあるときに、次のような光として視覚化されるということです。

①　サットヴァ（純粋性）のマナス

輝く月光のような穏やかな光で、安定している。感覚や対象物から心が離れた、感覚抑制の状態を示す。

②　ラジャス（活動性）のマナス

青味がかった金星の光のように輝き、またたく。知性と感覚を活動的にさせる。また、神聖な対象物（超自然的な）と接触することによって対象物の知識を得るため、電光のように素早く強力に活動し、遠距離に感覚を動かす原動力となる。知識を受けるときには非常に機敏になり、一段と輝きを増す。

③　タマス（暗黒性）のマナス

霧がかかったように、煙状の光になる。感覚や肉体が怠惰になった状態を示す。

ブッディの光

ブッディ（知性）は、あらゆる種類の体験や知識を受けとって、識別し、判断をくだす役割をもっています。これには、実在と非実在を識別する覚者の英智から、動物にも劣るような低級な知性まで、無数の段階があります。

図１において、頭の内部で卵型に輝いている光の全体が、ブッディに相当します。ヨーゲシュワラナンダ師によると、ブッディの最高の状態では、水星の光のように白く輝く透明感のある光になるということです。一般に、このような高度な意識状態にある人はまれで、ふつうの知性のもち主の場合は、黄色や緑色、赤、青など、さまざまな色が混っています。そして、精神状態の変化によって、これらの色は絶えず変化してい

るのがわかります。

アハンカーラの光

サンスクリットのアハンカーラは、自我を意味します。それは、あらゆる経験であれ知識であれ、「私が体験している」とか、「これは私のものである」、「私は考える」、「私は知っている」等々、「私」という意識を生じさせる根本原因になっているものです。ここでいう「私」、つまり自我は、「自分と他人」という差別を作り出す自我意識のことで、仏教でいう無明(むみょう)の根本原因になっています。これは、本来分離のない普遍意識の中に個別性を創り出し、執着を生み出して、輪廻を生じさせる原因になっています。

さて、アハンカーラ(自我)は、この瞑想システムの中でどのようにして体験できるのでしょうか。

私がヨーゲシュワラナンダ師の著書を読んで一番驚いた点は、彼は、この抽象的な存在であるはずの自我を、視覚化によって具体的に体験できる精妙な対象物であると主張していることでした。彼は、それは心臓領域にあるエーテル空間内の原因身に、青色の宝石のような光として視覚化できると主張しています。私は自分の体験から、この説に大筋で同意しています。ただ食い違う点としては、図1の中で、彼は原因身を肉体の心臓の位置に対応させていますが、私の体験では、胸の中心部か、あるいはやや右よりの胸の空間に対応させる方が自然であると感じています。

肉体の胸に対応する部分に意識を集中することによって、白や黄、緑、ピンク、青など、さまざまな色彩の光を見ることがありますが、青色に集中してそれと一体化したときに、「私は存在する」という確かな存在感をくっきりと意識できます。

チッタの光

胸に対応する原因身の中に、白色の光として霊視されるのがチッタの光です。一般にチッタは、心または知性として解釈されることが多いのですが、ヨーゲシュワラナンダ師はこれを、潜在意識の資料、あるいは、前世からの一切の印象を蓄(たくわ)える子宮として解釈しています。これは、仏教のアーラヤ識に相当します。この解釈が妥当であるかどうかは、体験によって、彼の説が裏づけられるかどうかを探ってみればわかります。

私自身の感想としては、ほぼ正しいのではないかという印象を強めています。この胸の白い光は、深く瞑想の中に沈潜したときでないと見えないので、何度も体験してチッタの性質を検証したというわけではありませんが、しかし、少なくとも次の点だけは強調できます。

胸の中心に対応する位置に意識を振り向け、そこに光を想像するとき、あるときは虹色、あるときは黄色（金色）や白という具合に、いくつかの光を見ることがありますが、その中で白い光に注意を集中します。すると、白い光が拡大し、意識が充分に静まると白色と一体化していき、意識の視野全体が雪のように輝く白色一色になってしまいます。このとき、一切の疑問は消え、「すべてのことを知っている」という、全智の意識状態になります。実際にこれが全智全能の状態であるかどうかは別にして、もしこのとき何らかの疑問が心に発生したならば、直観的にその答が意識に浮かんできます。しかしふつうは、疑問を生じさせるような心の作用はほとんど沈静されているので、「すべてを知っている」という平安な意識の状態で満足してしまいます。後に述べるように、私の瞑想システムでは、この状態で「内なるグル」を発見します。ここから、自己のカルマの一切を見通せる内なる智恵が発現します。

微細身のメカニズムを視覚的に体験する

微細身は、肉体のように複雑な細胞組織はもっていませんが、そのかわり、より精妙な光線の集合から成り、素早いスピードで変化する光体のような存在です。この光体の変化は、思考活動、感情の動き、そのものであり、肉体の細胞組織に、さまざまな化学的、電気的な変化として反映されています。これは、LSIの複雑な回路網と、その中を流れる電気エネルギーとの関係に比較してみるとわかりやすいでしょう。もし、LSIの中を流れる電流を光のイメージとして捉えることができれば、肉体の頭脳部分で輝く微細身の存在も理解できます。ここに私が述べようとしている微細身のメカニズムは、例えでいうと、コンピューターというブラックボックスの内部を光のスピードで走りまわっている電流の活動を、視覚的に捉えようとすることに他なりません。

もしあなたが、ふつうよりもちょっと想像力の発達した人であれば、簡単にこれらのメカニズムを視覚化できます。私たちは、自分自身の体の働きについてはまったく知ろうとせず、病気になったら医者にまかせるものと頭から決め込んでいますが、医者も知らない生体の活動を、瞑想によって知ることができるのです。それは、肉体の背後で演じられている精妙なエネルギーの活動を視覚化することによって可能になります。

図２ 頭部の微細身の霊視

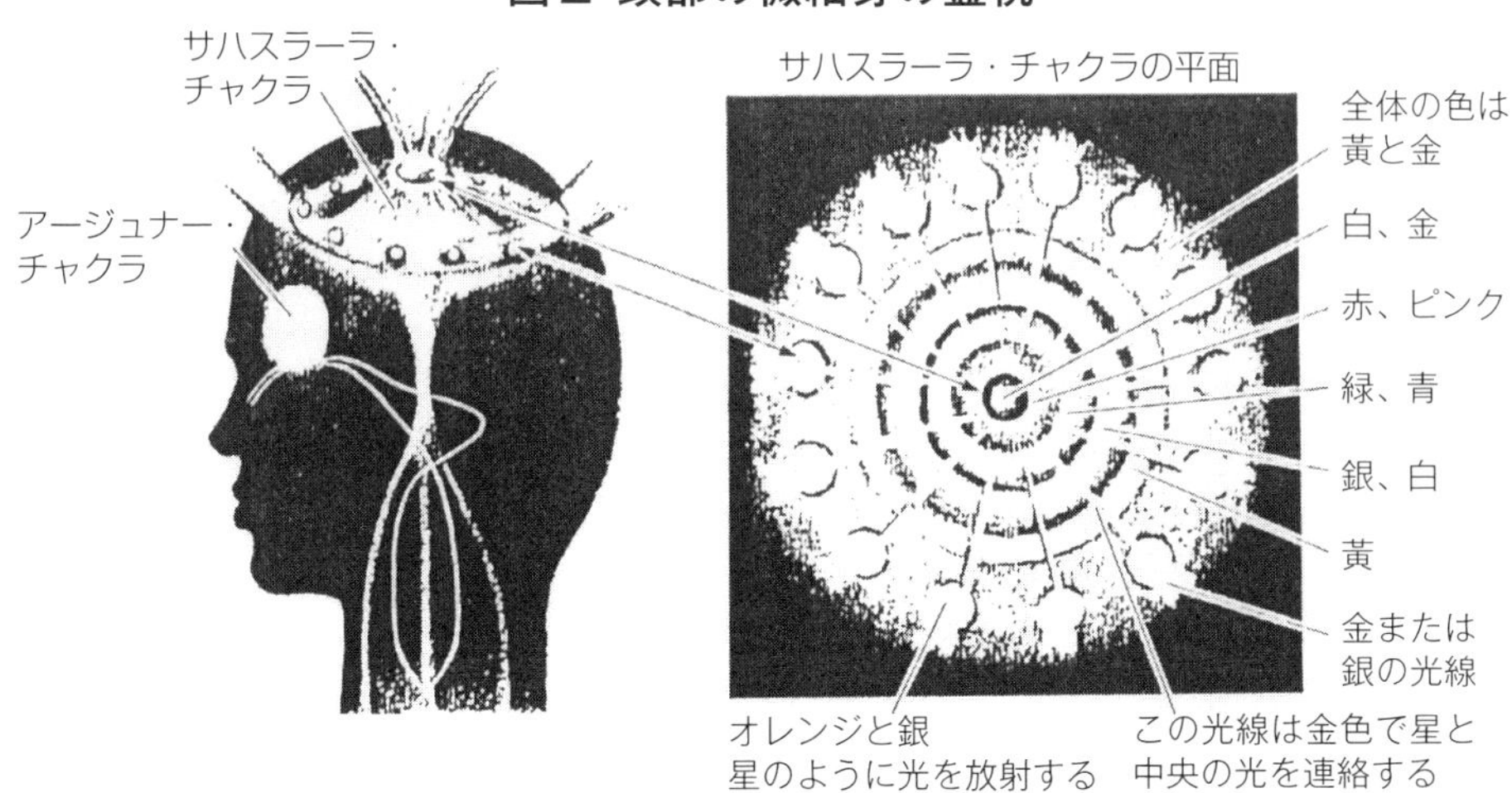

図2は、一〇歳になる私の息子が見た、私の頭部の光を描いたものです。これは図1と多少違っていますが、本質的な違いはありません。図1では、頭部の光は卵型ですが、図2では、土星型ＵＦＯに近い形で描かれています。この違いは、描く人の技術の差もありますが、大部分は、主観的体験からくるところの個人差です。これらの二つの図は、私自身の見たものともそれぞれ多少異なっていますが、どちらかというと図2の方が、私の見たものと近い図です。

図2を例に説明すると、頭部全体に拡がる光がブッディに相当し、思考や感情の動きに伴って、さまざまに色彩や光度が変化します。頭頂の中心部に見える3センチぐらいの光の塊がマナスに相当し、白または銀、水色に輝いています。土星型の周辺部に見える1センチくらいの星のような光は、感覚に相当し、感覚の働きによって絶えずまたたき、中心部のマナスと光線のやりとりをして、この光線の変化がブッディの光にも影響を与えています。感覚に相当する星のような光は、大脳のそれぞれの知覚中枢と、位置

的にも一致しているように感じます。たとえば、肉眼が光の刺激を受けとったとき、網膜上で視覚神経信号に変換されますが、この神経信号も、光のイメージとして視覚化することができます。この信号をたどっていくと、後頭部の、視覚中枢があるといわれている部分に到達します。その部分で、感覚の光が星のように輝き、心（マナス）に光の情報が伝えられたことがわかります。大脳の知覚中枢と感覚、つまり物理的次元と微細身の次元は、このように一種の共振作用によってエネルギー変換が行われているように見えます。

微細身を視覚化し観察する

微細身の次元を見る視力は、一般に心眼とか霊眼と呼ばれていますが、これはさほど難しく考える必要はありません。ちょっとした視覚イメージ力の訓練によって、ほとんどの人が体験できます。

まず、227ページのテクニックにしたがって、微細身のイメージを視覚化できるように練習してください。これができた人は、その微細身のイメージの頭部に注意を向け、図2に示したような光を参考にして、脳のエネルギーが光として見えてくると確信し、観察し続けます。すると、最初はボンヤリした色彩の霧としてしか見えなかったものが、しだいしだいに細部のイメージがハッキリしてきて、感覚の光や、頭頂部のマナスの光などが見え始めてきます。あとは、その光のイメージがどのように変化するか、心の動きと光の変化の関連はどうか、という点を意識しながら観察していると、微細身のメカニズムがしだいに明らかになってきます。自分の微細身を見ることができるようになったら、他人の微細身の観察も心がけてみます。

もし、自分自身の姿もイメージできにくいというときは、鏡に自分の姿を写し、目を閉じてもアリアリと自分の姿を思い出せるようになるまで、何度でも飽(あ)かず練習します。そのうち、自分の姿をイメージできるようになりますから、そうしたら、その姿の周囲15センチくらいに、色彩を伴ったモヤがとり巻いているのを想像するのです。どんな色であるかはさておいて、とにかく色のついたモヤがあるいいいと思って見続けることによって、視覚化されてきます。ここからは、227ページのテクニックと同じです。

頭脳の浄化を促す白色光のイメージ

太陽光線を表現するいい方として、一般に〝無色透明の白色光〟という表現を使います。しかし実際には、この太陽の白色光もプリズムを通すと虹の七色に分解することは、小学生でも知っています。これと同じ性質は、内的な光についても当てはまります。霊眼によって、スシュムナーに現われた白色光をさらに細かく観察してみると、その中には、ありとあらゆるオーラの色彩の成分が含まれていることがわかります。つまり、内的な白色光は、すべての色彩を総合した、最も高エネルギーの状態を象徴する光線であることがわかります。

イエスがオリブ山に登ったとき、モーゼとエリアが現われて、イエス・キリストの全身が雪のように白く輝いたのを弟子が目撃した話が聖書（註３）に出ています。仏陀や弘法大師を初め、他の多くの聖人にも似たような話が伝えられています。

このイエスの現象は、物理的次元のものであったかどうかは別にして、仮に霊的次元の現象であったとすれば十分にあり得ることで、クンダリニーのエネルギーが上昇して内的身体が完全に霊化されれば、私たちでも白く輝くことは可能です。そのときは、全身のオーラが雪のように輝きを増し、鋭敏な感受性のもち主には、その人が白く輝いているように感じられるでしょう。

ところで、白色はこのように一切のネガティブ（否定的）な要素を浄化する高度な霊性を象徴する光であるところから、浄化の瞑想に役立てることができます。前回、想像力が微細身に働きかけ、さらに微細身の状態が肉体に影響を及ぼすことを述べましたが、この原理を使えば、白色光を使うことによって微細身と頭脳を浄化することもできます。

テクニック1　微細身と頭脳の浄化

座った姿勢でも、寝た姿勢でも、どちらでもかまいません。要は、リラックスしてください。頭上10センチくらいの位置に、白い卵大の光を想像します。その光源から、白い光がシャワーのように身体に向って降りそそいでいます。その白くキラキラ輝く光は、頭の中に入り、脳細胞のすみずみまで光で満たしていきます。光が強まるにつれて、体に透明感が出てきて、軽くなるのを感じるはずです。さらにこの光は、首を通って体の下部に流れくだっていきます。そして胸や腹部を満たしたのち、足の方へ流れていきます。足の下部まで光が達すると共に、あたかも瓶（びん）に水が満たされていくように、足の方から光がたまっていき、足から腰全体まで、白い光で輝くのを想像してください。

腰まで十分に溜（た）まり、あふれんばかりにふくらんだ白く輝く光は、クンダリニーを強め、最初のプロセスとは逆に体内を上昇して、それぞれのチャクラを浄化します。

この瞑想テクニックを『高尾まいんど通信№４』に載せたところ、読者から多くの反響がありました。中には、肉体の存在を忘れ、意識が肉体から解放されて光の中に溶け込み、日常意識とまったく違った別の意識空間に入り込んだという人もいましたが、一般には、頭が軽くなり、スッキリしてきます。

白色ドームと内的次元の旅

死後の生はあるのかどうか――科学者にとっては、彼らの信念を根底からゆるがすようなテーマを、まじめな態度で追及しようとする本が、最近数多く出版されるようになりました。それらは、死の際に心臓が停止し、意識が完全に喪失した状態から、再び意識をとり戻した人たちの証言を取り上げています。このような擬死体験をした人たちの証言に共通して見られるパターンの一つに、暗いトンネルを進んでゆくと、そこから抜け出たときに、光に満ちた別世界に出るという報告があります。

モーリス・ローリング博士は、『死の扉の彼方（かなた）』（註４）の中で、肉体離脱体験の典型的なケースとして、次のように述べています。「そのとき彼は、奇妙な音を耳にする。彼自身が、壁で囲まれた長く暗い通路を動きつつあるのを見いだす。スピードは速いときもあり、ゆっくりのときもある。だが彼は、壁には接触しない。転倒の恐れもない。このトンネルを抜け出ると、えもいわれぬ美しさにあふれた、光り輝く環境に、彼は居る。彼はそこで、前に死んだ友人たちや血縁の人たちと会い、話をする。

私は二〇代のときに、ＯＯＢＥ（Out-of-the-Body Experience ＝肉体離脱体験、または幽体離脱と呼ぶ場合もある）を何回も体験しましたが、その当時は、瞑想中にしばしばトンネルのヴィジョンが出てきました。暗いトンネルを速いスピードで進んでいくと、行く手に明るい光が差し込む出口があって、トンネルを抜けるとそこは光の世界です。また、ＯＯＢＥの体験のときは、プラネタリウムのドームのような部屋に入り、天井に一つポツンとマンホールぐらいの穴があって、そこから身を乗り出すようにして外に出ると、天に伸びる光の道があって、その光の道を登りながら別世界を旅する、という体験がありました。ここに紹介するテクニックは、これらの体験から考え出されたもので、微細身の次元で内宇宙を探究する目的のためにすぐれた効果を発揮します。

シルヴァン・マルドゥーン、ヒアワード・キャリントン『霊体の投射』より

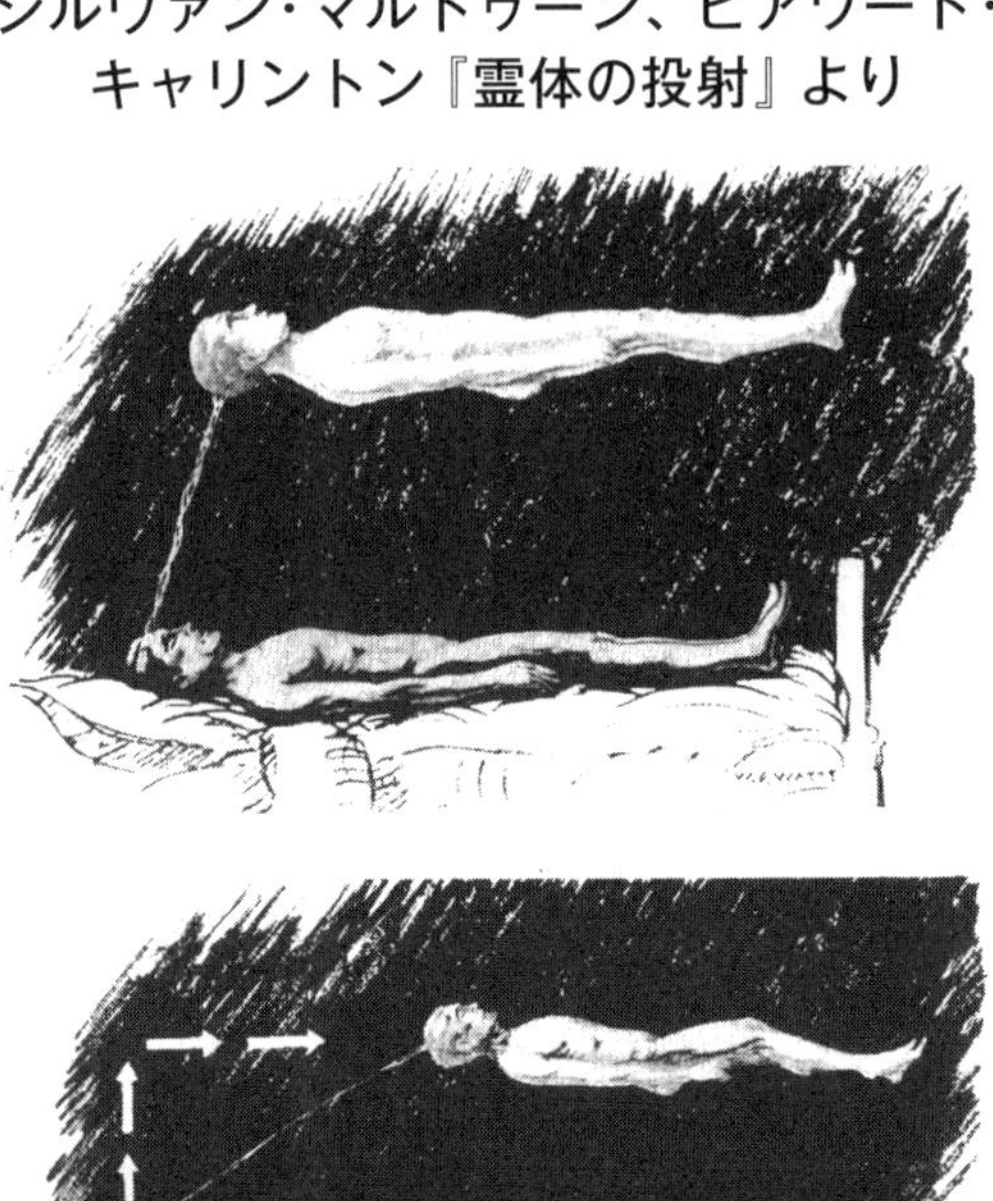

白いドームは、頭脳内の生体エネルギー空間（エーテル空間）を象徴し、頂部のマンホール大の穴は、ブラーマランドラ（梵(ぼん)の門）を象徴します。ここから、私たちの意識は肉体外に離脱します。また、ここから天に伸びる白い光は、スシュムナーを象徴し、ＯＯＢＥでときどき目撃される肉体と微細身を結ぶシルバー・コード（銀のひも）に相当します。

　チベット密教では、このような、意識を転移する修法をポワ（hpho-ba）と呼んでいます。これは、ミラレパも実修したといわれる六つの密教ヨーガの六番目の教義にあたっています。中沢新一氏は『虹の階梯（かいてい）』（註５）の中で、ポワには大きく分けて五つの種類があると述べています。それは、高度な順から、「法身のポワ」、「報身のポワ」、「変化身のポワ」、「三つの心象による凡夫のポワ」、「死者のポワ」となっており、中沢氏は同書の中で、このうちの「三つの心象による凡夫のポワ」について詳述していますが、次に紹介するテクニックは、この中からチベット仏教の伝統的イメージを除けば、いくつかの点で共通しています。

テクニック２　ドームのイメージと内的次元の旅

前述のテクニック１に従って、頭脳を十分に浄化したのち、以前に本講座で紹介した微細身の投影法を用いて、微細身を視覚化します。

微細身を視覚化できたら、次に微細身の頭部に意識を同化させ、その頭の中に入っていきます。微細身の頭部を白いドームのように想像し、そのドームの中に入っているように想像するのです。

次に、ドームの頭部にポカッとマンホール大の穴があいているのをイメージし、その穴から、ドームの中央を貫く（つらぬ）白い光の柱が天空に向けて立っているのを想像します。

この光の柱をつたわって、意識はドームの外へ出て、凄いスピードでどんどん上昇していくのを想像してください。

この旅のプロセスを大雑把に説明すると、ドームを出たのち、下の肉体を想像すると、小さく座っているのが心眼に見えてきます。このとき、夜であれば星空がイメージされてくる場合もありますが、さらに上昇すると、暗黒、あるいは暗い灰色の世界に入り、音が聞こえなくなります。さらに上昇すると、しだいに明るくなり、夕暮れどきのような、淋しい世界に到達します。人影や動物、物などのイメージはほとんどなく、まったく生気の感じとれない世界です。ここからなおも上昇を続けていくと、しだいに明るくなり、地上に似た情景が見えてきて、動きのある人物が出てきます。この辺りは死後の世界に相当するのですが、人物と対話してみても、ほとんどの人は死んだことを自覚していません。さらに上昇すると、色彩も鮮かになり、楽しい夢のような世界に到達します。しかし、ここからさらに上昇すると、急に夢から醒(さ)めたようなハッキリした意識になり、全体として白色の、色彩ゆたかな明るい世界に到達します。ここは、七つの存在界のうち、地上から数えて四番目の世界に相当しますが、ここの住人から、多くの哲学的、宗教的なアドバイスを得ることができます。

註1　『沈黙の声』H・P・ブラヴァッキー著、三浦関造訳、竜王文庫。15ページ、29節。
註2　Shree Swami Vyas Dev “Science of Soul” Yoga Niketan Trust 1964. 著者の名は、通常、スワミ・ヨーゲシュワラナンダ・サラスワティと呼ぶことが多い。図1は、同書の83ページにカラー刷りで出ているもの。
註3　マタイ伝十七章。ルカ伝九章二十八節。
註4　『死の扉の彼方』モーリス・ローリングス著、川口正吉訳、第三文明社、91ページ。
註5　『虹の階梯』ラマ・ケツン・サンポ、中沢新一共著、平河出版社。ポワについては、280〜296ページに解

説されている。この中で、ポワの瞑想を始めて二、三日は頭が割れるように痛み、その後、頭頂のあたりの肉が盛り上がり、さらに、その部分に血まめのような赤黒い固まりが出てくるという徴候が述べられているが、本講座で私が紹介したテクニックでは、このようなケースは考えられない。実際に、私の瞑想クラスにおいて何十人かの人にこのテクニックを教えているが、右のようなケースはまだない。しかし、肉体感覚を頼りに肉体次元でこの瞑想をしたら、前述のようなケースがあり得るかもしれない。

連載10 **実践瞑想法講座**

その7　内なるグルを求めて

内なるグルとはどのような存在か

すべての答は自己の内にある

古代ギリシャにおいて国家的聖地であったデルポイの神殿の入口には、「汝自身を知れ」という言葉が刻まれていたといわれています。仏陀の教えの基本もこのことに尽き、またイエス・キリストが「天国は汝の内にあり」といったとき、基本的には同じことを語っていたのです。東洋の瞑想の知恵も、自己を知ることにその目的が置かれていました。なぜなら、すべての答は自己の内に発見できるからです。

「自己を知るものは宇宙を知る」という言葉は、誰かがいった言葉なのかそれとも私が思いついた言葉なのかわかりませんが、私にとってはこれほど明確な言葉はありません。科学者は数百億光年先の宇宙まで観測可能な現在、その起源も解明できると考えているかもしれませんが、それは科学で解明できるようなものではなく、一瞬の夢のうちに展開する幻のようなものにすぎません。真に重要なことは、宇宙という壮大な夢を見ている「私は誰なのか」、を知ることにあります。すべての答は、夢を見ているその人自身にあるのです。

科学者がどれほど広大で複雑な宇宙論を展開しようとも、また神秘主義者がどれほど深遠で壮厳な宇宙論というシンフォニーを奏でてみせようとも、また神々や天使たちの知識がどれほどに優れていようとも、もし自己の本質を知らないならば、それは質のよいコンピューターと大差ありません。

目を開けて映画を見ているかぎり、そこには果てしなく拡がる宇宙や極微の世界が次々に展開していくでしょう。その世界には、聖者も登場してくれば、悪人もまた登場してきます。戦争も平和もあります。あるときは笑い、あるときは悲しみます。それは映画の続くかぎり、見続けるかぎり、もうえんえんと続きます。ある時期にはとある小さな街の路地裏で展開していたドラマが、ときの流れと共に、銀河宇宙を舞台にした雄大なドラマへと展開するかもしれません。

昔の人びとは、地球を海に囲まれた平らな陸地だと考え、天には光り輝く星が貼りついた天幕が張られているのだと思っていました。こんな単純な考えでも、生活には別に支障をきたしたわけではありません。現代では、宇宙は一〇〇億光年の彼方まで拡大し、宇宙の起源も百数十億年の昔にまでさかのぼるようになりました。現代では昔と比較にならないほど知識が増大し、それに伴って宇宙も拡大しました。しかしこのことは、前述した映画と比べてどれほどの差があるというのでしょうか。

科学的分析によって、この世界はますます精密、複雑になっていきます。そのたびに新たな謎はつけ加わり、いつ果てるともなくこのドラマは続きます。実は、私たちが見ているこの世界、この宇宙は、自己の投影にすぎないのです。この宇宙は、見る人、つまり自己が存在するかぎり、えんえんと時空を埋め尽くしつつ展開していくドラマです。科学者は、真理を求めてこの宇宙をどこまでも分析していくでしょう。それと共に宇宙も拡大し、際限もなく入り組んだシステムを構成しつつ、今後もこれはずっーと、まるで終わりのない旅のように続いていくと思われます。

だがあるとき、「このような複雑な宇宙を知っている私とはいったい誰なのか」と、ふと疑問が起こるときが来るかもしれません。そのときこそ、科学者が瞑想家に転ずるときなのです。自己の捉え方によって世界もさまざまに変化します。夢の世界も、現実の世界も、それなりのリアリティがあります。それは自己の状態、つまり自己の捉え方、あるいは認識の仕方にすぎないのです。言い換えれば、それが夢であれ現実であれ、見ている世界によって自己を認識しているのです。

ここで再び、「この世界を見ている私は誰なのか」という問いかけが出てきます。真理を発見する糸口は、この問いかけの中にあります。チルチルとミチルは幸福の青い鳥を探して遠い旅に出ますが、どこにも発見できず、結局我が家の中にその幸福の鳥を発見しました。すべての答は、自己の内にあるのです。

不変の意識はあるか

この宇宙は自己の投影にすぎないという見解は、あなたにとって暴論に思えるかもしれません。しかし少し冷静に考えてみれば、見る主体である自己が存在しないかぎり、宇宙が存在するかどうかを論じることは無意味であり、たとえ存在したとしても証明することは不可能なことがわかります。自己あっての宇宙であることは明らかであり、問題は、その人がどのような宇宙を見るかということになります。

この講座では、意識を内部に向けることによってより精妙な知覚を開発し、それによって物質世界とは違う精妙な次元が存在することを知るように努めてきました。精妙な次元では、より大きな自由と歓(よろこ)びが存在することが体験され、それによって世界の捉え方にもいろいろな捉え方があることが見えてきて、それが意識の拡大であると述べてきました。

しかし、いかに精妙な世界を見ようとも、〝見るものと見られるもの〟という相対的意識にとどまっているかぎり、それは変化の法則をまぬがれないのです。仏陀が教えたように、世界の本質は「諸行無常(しょぎょうむじょう)」であり、それに執着することは「苦」です。

ここで、では変化を見ない絶対的な意識はあり得るのだろうか、という疑問が出てきます。瞑想者が何よりも望んでいるのは、この疑問に対する明確な答であると私は思っています。そしてその答として、私は確信をもって、そのような意識はあるのであり、それを志す者はいずれは誰でも体験できるのだと答えたいのです。仏陀もイエスも、その他の聖者も、可能性のないような教えは説きませんでした。万人にとって何らかの可能性があったからこそ教えを説いたのだと私は考えています。

その意識は、私の体験では精妙な次元を探究していくプロセスの究極に発見される意識であり、この意識に到達したとき、思考も時間もストップします。なぜなら、変化を見ないからです。ただ確かな存在感だけが輝きます。これは哲学的、論理的に知ろうとすることは不可能です。もしその意識を説明しようとすれば、常に二律背反の矛盾に陥ってしまいます。ヴェーダーンタ哲学者はこれを〝自己の本性〟といい、「存在(サット)・

意識（チット）・歓喜（アーナンダ）」という言葉で表現しました。私はこのとき出現する意識を「真我」と呼ぶことにしています。

　真我（自己の本性）について説明することは不可能です。それは体験するものであり、あなたの本性が真我そのものであることを自覚するしかないのです。私には、そこに至る方法を私なりに説明できるだけです。そこに至る方法は、汚れ方が違えば洗濯の方法も違うように、個人個人によって違いが出てきます。あなたに一番合った洗濯法を知っているのはあなたの内なるグルであり、その意味で、内なるグルを発見するところにあなたを導いた時点でこの講座の目的は達成されたことになります。

内なるグルの指導目的はどこにあるのか

　それぞれグルの指導は明確な目的をもち、目的達成に向けてわれわれを導きます。明確な目的意識を伴わない指導は「導き」とはいえず、盲人が手を引いているようなものです。

　肉体をもった指導者にしろ、肉眼に見えない指導者にしろ、どこに導こうとするのか、それぞれ明確な目的意識をもって指導は行われます。たいていは、その指導者の居る意識なり指導の本源になっているところがその目標地点であり、もしその指導者が未（いま）だ悟りの途上にある場合は、指導もしくはガイドできるのもそこまでといえます。

　したがって大切なのは、指導の本源がどの源からやってくるのかを明確にすることです。たとえ指導が行われているテーマが物質レベルに関することであっても、その本源が高次の意識からきていれば、肉体レベルの学習が完了した時点で次のレベルの指導に移行するでしょう。反対に、指導のテーマが精妙な次元に関する事柄であっても、指導の本源が微細身のレベルからきているならば、指導はそれ以上のレベルには進まないでしょう。

私が「内なるグル」と呼んでいる指導者（目に見えない存在）の本源は、その魂（生まれ変わりの主体である自我）のカルマをすべて見透せる位置にある普遍的意識からやってきます。それはたとえていうならば、雲間からもれてくる太陽の光のように、現象世界のカルマのすき間から差し込む真我の光なのです。

したがって内なるグルの真の目的は、自己の本性（真我）そのものを明らかにすることにあり、それが言葉で受けとられたものであれ、内的ヴィジョンを通じて得られたものであれ、ただあなたの好奇心を満足させせ願望をかなえることにあるのではありません。もし自己の本性を明らかにする過程であなたの願望を満足させることが本来の目的成就をよりスムーズにするのであれば、内なるグルは願望をかなえるための指導もするでしょう。また、もし神秘的な知識を得ることがあなたの自我の終焉（しゅうえん）（つまり真我を自覚すること）に必要なのであれば、神秘的な知識ももたらしてくれるでしょう。

仏陀の毒矢の喩（たとえ）は、この辺の事情を明らかにしています。あるとき仏陀の弟子の一人が仏陀に、宇宙は永遠か否か、無限か有限か、死後の生命はあるのかないのか、などの形而上学の諸問題について尋ね、もし答えてくれなければ還俗（げんぞく）すると仏陀にせまりました。仏陀はこれに対して、次のように毒矢の喩をもって答えました。「ある男が毒矢に当たり、その友だちは外科医を連れてくる。するとその男は外科医に対して、私を射た男は何ものか、名は何といい、どの種族のどんな階級のものか、また、自分に当たった矢はどんな矢で、それに塗られていたのはどんな毒か、などと質問をする。それらの疑問にすべて答えてくれなければ矢を抜いてもらいたくない、といったとしたなら、その男は手当を受けないうちに死んでしまうであろう。これと同じように、あのような問いに答えてくれなければ修業したくないという者は、タターガタ（如来）から答えてもらえないうちに死んでしまうであろう」（註1）

宇宙は永遠か否か、死後の生命はあるかないかについて仏陀が答えられなかったはずはなく、それらの質問に答えることはその修業者にとって少しも悟りの役に立たないことを仏陀が知っていた故の応答であったことは明らかです。これと同じように、内なるグルの指導は全智の源からやってくるとはいえ、その人が知りたいことに答えるのが目的ではなく、それを知ることが真我の自覚に役立つかどうかに主眼が置かれています。

ユングと内なるグル

二〇代の時期の私は、瞑想行の途上で数々の疑問に直面し、その疑問を晴らしてくれる師を求める切実な気持ちをもっていました。そして先達の幾人かには会うことができましたが、彼らには、究極の疑問について明らかにしてくれる能力はありませんでした。一部の疑問については明らかにしてくれたりしましたが、それは書物から得られる知識以上のものではありませんでした。仮に私が会った人たちの中に真実を知っているグルがいたとしても、当時の私にはそれを識る準備ができていませんでした。

そのようなわけで、私の頼るべき師は自分自身の内部に求めるしかなかったのです。それは、夢であり、心の奥から閃いてくるかすかな想いや声であり、時たま体験する内的ヴィジョンであり、そしてそれを補足してくれる書物からの知識でした。現在の私にとって書物の役割は、解くべき問題の所在を明らかにしてくれるだけで、答そのものを教えてくれるものではなくなりましたが、それでもユングの自伝だけは大いに参考になりました。それは、内なるグルを頼りに瞑想行を続けてきた私の姿勢と同じ行き方をユングが述べていたからです。

次に紹介するユングの話は、私の体験したものとほとんど同じことを述べています。精神科医であったカール・グスタフ・ユングは『ユング自伝１――思い出・夢・思想』の中で、〝かわせみ〟のような極彩色の羽根をつけた老人が出てきた夢のことを述べています（註２）。

「青い空であった。それは海のようで、雲でおおわれているのではなく、平たい茶色の土くれでおおわれていた。それはまるで、土くれが割れて海の青い水がそれらの間から現われてきつつあるかのように見えた。しかし、その水は青い空であった。突然、右側から翼をもった生物が空を横切って滑走してきた。それは牡牛の角をつけたひとりの老人であるのを私は見た。彼は一束の四つの鍵をもっており、そのうちの一つを、あたかも彼が今錠をあけようとしているかのように握っていた。彼は〝かわせみ〟のような、特徴的な色をした翼をもっていた」

ユングはこの夢の中に現われた老人を「フィレモン」と名づけ、後に空想の中で会話を試みるようになりました。その結果ユングは、フィレモンはユング自身が意識的には思ってもみなかったことを語ることができる存在であることを理解するに至り、同じ著書の中で次のように述べています。「心理的には、フィレモンは高い洞察を表わすものであった。彼は私にとって神秘的な像であった……（中略）……彼は私にとって、インド人がグルと呼ぶものであった」

北米インディアンや未開部族の宗教的伝統の中には、夢の中に現われる動物を守護霊として定め、それとの対話を通じて超自然と交流する習慣があります。彼らの守護霊は内なるグルと似たような機能を果たしますが、その本質は必ずしも同じではありません。多くの場合、動物として出てくるイメージは無意識内のさまざまな情動エネルギーと対応しています。それらは神秘学でいうところの、自然界の四大エネルギーに対応する精霊として解釈することができます。

内なるグルを見いだす

どの意識レベルで内なるグルを捉えるか

内なるグルを発見するには、意識を内部に向け、それを保ち続けることによってより精妙な知覚を開発する必要があることをすでに述べました。また、内なるグルの本質は形を超えた普遍的な意識に源があることも述べました。それは本来人格を超えた存在であるために、形ある者として捉えることは誤りのもとになります。

神々しい霊姿を見るとか、内なる声を聞くなどの体験も、内なるグルの本質そのものにふれたわけではなく、個人の知性の限界内で捉えたにすぎません。とはいっても、一挙に形のない内なるグルの本質を体験しなさいといわれても至難のわざです。

そこで一つの方便として、イメージとして認識し得るギリギリの精妙な次元で内なるグルを捉えるのです。それは、肉体の五感の意識レベルを超え、微細身の意識レベルに入り、さらにそこから原因身の意識レベルに入って、そのレベルで内なるグルの存在を意識化することになります。

微細身の意識レベルは、豊かなイメージを伴い、感覚的な印象が主役を演じる世界なので、認識には個人の好き嫌いの感情が入りやすく、願望や欲望によって物事の本質が歪曲（わいきょく）されてしまいます。別のいい方をすれば、このレベルは個人の潜在意識が関与する世界なのです。

しかし原因身（霊体）のレベルに入ると、イメージは残るものの、形や名称は主役を演じなくなります。代わりに物事の意味あるいは本質が直感的に理解されてくるレベルです。このレベルでは、イメージによって物事を理解するのではなく、理解した結果を補足するためにだけイメージが使われるように思えます。たとえば、微細身のレベルの霊能者が誰かの周囲に蛇が巻きついているイメージを霊視したとします。この霊能者は、その人に蛇の霊が憑（つ）いていると判断するでしょう。しかし原因身レベルの霊視者は、たとえ同じ蛇のイメージを見たとしても、それは蛇のイメージによって象徴されるような性質の想念にとりまかれているのだということを直感的に理解します。

原因身のレベルは、個人の潜在意識を超えて集合的な無意識から自由に情報をとりだせる領域です。そこには個人が多くの輪廻転生を通じて蓄えた内なる智恵があり、また他人と同じような智恵を共有することもできます。この意識レベルで内なるグルを捉えることによって、個人感情を超えた客観性のある英知を得ることができるのです。

テクニック1　原因身のレベルで内なるグルを発見する

原因身のレベルに意識を深めるには、光のヴィジョンを通じて行う方法があります。これは、この講座を実践してきた人にとっては比較的なじみやすい方法であると思います。次に紹介するのは、この中でも最も基本的な方法です。

1　肉体をリラックスさせるため、肉体の感覚にまんべんなく注意を振り向けます。その際、肩がこっているとか腰が痛いなどの感覚をどうこうしてみようというような意識的努力をまったく捨て、ただ肉体の自然な状態が回復するものと確信して、受動的に肉体を観察します。他人の体を眺めるような気持ちで行います。その結果、肉体と自己の同一視は切り離され、肉体を眺めている意識が存在することに気づきます。

2　次に、肉体のイメージを等身大（大きさは気にしなくてよい）のシルエットの形で、閉眼した視野の中に投影します。このときは、上半身だけでかまいません。黒っぽい影か、灰色や青白っぽい煙のような影として投影します。シルエットが意識できたら、実際に肉体の手を動かしたり頭を動かしたりしてみて、シルエットと肉体の動きが連動しているかどうか確かめます。連動していなければ、肉体の動きにつれてシルエットも動くようにイメージします。連動するシルエットは、自分のエーテル複体を投影していることになります。

3　シルエットの頭部に注意を向けます。次ページの図に示すように、シルエットの頭部の額のあたりが明るく輝いているのを想像します。この光は黄色、または金色、白色、青白色のいずれかでイメージできればよいです。光がイメージできたら、光がしだいに拡大していって心の視野全体に拡がるのを想像します。こ

微細身の投影と内なるグル

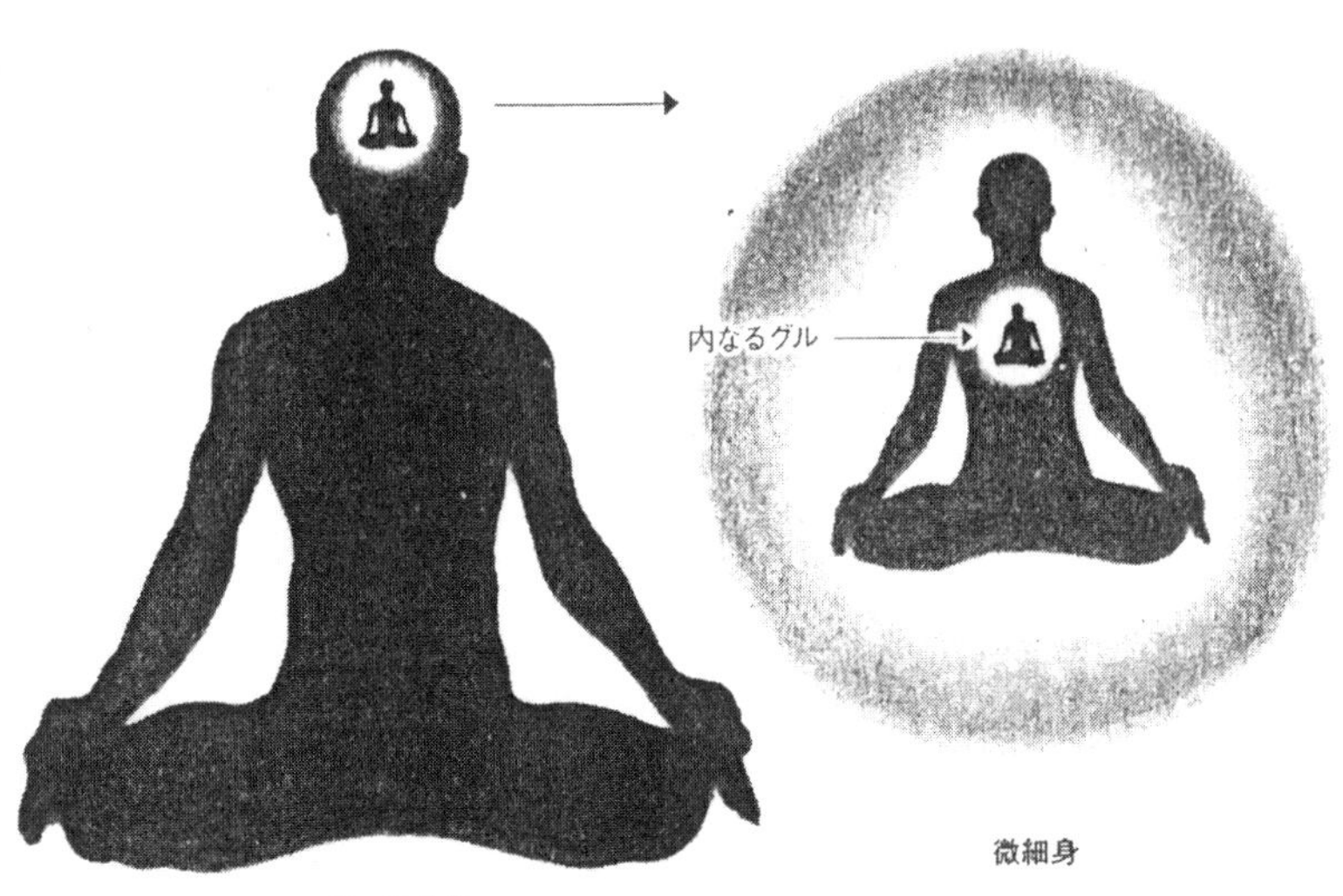

れを行うとき、肉体の感覚、特に頭部の感覚には注意を向けないようにし、ただ光のイメージにだけ注意を振り向けます。

するると、拡大した光の中央部、光の核と思われる部分に、小さな光の立像、または座像が見えてきます。見えない場合は、見えるように想像します。これは、シルエットで投影される場合と光そのもので投影される場合とがあります。いずれにしても、光体の周囲にオーラのような光をあたかも後光が射しているように視覚化できたら成功したことになります。この光体は、自分の微細身を投影したことになります。

４　次に、光体をもう少し拡大して、胸の部分に注意を振り向けます。そして、胸に光っている部分があるのを意識します。光体や光体のオーラのような光が、実は胸の光源から放射される光によって輝いているのだ、と思って見つめます。この光は、金色か白色にします。この胸の光は、原因身の投影になります。
5　この胸の光を同じようにして拡大し、光の中央に人の姿が見えるものと思って注意を集中し続けます。胸の光を単なる光として想像するのではなく、ある種の生命ある存在の雰囲気が感じられてくるように想像します。その光、または中央の光の姿から、暖かさ、平安、威厳、英知などの何らかの雰囲気を感じとるようにします。光の姿に注意を集中し続けることによって、その人物の細部がしだいに明らかになってきます。それはキリストのようだったり、仏陀のようだったり、仙人のようだったり、あるいは自分自身の洗練された姿だったりします。それが、求める内なるグルになります。（次回へ続く）

註1　この部分は、『仏教・上』ベック著、渡辺照宏訳、岩波文庫から一部引用した。ベックはこの中で、仏陀は形而上学の諸問題には無関心でなかったこと、また、仏陀はふつうの経験的な思考を超越し克服することを使命にしていたので、あらゆる思弁を拒否し、かつまた、宇宙と人間との最高の秘密は抽象的、哲学的思考では達することができないと宣言したのだと解釈している。
註2　『ユング自伝1』ヤッフェ編、河合隼雄他共訳、みすず書房、261～263ページ。

連載11　実践瞑想法講座

その７　内なるグルを求めて（前回からの続き）

内なるグルとはどのような存在か

内なるグルを発見するいくつかの方法

方法１　白い満月をイメージしその中心を発見する

私たちは瞑想の中で心的エネルギーをさまざまな色彩の光として捉える傾向のあることを見てきました。その中でも特に白い光は、一切の否定的感情を消し去る効果があることを述べました。したがって私たちの心の状態を白い光として投影し、それと完全に一体化したとき、一切の疑いを離れた静かな心の状態が得られます。このとき私たちの意識は、完全に満足しきった平安な状態を実現します。それは原因身のレベルに私たちの意識が同化したことを意味します。

真言密教には、観法の一つとして月輪観（がちりんかん）という方法が伝えられてきました。それは満月を描いてある掛軸を本尊とし、その満月を自身の胸の中にあるように観じたり、あるいは満月の中に自分自身がいるように観じる方法ですが、次に述べる方法は基本的にはこれと同じ方法です。

1　まず心身をリラックスさせ、白い満月を想像します。それは仲秋の明月を想像しても、あるいは円型のUFOのような白い光でもかまいません。大切なのは、白い光であることです。

2　次に想像した満月、あるいは白い円光の中心部に注意を向けます。それには満月にもう少し近づいていきます。あるいは、満月の方が自分に近づいてくるのを想像します。それによって円形の光が大きくなってきます。そして自然に中心部に対する集中力が増大します。

満月の中に内なるグルを発見する

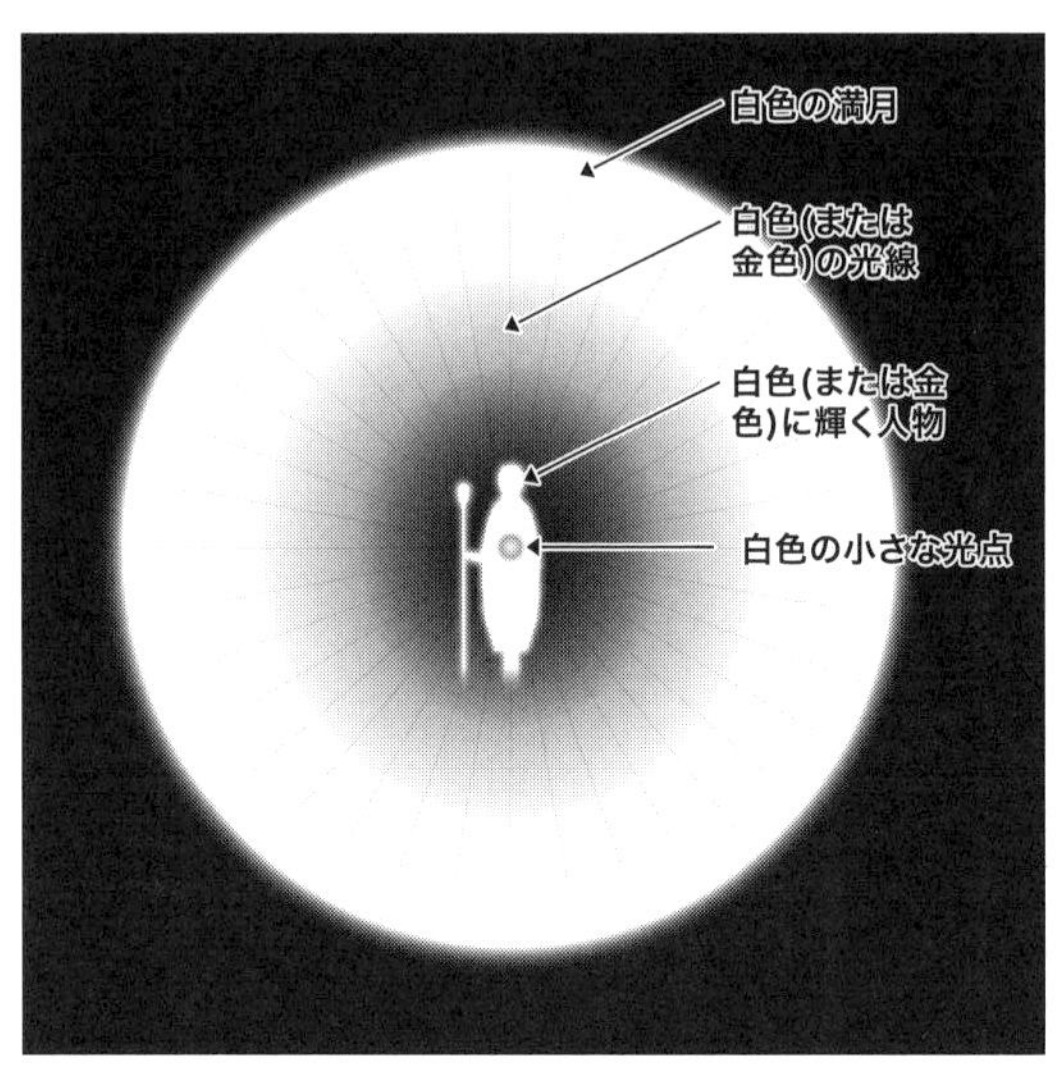

白色の満月の中心に白く（または金色に）輝く人物像は、原因身レベルの内なるグルを示す。内なるグルの胸の光点は、グルの本質に同化するための入口を表わす。

3　その満月の中心部に注意を振り向けるとき、満月のような光を放射している光源があるはずだと思って集中します。光源はだいたいにおいてその形の中心にあるものです。それは白色の中でも一段と明るく輝く部分でもあります。その光源は金星の光のような光点でもかまわないのですが、ここでは図のように人の形をした光体として想像します。全身白色（金色でもよい）に輝く人が座っていることもあるし、立っていることもあります。その立像あるいは座像から後光のように放射している光が満月であると想像するのです（註　満月が大きくなるにつれて周囲が白一色になってしまい、自分自身が白い光の中にいるような感じになって、満月そのものは意識されなくなります。そうなると肉体の存在はほとんど忘れてしまいます）。

４　その光の像は、最初のうちボンヤリしたものであるかもしれません。しかしもっと注意を集中して見究（みきわ）めようとする姿勢で行うならば、しだいに人物らしいイメージが確定してきます。その光の人物の細部を観察しようとする態度と同時に、その光の像から放射される雰囲気を感じとることが大切です。その光は暖かい感じか、威厳に満ちているか、清浄な感じか、すべてを知っている感じか――とにかくただの光として想像するのではなく、生命のある光として想像し感じとるのが大切です。

５　４の段階ですでに原因身のレベルに意識が同調している人もいますが、そうでない人はさらに次のような作業を行って意識を深めます。

　光の人物のイメージがどうしてもボンヤリとしか浮かばないとか、シルエットの状態でしか浮かばないという人は、とにかくそのボンヤリしたイメージの胸のあたりに明るく輝くもう一つの光があると思って想像します。その胸のあたりから放射される光が、自分自身の肉体の胸の中心に向けてまっ直ぐに放射されているのを感じとります（次ページ図）。それを行うことによって、自分の胸の中心に意識を移すことができるようになります。その位置でシルエットの胸の部分の光を注視し、その光を拡大します。光を拡大すると同時に、その光の中心部に４と同じようにして光の人物の姿を想像します（註　シルエットで見えるイメージ

シルエットの中心部の光と胸を光で結ぶ

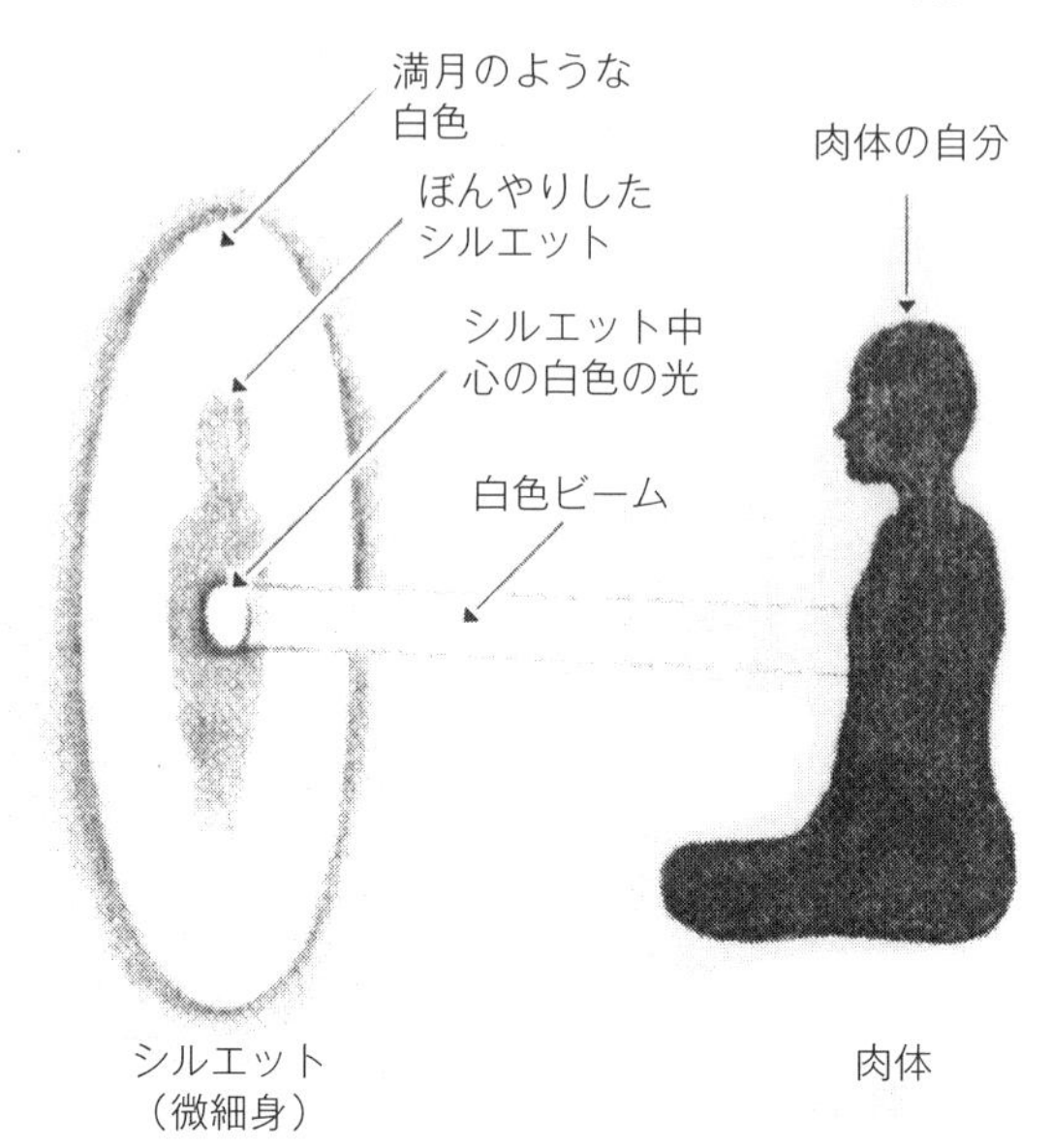

シルエットそのものは微細身の投影を表わすことが多い。そしてシルエットの中心部の白色（または金色）は、原因身に意識を同調させる窓口になる。

のときは、微細身の投影である場合がほとんどです。したがって、白か金色に輝く人物のイメージが出てくるまでイメージの人物の胸の部分に光を想像し、前述の作業をくり返します。つまり、光の中心部に意識を同化させることをくり返すことによって意識がしだいに深化してゆき、原因身のレベルに到達できるのです）。

方法2　胸の中心で自己を探究する

この講座では主に視覚化の能力を用いて意識を深める方法を説明してきましたが、人によっては視覚イメージ力が弱いという人もいるでしょう。そういう人には、ラマナ・マハリシの自己探究の方法がやりやすいかもしれません。

次に紹介する方法は、私自身の経験を加味して工夫してありますが、その基本となっているのはラマナ・マハリシの自己探究の方法です。

1　眼を閉じて楽な姿勢で座って行います。頭から足のつま先まで、肉体の感覚を意識します。肉体の一部に仮に緊張があったとしても、それを何とかときほぐそうなどという努力は一切やめ、ただ肉体の感覚を観察し続けます。肉体が本来の自然なリズムを回復してゆくことを確信しながら、ただ眺め続けるのです。そうしているうちに、肉体を観察している「私」という意識があることに気づき、肉体との自己同一視が停止します。

２　次に、肉体を眺めている「私」が肉体上のどの位置にあるのか確めます。私たちは異常がないかぎり、体性感覚によって肉体の空間的位置関係を意識することができます。たとえば、右足はどっちにあるか、左手はどの位置にあるかなどを意識しています。さてここで、「私」という意識のある場所に一番近い肉体の部分を意識します。たいていの人は、「私」という意識の在り場所を頭部に感じるはずです。それを確認するため、胸や手足が「私」のある場所の下の方に感じられることを確かめてください。もし「私」の意識の場所が胸の位置にある人は、頭を意識するときにそれが上の方に感じられなければなりません。

３　「私」の意識の場所が頭部にある人は、胸の中心部になるように「私」の意識の位置を下げます。「私」の場所が胸の高さの位置の背後にあっても胸の前方に感じられても、どちらでもかまいません。とにかく胸の高さの位置にくるようにします。そしてその場所に意識を固定します。

もし意識を頭部からどうしても下げることができない人は、肉体が軽くなって大きくなり上昇し（意識は最初の頭部の高さに固定したままで）、胸の感覚の方が頭部の「私」の意識の場所まで上昇してくるのを想像します。

４　「私」という意識を胸の位置に固定することによって、思考している「私」と感じている「私」の二つの

「私」がいることに気づくはずです。思考している私は頭部にあり、感じている私は胸の位置にあります。意識が胸の位置、つまり感じている私に集中されたとき、自動的に思考活動が鎮まってきます。

次に、胸の位置で感情の動きを観察してみます。「自分はイライラしている」、「こんなことをしていてもつまらないと感じている」、「不安を感じる」、「心配している」、「安らぎを感じている」など、否定的な感情でも肯定的な感情でも、あらゆる感情をそれについて考えることをしないでただじっと見つめ続けます。これを五分も忍耐強く続けることができればたいていの感情から自己を切り離すことができ、感情を他人ごとのように冷静に観察している「私」がいることに気づくようになります。

もしさまざまな印象や感じと共にイメージが出てきても、積極的にイメージに関心を示すことをしないで、ただイメージが通りすぎるままにまかせてください。

5　イメージが次々と現われてきても種々の感情が湧いてきても、イメージや感情を追いかけてゆくことなく、「それを見ているのは誰か。それを感じているのは誰か。私である」と胸の位置の「私」にそのつど注意を振り向け、私に集中し続けます。この作業を繰り返すことによって冷静に観察している「私」がいることに気づくようになるのですが、この時点で意識される「私」が固定したとき、ほぼ感情の波も雑念も消えさり、非常に深い安らぎを感じている意識が現われます。これは自我意識の最後のものであり、原因身のレベルに相当します。

方法1によってすでに内なるグルを発見した読者は、実はここで体験する意識は内なるグルと対面するときの意識と同じレベルであることに気づくでしょう。

６　このようにして胸の位置で平安な意識が定まった後、この状態を保ったまま静かに目を開けてみます。目は頭部にありますが、目で見ている対象を意識する座は胸の位置にあります。つまり胸で見、そして聞き、感じていることになります。このとき思考は停止していますから、見ている物に対して何らよけいな観念をつけ加えることなく、純粋に物そのものの印象を感じとることになります。

内なるグルの確立

グルの姿について

前にも述べたように、内なるグルの本質は形を超えた次元に在り、姿は仮のものです。では、内なるグルとして現われた姿についてはどのような意義づけをしたらよいのかという疑問が出てきます。この疑問に関しては、次に述べるような側面から考えてみるならば正しい理解が得られると思います。

たとえば仏陀やイエス・キリスト、その他のかつて実在した聖者の姿で現われた場合、それを歴史上の人物と同一視することが可能かどうか。世界中の熱心なクリスチャンの何人かは、幻の中にイエス・キリストや聖母マリアが現われ教え導かれる体験をもっています。その人たちに現われたイエスや聖母マリアは歴史上の人物と同一人物だったのかどうか。Ａの見たイエスとＢの見たイエスは、姿が同じということだけで同一人物であると断定することができるかどうか。もっとわかりやすい例を上げるならば、ここに双子のイエスがいたとします。二人とも同じイエスという名前で姿が似ています。だが、一方は愛と英知に満ち、他方は鋭い知能はもっているものの愛と英知が欠けていたとします。さて、AとBのところにこの二人のイエスが出現しました。二人のイエスが同一人物でないことをどのようにして見分けたらよいでしょうか。答は明らかです。姿によって見分けようとしたならば判断を誤るでしょう。正しい判断を行うには、姿ではなくその働き、本質によって見分けなければなりません。

内なるグルについてもまったく同じことがいえます。仏陀の姿をした人物がヴィジョンの中に現われ、「私は仏陀である」と告げたとします。ところがそれは歴史上の仏陀とは何の関係もないかもしれないのです。しかし巷(ちまた)の多くの霊能者は、心霊的に感受したメッセージの内容を吟味しないで形にこだわり、重大な誤りをおかしていることが少くありません。

私たちが瞑想中に体験するイエスや仏陀は、その人の主観のフィルターを通したイエスや仏陀であり、歴史上の人物と同一視することはできません。内なるグルがまとう姿は多くの場合われわれ自身の無意識から生じたイメージであって、それは前世の記憶や今生(こんじょう)での記憶から引き出されたその人の理想とするイメージであるにすぎません。現実に熱心なクリスチャンであっても内面に仏教的な性質を秘めていれば、内なるグルは仏陀の姿をとることがあります。大切なのはそのイメージの形そのものよりも、イメージを通して放射される雰囲気と内容です。したがってこの講座で述べた方法は、形よりもより本質的な意味が輝く次元である原因身のレベルで内なるグルを捉えることに主眼を置いています。

次に、これらの点をもっと明確にするため、いくつかの質問に答えることにします。

問　私は人生上の問題をかかえたとき、目を閉じて真剣に心の奥に問いかけると、かすかですが確信を伴った声のような感じで解答を受け取ります。それは内なるグルなのでしょうか。

答　たとえ姿は見えなくても、心の奥からインスピレーションのように湧き出てくる直感的な感じは、内なるグルの声と考えて差しつかえありません。そのような声は「内なる声」とか「沈黙の声」などと呼ばれているもので、胸の奥で感じます。頭の中で音声として聞こえる声は、内なるグルの声ではありません。

問　右手に杖を手にした同じ姿の老人が、階段状に並んで出てきます。現実生活の問題について尋ねると下の方にいる老人が答え、前世やカルマなどの哲学的な問題について尋ねると上の方にいる老人が答えます。姿は同じなのですが、上の方に行くに従って杖や姿が輝きを増してきます。

答　それは、同じ一つの源から出ていることを意味しています。下の方にいる老人は、より現実に近い下のレベルで内なるグルを捉えたことを象徴し、上の方の老人は、より高次のレベルで捉えたことを象徴しています。それはあなたの意識のレベルを象徴的に表わしたにすぎず、受けとる側のあなたの意識が創り出したものです。内なるグルは一つですが、このように何人もの姿で意識されることもあります。

問　最初に現われたときと姿は同じなのですが、最近は存在感がうすれて、答にも確かな手応えが感じられません。

答　内なるグルを意識するレベルは、欲望が鎮まった深い静かな意識のレベルでなければなりません。内なるグルがあなたの意識レベルまで下りてきて教えるということはありません。たとえるなら、太陽があなたのいる洞穴の中まで入ってきて照らすということはないのです。あなたの方が太陽の光が見える所まで出かけて行かなければなりません。太陽はいつもその場所にあるように、内なるグルも常にそのレベルから照らしています。存在感がうすれてきた理由は、内なるグルをクリアーに意識する原因身のレベルまで意識を深めることをせずに、微細身のレベルで姿だけをコピー（イメージで創り出す）している可能性があります。

問　グルの姿がいつも変化して一定しません。

答　瞑想する度（たび）ごとに姿が変化するのは、あなたの心が不安定なことによります。あなたの意識が内なるグルの光に十分固定していないために、浅い意識のレベル（微細身・霊体のレベル）で内なるグルを意識化している可能性があります。その場合多くのまぎらわしい波動が介入して、純粋に内部からの導きに接触することはできなくなります。もう一度意識を深め、欲望や感情の波が鎮まった平安な意識になって内なるグルの発見を試みてください。心境の高まりによって自然に姿が変わることがありますが、この場合は別です。

グルとの対話、そして尋ねるべきは何か

内なるグルは全智の源から現象世界（マーヤー）に射し込む真実の光であり、私たちは雑念の鎮まった平安な心の状態でその光を視覚化し、その姿を内なるグルとして認め対峙（たいじ）します。これは、肉体をもった師と対峙することと本質的にはまったく同じです。師の役割は、心の迷いを晴らし、グル自身と同じ平安な境地に導き入れることにあります。そのため必要であれば、弟子の抱いているさまざまな疑問に明確な答を与えます。師は弟

子の抱く疑問について、どれが本質的なものでどれが取るに足りない疑問であるかを見透しています。しかし弟子の側はそのことを知りせん。

もし、師の意図していることと弟子の質問との間にギャップがあった場合はどうなるでしょうか。弟子は、仕事のことや取引先のことについて心配していたとします。師は、それらの問題について答えることは道を歩む上からどの道重要ではないことを知っています。そこで沈黙によって応えたとします。ところが弟子の方はそれを、仕事がうまくいかない証拠だとか師が同意を与えたのだとか誤って解釈してしまいます。同じような誤解が、聖書を読む場合も仏典を読む場合も絶えず起こってきました。

内なるグルとの対話についても事情はまったく同じで、質問の内容が曖昧であったり、あまりにも陳腐であったり、あるいはグルの答が深遠で質問者の認識を超えている場合は、誤解が生じる危険があります。内なるグルの場合は、つまらない問ばかりを発していると解答が得られないばかりか、終には姿が見えなくなってしまいます。問を発するにも質問能力が要求され、また質問は全力投球であるべきです。そして、グルはあなた専用の占い師ではないことを肝に銘じておくべきです。

さて具体的な質問の仕方についてですが、まず最初に、「あなたは誰なのか」または「求める内なるグルなのか」という問いかけを行ってみます。答は人によって異なるでしょう。ある人は「私はあなた自身である」という答を受けとるかもしれません。またある人は、「私はあなたの魂である」とか「内なるキリストである」などの答を得るかもしれません。大切なのは、あなた自身が納得できるまで尋ねてみることです。そして次に、その存在があなたに対して何を望んでいるのか、また何を教えようとし、どこに導こうとしているのか、納得のいくまで問いかけてみることです。

初めのうちはハッキリとした答が返ってこないで、ただその雰囲気とか感じで質問に対して「そうだ」と同意しているような感触を得るにとどまるかもしれません。しかし自己の瞑想内容を信頼して続けるならば、間もなく明確な答が感じられるようになります。それは自問自答しているような感じなので、自分が勝手に答を作り出しているようで心もとない場合もありますが、瞑想から醒めてよく考えてみると、日常意識では思いつかないような答であることに気づくでしょう。

想念形・守護霊について

内なるグルと働きや能力において似てはいるけれども、これとハッキリ区別されるべき別の形体があります。それは微妙な思考のレベル、つまり微細身に対応するレベルの精妙な想念エネルギーによって創られた想念形（註）です。

この想念形は一種の人格をもち、独自の意志をもっているように行動します。また、超自然的な手段で知識を獲得する能力が備わっていることがあります。しかしそれはその人の内面に抱いていた理想や潜在的な自我の欲求を核としてでき上がっているもので、多少個人的偏見が介入してきます。その想念形はわれわれの自我と本質的には同じで、自己防衛機能をもっています。したがって想念形自体の存在をおびやかすような質問については真実を微妙に歪曲し、自己防衛をします。

たとえばそのような想念形の核が、宗教的に高い境地に到達したいとか、人を救いたいなどの願望によって創られている場合があります。これらの願望が深く真理に根ざした動機によるものであるなら何ら問題はありませんが、その願望が真の動機ではなく、現実生活に不満をもっているための現実逃避の口実になっていることがしばしばあります。このようなケースでは、想念形の核に微妙なエゴイズムが混入することになります。さて、そのような想念形を内なる指導者としてもっている人は人類愛に燃えた高い道徳的な教えを受けているように思えるかもしれません。その人には宗教的、霊的な教えが次から次へと伝達されます。その指導霊（実は想念形）のアドバイスによって奇蹟が起こったり、予言が当ったりするかもしれません。しかしその本質は、その人の現実逃避の衝動を正当化し、想念形自体の立場（存続）を強化することにあるので、自己（想念形）の存在をおびやかすような考えやエネルギーに対しては本能的に抵抗します。たとえば、「私は偉い神である」と主張したり、「誰々の考えは間違っている」などと個人攻撃に出たり、恐怖心を煽（あお）り立てるような大げさな予言をしたりします。

深い洞察力をもった人はその不自然さをすぐに見抜いてしまいますが、心霊的なことを盲信するタイプの人や人間の心理的メカニズムについて知識のない人は容易にごまかされてしまいます。大切なのは、自分の目で冷静にその人を全体的に見ていく態度です。

想念形の性質によっては、これに同調する数人の人を巻き込んでエネルギーの渦がどんどん膨張することがあります。そのような場合、同調する人たちが無意識のうちにエネルギー供給者になっていることがあるので、まずその人を心霊の渦から切り離し、想念形を孤立させた上で想念形を消すようにしなければなりません。

想念形の他に内なるグルと誤認しやすい存在に、守護霊があります。守護霊は他者の人格をもち、明確に自己と区別できます。スピリチュアリズムでは、死後に霊界で向上した高級霊が守護霊になると説明しています。そしてそれらは数百年前に他界した祖先の霊魂で同性の者が守護霊になる、と考えている人が多いようです。私は守護霊に関する体験が少ないのでこれらの見解が正しいのかどうか判断を差し控えますが、いずれにしても内なるグルと守護霊の区別は、内なるグルまたは守護霊と対話することによって明らかになります。守護霊の場合は、自らの役割について明確に伝えてきます。また内なるグルは、守護霊（他の人格）と異なる存在であることを明確に答えてくれるでしょう。

サマーディおよびグルとの一体化

内なるグルとの対話は知的レベルでの接触にすぎず、グルそのものの本質と接触したわけではありません。内なるグルの指導は、自己がグルそのものであることを悟るまで行われます。グルと一体化した暁（あかつき）には一切の姿・形は消え、自我の意識（他者と区別できる自分）も消滅し、過去も未来も消滅し、ただ永遠の現在（いま）だけが意識されます。それは無限の中の一点であるような印象を受けます。

私は二二歳のときの体験からこの意識を「第五の意識」と呼んでいます。それは当時の私の知識の中には宇宙を七つの存在レベルに分ける神智学の概念があって、その概念に対応させたものです。それは言語を超絶した体験なので言葉で説明すると不正確になってしまいますが、いくつかの特徴を上げることはできます。

私はそのとき夢を見ていて、その夢の中で空中を上昇していました。その途中で急に明晰な意識になり夢から醒めたのですが、現実の肉体レベルにおいて醒めたのではなく、別の次元の意識になっていることに気づいたのです。そこでは意識は非常にクリアーで、すべての現象の背後にある真実を見透せるような感じになっていました。人間の性格や運命のメカニズム、未来や前世の記憶まで、もし望めばすべて明らかにできるような全智の意識がありました（そのように想っただけで実際に証明したわけではない）。しかしそのとき私の意識（私という意識はあった）の中に、地上での生まれ変わりを超越して永遠に苦しみを消滅させたいという想いがふと湧き起こりました。そこで直感的に自己の意識の中を点検してみたのですが、その世界ではまだ家族に対する愛着の気持ちがあり、人間的な感情に対する執着が多少残っていることに気づきました。そこで、少しでも人間生活への愛着が残っているかぎり、いつまた輪廻の輪の中に巻き込まれるかも知れぬという不安がふっと生じ、もっと高く昇らなければならないという不思議な衝動が湧いてきました。それでさらに上昇を続けてゆくのですが、その途中、もの凄い電気的な嵐のような空間があり、私の意識はバラバラに分解されてしまうのではないかと思うほどでした。どこをどうやって抜けたのかは定かではありませんが、急にすべてが消滅し、地球も、私という意識もすべて消滅し、ただ明らかに意識している存在感と、無限の拡がりと、すべての束縛から自由になったという言語にいい尽くせない解放感が生じてきました。そのとき背後の方に、姿は見えないのですが老人の存在を感じると同時に、「ここがお前のいう第五の世界だ。お前の今生は此処(ここ)を目指せ！」という声がしたのです。

　この体験は、私が仮に「第五の意識」と名づけているものの根拠になっています。そして此処に至る前の世界が第四の意識であり、夢の中で上昇していた世界が第三の意識で、私はこの第三の世界をすぎるあたりで夢から醒めたことになります。この後私は数回にわたって同じような意識を体験する機会がありましたが、今もってこの意識を知的レベルで完璧に系統づけ理解するまでには至っていません。私にとって第五の意識に至ることは、ほとんど神の恩寵としかいいようのない稀な体験なのです。しかし、それには一つの方法があると現在考えています。それは、内なるグルの姿の胸の部分から放射される白色の光の中心にある、小さな真珠そっくりの光の中に入ってゆく瞑想法です。この真珠のような光点を見つけ出すのがかなりの難関で、さらにこの光の珠と一体化するのはもっと難しいのですが、首尾よく一体化に成功した場合には私のいう第五の意識を体験します。そのときあなたは、内なるグルがあなた自身であることを知るはずです。それはヨーガの目標であり、心の働きが停止した「無想三昧」といわれているものです。もし心の働きが一時的にではなく永久に停止したならば、おそらくこの世の意識に再び帰ることはないだろうと私は考えています。それは「無種三昧」と呼ばれているものです。

さて、第五の意識の体験は私にとってどのような意味があったのか、それについてここで述べるのは読者にとって多少の参考になると考えます。一回の体験でもかなり強烈な印象を私にもたらしましたが、それでもこの世のマーヤー（迷妄）の力の方が強大でした。しかし数回の体験によって、「私」という自我意識は錯覚であり、それは実在しないこと、そして自我は知性と感情のすべてを尽くして、自我を超えたある大いなる「存在」に自分を開け渡す準備をすべきであること、想うに人生は一つのドラマであり、それに旅人のような軽やかな態度で対処すべきであること——を知るに至ったのです。

註　想念形体については、私が述べた説明の補足として次の書物が参考になる。
『神智学大要３・メンタル体』Ａ・Ｅ・パウエル編著、仲里誠桔訳、たま出版66～82ページ。

（一九八二年　たま出版『たま19～29号／連載 瞑想法講座』より）

山田孝男 Yamada, Takao

1942年、青森県弘前市で生まれる。
1967年、東北大学工業教員養成所電気工学科を卒業。
18歳での神秘体験をきっかけに自己探求の道を歩む。
1969～71年、真理探究のためインド、ネパールに1年2カ月にわたって滞在。
カトマンドゥで決定的な体験をして帰国。
以降、自らの体験をもとに独自の瞑想指導を行い、
2003年7月に没する直前まで真理を求める多くの人々に道を示し続けた。
また、ピラミッドやヒランヤなどのもつ未知エネルギーの紹介と、
それを応用したサイコトロニクス装置の開発、
フリーエネルギーの紹介などの分野でも大きな功績があった。
晩年はA.P.G.（アセンションプロジェクト銀河の声）を設立して各種セミナーを行い、
その志は現在もメンバーによって受け継がれている。

ホームページ：https://takaoyamada.com/

山田孝男全集 第四巻
瞑想法で心を強くする
実践瞑想法講座

●

2021年2月4日　初版発行

著者／山田孝男

装幀／森脇智代
編集・DTP／川満秀成

発行者／今井博揮
発行所／株式会社 ナチュラルスピリット
〒101-0051 東京都千代田区神田神保町3-2 高橋ビル2階
TEL 03-6450-5938　FAX 03-6450-5978
info@naturalspirit.co.jp
https://www.naturalspirit.co.jp/

印刷所／モリモト印刷株式会社

ISBN978-4-86451-356-2 C0310